Wilfried Koch

Das C++-Builder Rezeptbuch

Teil 2

In der Reihe „Informatik ganz einfach" (Herausgeber Prof. Dr.-Ing. Wilfried Koch) sind bisher folgende Bücher erschienen:

Band 5   **Professionelles Programmieren von Anfang an - mit FreePascal und der freien Entwicklungsumgebung Lazarus, Teil 2**
ISBN 978-3-945899-25-0, Paperback, 452 Seiten

Band 5   **Professionelles Programmieren von Anfang an - mit FreePascal und der freien Entwicklungsumgebung Lazarus, Teil 2 mit CD**
ISBN 978-3-945899-08-3, Paperback, 452 Seiten

Band 3   **Professionelles Programmieren von Anfang an - mit FreePascal und der freien Entwicklungsumgebung Lazarus, Teil 1**
ISBN 978-3-945899-02-1, Paperback, 452 Seiten

Band 3   **Professionelles Programmieren von Anfang an - mit FreePascal und der freien Entwicklungsumgebung Lazarus, Teil 1 mit CD**
ISBN 978-3-945899-08-3, Paperback, 452 Seiten

Band 1   **C++Builder Rezeptbuch – Teil 1**
19,99 EUR, ISBN *978-3-837-03592-6, Paperback, 164 Seiten*

Ergänzend dazu erschienen die folgenden CDs

Das C++ Builder Rezeptbuch, Programme zu Teil 1 und 2,
ISBN 978-3-945899-00-7, CD

Das C++ Builder Rezeptbuch, Programme zu Teil 1,
ISBN 978-3-945899-09-0, CD

Das C++ Builder Rezeptbuch, Programme zu Teil 2,
ISBN 978-3-945899-11-3, CD

Professionelles Programmieren von Anfang an - mit FreePascal und der freien Entwicklungsumgebung Lazarus, Teil 1
ISBN 978-3-945899-02-1, CD

Professionelles Programmieren von Anfang an - mit FreePascal und der freien Entwicklungsumgebung Lazarus, Teil 2
ISBN 978-3-945899-27-4, CD

Weiterhin ist im Oberkochener Medienverlag vom selben Autor erschienen:

Hausarbeiten leicht gemacht. *Ein Praxisbuch für alle, die beim Erstellen wissenschaftlicher Arbeiten Zeit sparen und ihre Nerven schonen wollen.*
ISBN 978-3-945899-02-1, Paperback, 76 Seiten
ISBN 978-3-945899-03-8, EBook

Die angebotenen Bücher und CDs erhalten Sie im Buchhandel oder auch direkt beim Verlag (www.okomedien.de).

Irrtum vorbehalten

Wilfried Koch

Das C++-Builder Rezeptbuch

**Eine praxisnahe Arbeitshilfe für die Programmentwicklung
mit dem Borland / Code Gear / Embarcadero
C++Builder und Turbo C++**

Teil 2

**Systemprogrammierung
Datenbanken
Internetanwendungen**

Reihe „Informatik ganz einfach"

Band 4

Die Deutsche Bibliothek – CIP Einheitsaufnahme

Ein Titelsatz für diese Publikation ist bei der
Deutschen Bibliothek erhältlich.

© 2011, 2020 Wilfried Koch

Herstellung: Books on Demand GmbH, Norderstedt

Verlag: Oberkochener Medienverlag, Oberkochen

Printed in Germany

ISBN 978-3-945899-16-8

Neuauflage, geringfügig redaktionell überarbeitet. Inhaltsgleich mit ISBN 978-3-839-18678-7

Die URL zum Buch:

www.informatik-ganz-einfach.de

Inhaltsverzeichnis

Vorwort

Der Borland / CodeGear / Embarcadero C++-Builder (BCB) ist eine leicht handhabbare und äußerst leistungsfähige Integrierte Entwicklungsumgebungen (IDE) für die Programmentwicklung unter Windows. Leider ist die Popularität dieser Werkzeuge verglichen mit anderen C++-IDEs – vor allem im Vergleich mit Visual C++ - sehr begrenzt. Begründet ist das nicht zuletzt im Mangel an geeigneter Literatur, die den Ein- und vor allem auch den Umstieg von Visual C++ erleichtern könnte. Somit steht der C++-Builder eindeutig im Schatten des Marktführers Microsoft.

Hier hilft dieses Buch weiter. Es wendet sich vor allem an Anwender, die bereits über eine gewisse Erfahrung in der C- bzw. C++-Entwicklung mit einer anderen IDE verfügen. Wie bereits in Teil 1 erhalten diese mittels typischer Beispielprogramme leicht anwendbare Rezepte, zur Lösung der unterschiedlichsten Aufgabenstellungen mittels des C++-Builders.

Dabei werden u. a. folgende Themen behandelt:

- Dynamische Link Bibliotheken (DLLs)

- Datenbank und Berichtserstellung

- Erstellung von Geschäftsgrafiken

- Internetanwendungen sowie

- Aspekte der Systemprogrammierung

Rom ist nicht an einem Tage erbaut worden und die Arbeiten an diesem Buch haben leider ebenfalls länger als einen Tag gedauert – viel länger sogar. Das hat zur Folge, dass während der Arbeiten die verwendete Integrierte Entwicklungsumgebung (IDE) wechselte und sogar mehrere Programmversionen zu berücksichtigen waren. Begonnen wurde mit dem C++-Builder 2009 – damals unter dem Markennamen CodeGear vertrieben. Dann erschien eine neue Version unter dem neuen Markennamen Embarcadero. Mit dem Embarcadero C++-Builder XE bzw. dem C++-Teil des Embarcadero **R**apid **A**pplication **D**evelopment **S**tudio (RADS) XE fand das Wechselspiel dann seinen vorläufigen Abschluss. Quasi nebenbei wurde dann noch Turbo C++, die zu Arbeitsbeginn noch frei verfügbare Variante des C++-Builders weitgehend mit berücksichtigt. In den meisten Fällen ist die Handhabung von C++-Builder und Turbo C++ identisch, sodass der Einfachheit halber immer auf den C++-Builder Bezug genommen wird.

Leider ist vom C++ Builder keine Freiversion mehr erhältlich Leider hat zwischenzeitlich Embarcadero seine Lizenzpolitik geändert, sodass momentan keine kostenlosen oder niedrigpreisigen Versionen der C++-Builder Entwicklungsumgebung verfügbar sind. Meiner Meinung nach wird das der Verbreitung des

C++-Builders im Ausbildungsbereich nicht förderlich sein und die Verbreitung eines sehr guten Produkts unnötig hemmen.

Seit ich mit Borland[1]-Produkten arbeite – und das reicht zurück bis in die Zeit von Turbo Pascal 3 - begegne ich dem Vorurteil „mit Borland-Produkten kann man keine Projekte machen". Glauben Sie mir: Dem ist nicht so! Ich habe in den letzten 20 Jahren einige sehr umfangreiche Projekte bearbeitet, die sich durch eine extrem lange Lebensdauer sowie langfristige, kostengünstige und problemlose Wartbarkeit auszeichneten. Neben ausgefeiltem Software-Engineering ist eine moderne und durchdachte IDE ein wesentlicher Garant für derartige Projekterfolge.

Vielfach begegnete ich auch der Meinung „das geht mit der Sprache X oder dem System Y aber nicht mit dem C++Builder". In allen Fällen konnte ich diese Auffassung entkräften. Stöbern Sie etwas im Internet. Ich bin sicher, dass Sie bald auf die gesuchte Komponente stoßen werden. Der Fundus ist riesig. [VCLCO] ist nur eine Quelle von vielen. Übrigens: die meisten Delphi-Komponenten eignen sich auch für den Einsatz mit dem C++Builder. Suchen Sie also auch unter dem Stichwort *Delphi*.

Aktuelle Informationen zum Buch wie Korrekturen, Antworten auf Leserfragen oder auch Bestellmöglichkeiten für CDs mit dem Programmcode zu meinen Büchern finden Sie im Internet unter

www.informatik-ganz-einfach.de

Ein Buch wie dieses kann nicht ohne die tatkräftige Unterstützung Dritter zustande kommen. Ich danke meinen Studenten für die zahlreichen Diskussionen und Anregungen, meinem Sohn Matthias für das Korrekturlesen und nicht zuletzt meiner Frau Ruth für ihre Geduld.

Sie brennen sicher schon darauf, Ihre Arbeit mit dem C++Builder zu vertiefen. Nehmen Sie sich Ihre Aufgabe vor, starten Sie den C++Builder oder Turbo C++ und halten Sie dieses Buch griffbereit um rasche Hilfe bei Ihrer Arbeit zur Verfügung zu haben.

Ich wünsche Ihnen eine erfolgreiche Projektarbeit!

Oberkochen im April 2011

Wilfried Koch

---

1   Obwohl Entwicklung und Vertrieb des C++-Builders zwischenzeitlich auf andere Firmen überging wird dieser Begriff hier der Einfachheit halber verwendet.

8. Eingriffe in den Programmablauf

8.1. Abbruch einer laufenden Berechnung zu einem beliebigen Zeitpunkt

8.1.1. Aufgabenstellung

In der professionellen Programmierung ist es häufig erforderlich, den Abbruch einer Berechnung durch den Bediener vorzusehen. Dabei ist wichtig, dass zwar die Berechnung aber nicht auch das Programm abgebrochen wird.

Beispielhaft soll hier ein Programm erstellt werden das nacheinander die Quadrate der Zahlen von 0 bis 30000 berechnet und deren Wert sofort nach der Berechnung anzeigt. Ein Abbruch diese Programms muss zu jedem beliebigen Zeitpunkt vorgenommen werden können.

8.1.2. Erster Lösungsversuch

Die Lösung scheint ganz einfach. – Sie ist es aber nicht.

Auf den ersten Blick erscheint Ihnen die Erstellung dieses Programms wahrscheinlich ganz einfach. Wobei Sie vielleicht in folgenden Schritten vorgehen:

- Bedienoberfläche

- Berechnungsschleife

- Abbruchmechanismus

8.1.2.1. Bedienoberfläche

Die Bedienoberfläche (s.a. Abbildung 8.1) besteht aus einem Formular, das zwei Schaltflächen (`BtnStart` und `BtnStop`) und ein Beschriftungsfeld (`LblResultat`) enthält. Die Schaltflächen dienen dem Starten und Stoppen der Berechnung. Im Beschriftungsfeld soll während der Programmlaufs immer das aktuelle Resultat angezeigt werden.

8.1.2.2. Berechnungsschleife

Die Berechnungsschleife wird in der Ereignismethode des `OnClick`-Ereignisses der Schaltfläche Start untergebracht. Diese Schleife wird entweder durchlaufen bis der Schleifenzähler den vorgesehenen Maximalwert (`MaxZaehl`) von 30000 erreicht oder bis die boolesche Variable `bEnde` den Wert `true` annimmt.

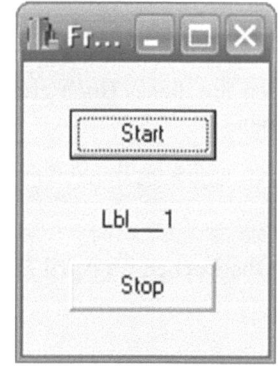

Abbildung 8.1: Im Lösungsversuch verwendete Bedienoberfläche

8.1.2.3. Abbruchmechanismus

Der Abbruchmechanismus basiert auf der Ereignismethode für das *OnClick*-Ereignis der Schaltfläche *BtnStop*. Das Betätigen der Stop-Schaltfläche startet die Ereignismethode. Innnerhalb der Ereignismethode wird die Variable *bEnde* auf *true* gesetzt.

Der Code für Berechnungsschleife und (vorgesehenen) Abbruchmechanismus ist nachstehend dargestellt:

```
//---------------------------------------------------------------------

void __fastcall TFrmMainAbbruch::BtnStartClick(TObject *Sender)
{
  Lbl___1->Caption = "";
  for (int i = 0; i <= MaxZaehl; i++)
  {
    Lbl___1->Caption = IntToStr(i*i);
    if (bEnde)    ///Abbruch falls BtnStop gedrückt wurde.
    {
      break;
    }
  }
}
//---------------------------------------------------------------------

void __fastcall TFrmMainAbbruch::BtnStopClick(TObject *Sender)
{
  bEnde = true;//
}
```

8.1.2.4. Testergebnis

Wenn Sie das Programm starteen, erkennen Sie, dass der Text im Beschriftungsfenster zunächst unverändert bleibt und dann nach kurzer Zeit den Wert 900.000.000 annimmt. Dieses Programmverhalten ist unabhängig davon, ob die Stop-Schaltfläche betätigt wird oder nicht! *Weshalb wirkt die Stop-Schaltfläche nicht??!!*

Was ist passiert hier?

Wenn Sie die Berechnung wie oben dargestellt programmieren, d. h. ohne besondere Maßnahmen, dann wird sie nach Start der Berechnung ohne Unterbrechung abgearbeitet. Der Prozessor ist während dieser Zeit voll ausgelastet. Die Veränderung der Anzeige oder die Ausführung von *BtnStopClick* können erst erfolgen, wenn die Methode *BtnStartClick* beendet wurde.

8.1.3. Endgültige Lösung

Mit ein paar kleinen Veränderungen können Sie das in 8.1.2.4 geschilderte Problem rasch beheben.

8.1.3.1. Schritthaltende Resultatsanzeige

Eine schritthaltende Resultatsanzeige erhalten Sie unabhängig von anderen Maßnahmen indem Sie per Programm veranlassen, dass das Beschriftungsfeld *LblResultat* mittels der Methode *Repaint* nach jeder Berechnung neu dargestellt wird. Diese Maßnahme führt allerdings zu einer erheblichen und in der Regel inakzeptablen Laufzeitverlängerung.

8.1.3.2. Zeitnaher Berechnungsabbruch durch Schaltflächenbetätigung

Damit auf das Betätigen der Schaltfläche *BtnStop* unmittelbar reagiert werden kann, müssen Sie veranlassen, dass eventuell zwischenzeitlich angefallene Nachrichten in der Berechnungsschleife ausgewertet werden. Dies ermöglicht die Anweisung *Application->ProcessMessages*. Wenn z. B. die Schaltfläche *BtnStop* während der Berechnung betätigt wurde, wird an dieser Stelle die Methode BtnStopClick ausgeführt und der Variablen *Ende* der Wert *true* zugewiesen, was dann zum Abbruch der Berechnung führt.

Application->ProcessMessages macht Repaint überflüssig

Die Anweisung *Application->ProcessMessages* macht gleichzeitig die unter 8.1.3.1 beschriebene Verwendung der Methode *Repaint* überflüssig.

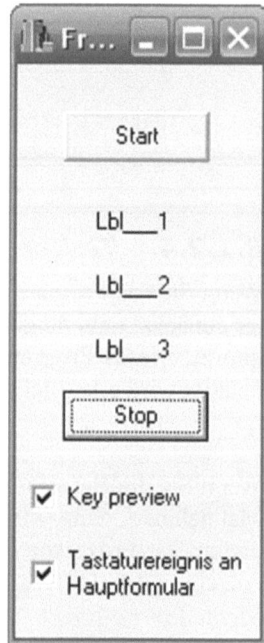

Abbildung 8.2: Bedienoberfläche des Programms ProAbbruch

8.1.3.3. Berechnungsabbruch mittels Tastatureingabe

Wenn man eine Berechnung wirklich schnell abbrechen möchte, so eignet sich dafür aus ergonomischen Gründen besonders die Tastatur. Ein beliebige Taste dort erreicht man wesentlich schneller mit dem Finger, als wenn man mit der Maus auf eine Schaltfläche zielen muss.

Mit der Taste geht es schneller

Eine schnelle Lösung erwarten Sie vermutlich, indem Sie dem *OnKeyPress*-Ereignis des Hauptformulars die Methode *FormKeyPress* zuordnen und darin den Wert *true* an das Attribut *bEnde3* zuweisen. Bei der Tastatureingabe geschieht in diesem Fall jedoch gar nichts. Das hat seine Ursache darin, dass das *OnKeyPress*-Ereignis in der Standardeinstellung an das jeweils aktive Steuerelement weitergeleitet und ggf. von diesem verarbeitet wird. Aktives Steuerelement ist in unserem Falle die Schaltfläche *BtnStart*.

Wieso reagiert das Programm nicht auf die Tastenbetätigung?

1 Problem

2 Lösungen

Für eine Lösung haben Sie nun zwei Möglichkeiten

1. Sie sorgen dafür, dass nicht das *OnKeyPress*-Ereignis des Hauptformulars sondern das des aktiven Steuerelements, nämlich der Schaltfläche *BtnStart* beantwortet wird. Hierfür führen Sie die Methode *BtnStartKeyPress* ein und weisen darin dem Attribut *bEnde3* den Wert *true* zu.

2. Alternativ können Sie veranlassen, dass jedes Tastaturereignis *OnKeyPress* zunächst an das Hauptformular und nicht an das Steuerelement, das aktuell den Fokus besitzt gesendet wird. Hierzu müssen Sie die Eigenschaft *KeyPreview* des Hauptformulars auf *true* setzen.

8.1.3.4. Zusammenfassung

Aus Gründen der Anschaulichkeit wird das Beispiel so gestaltet, dass nach Betätigen der Schaltfläche Start auf dem in Abbildung 8.2 dargestellten Formular **nacheinander** folgende drei Varianten der Implementation zu sehen sind:

1. Ohne schritthaltende Anzeige und ohne wirksamen Benutzereingriff (weder durch die Stop-Schaltfläche, noch durch eine Taste) (Abschnitt 8.1.3.1).

2. Mit schritthaltender Anzeige und Programmabbruch durch Betätigung der Stop-Schaltfläche (Abschnitt 8.1.3.2).

3. Mit schritthaltender Anzeige und Programmabbruch durch Betätigung einer Taste auf der Tastatur. (Abschnitt 8.1.3.3).

Nach Abarbeitung von Abschnitt 1 wird die Methode *Application->ProcessMessages* aufgerufen. Dadurch werden die während der Bearbeitung dieses Abschnitts vorgenommenen Tasten- bzw. Schaltflächenbetätigungen ausgewertet. Da auf diese nicht reagiert werden soll, werden nach den Abschnitten 1 und 2 die zugehörigen booleschen Variablen *bEnde2* und *bEnde3* auf *false* gesetzt.

Damit die Ereignisverarbeitung für die Tastaturereignisse demonstriert und untersucht werden kann, führen Sie zwei Markierungsfelder *ChBKeyPreview* und *ChBHauptformular* ein. Beide sind in der Grundstellung markiert. Ihren *OnClick*-Ereignissen sind die Methoden *ChBKeyPreviewClick* und *ChBHauptformularClick* zugeordnet.

ChBKeyPreviewClick schaltet die KeyPreview-Eigenschaft des (Haupt-)Formulars um. *ChBHauptformularClick* verbindet das *OnKeyPress*-Ereignis der Schaltfläche *BtnStart* mit der Methode *BtnStartKeyPress* (nicht markierter Zustand) oder mit einem Nullzeiger (markierter Zustand). Durch die Nutzung dieser Markierungsfelder kann die verschiedenartige Auswirkung der Tastturbetätigung leicht untersucht werden.

KeyPreview = true: Tastaturereignis an Formular

false: Tastaturereignis an aktives Steuerelement

8.1.4.   Programmcode: Abbruch von Berechnungen (Pro-Abbruch)

8.1.4.1.   *Hauptformular FormMainAbbruch*

Schnittstellendatei UFormMainAbbruch.h

```
//-------------------------------------------------------------------------
#ifndef UFrmMainAbbruchH
#define UFrmMainAbbruchH
//-------------------------------------------------------------------------
#include <Classes.hpp>
#include <Controls.hpp>
#include <StdCtrls.hpp>
#include <Forms.hpp>
//-------------------------------------------------------------------------
class TFrmMainAbbruch : public TForm
{
__published: // IDE-managed Components
    TLabel *Lbl___1;
    TLabel *Lbl___2;
    TLabel *Lbl___3;
    TButton *BtnStart;
    TButton *BtnStop;
    TCheckBox *ChBKeyPreview;
    TCheckBox *ChBHauptformular;
    void __fastcall BtnStartClick(TObject *Sender);
    void __fastcall BtnStopClick(TObject *Sender);
    void __fastcall BtnStartKeyPress(TObject *Sender, wchar_t &Key);
    void __fastcall FormKeyPress(TObject *Sender, wchar_t &Key);
    void __fastcall ChBKeyPreviewClick(TObject *Sender);
    void __fastcall ChBHauptformularClick(TObject *Sender);
  private:      // User declarations
    bool bEnde2;
    bool bEnde3;
    int MaxZaehl;
  public:             // User declarations
    __fastcall TFrmMainAbbruch(TComponent* Owner);
};
//-------------------------------------------------------------------------
extern PACKAGE TFrmMainAbbruch *FrmMainAbbruch;
//-------------------------------------------------------------------------
#endif
```

Implementationsdatei UFormMainAbbruch.cpp

```
//-------------------------------------------------------------------------
#include <vcl.h>
#pragma hdrstop

#include "UFrmMainAbbruch.h"
//-------------------------------------------------------------------------
#pragma package(smart_init)
#pragma resource "*.dfm"
TFrmMainAbbruch *FrmMainAbbruch;
```

```
//-----------------------------------------------------------------------
__fastcall TFrmMainAbbruch::TFrmMainAbbruch(TComponent* Owner)
        : TForm(Owner)
{
  bEnde2 = false;
  bEnde3 = false;
  MaxZaehl = 30000;
}
//-----------------------------------------------------------------------
void __fastcall TFrmMainAbbruch::BtnStartClick(TObject *Sender)
{
  Lbl___1->Caption = "";
  Lbl___2->Caption = "";
  Lbl___3->Caption = "";
  Repaint(); //Repaint für Formular statt 3-mal für Labels.
//Abschnitt 1
  for (int i = 0; i <= MaxZaehl; i++)
  {
    Lbl___1->Caption = IntToStr(i*i);
    Lbl___1->Repaint();
    if (bEnde2||bEnde3)     //Abbruch falls Stop-Schaltfläche betätigt oder
                            //beliebige alphanumerische Taste gedrückt wurde.
    {
      goto ende;
    }
  }
//Bedienhandlungen aus Phase 1 neutralisieren.
  Application->ProcessMessages();
  bEnde2 = false;
  bEnde3 = false;
//Abschnitt2
  for (int i = 0; i <= MaxZaehl; i++)
  {
    Lbl___2->Caption = IntToStr(i*i);
    Application->ProcessMessages(); //Ereignisauswertung freigeben.
                                    //BtnStartKeyPressed und BtnStopClick
    if (bEnde2)
    {
      goto ende;  ///Abbruch falls BtnStop betätigt wurde.
    }
  }
  bEnde3 = false;
//Abschnitt3
  for (int i = 0; i <= MaxZaehl; i++)
  {
    Lbl___3->Caption = IntToStr(i*i);
    Application->ProcessMessages(); ///Ereignisauswertung freigeben.
                                    ///BtnStartKeyPressed und BtnStopClick
    if (bEnde3)
    {
      break;//Abbruch falls beliebige alphanumerische Taste betätigt wurde.
    }
  }
//Grundstellung herstellen
ende:
  bEnde2 = false;
```

```
  bEnde3 = false;
}
//------------------------------------------------------------------------
void __fastcall TFrmMainAbbruch::BtnStopClick(TObject *Sender)
{
  bEnde2 = true;//BtnStop-Schaltfläche betätigt
}
//------------------------------------------------------------------------
void __fastcall TFrmMainAbbruch::BtnStartKeyPress(TObject *Sender,
                                                          wchar_t &Key)
{
  bEnde3 = true;
}
//------------------------------------------------------------------------
void __fastcall TFrmMainAbbruch::FormKeyPress(TObject *Sender,
                                                          wchar_t &Key)
{
  bEnde3 = true;
}
//------------------------------------------------------------------------
void __fastcall TFrmMainAbbruch::ChBKeyPreviewClick(TObject *Sender)
{
  FrmMainAbbruch->KeyPreview = ChBKeyPreview->Checked;
}
//------------------------------------------------------------------------
void __fastcall TFrmMainAbbruch::ChBHauptformularClick(TObject *Sender)
{
  if (ChBHauptformular->Checked)
  {
    BtnStart->OnKeyPress = NULL;
  }
  else
  {
    BtnStart->OnKeyPress = BtnStartKeyPress;
  }
}
//------------------------------------------------------------------------
```

8.1.5. Reduzierung der Prozessorbelastung

Eine Berechnungsschleife mit Anzeige- und Abbruchmöglichkeit beansprucht den Prozessor wesentlich stärker als die reine Berechnung und führt daher zu deutlichen Laufzeitverlängerungen. Da es meist weder auf den exakten Abbruchzeitpunkt noch – wegen der Flüchtigkeit – auf die exakte Anzeige des Werte ankommt, besteht ein guter Kompromiss darin, nur in jedem n-ten Schleifendurchlauf die Anzeige zu ändern bzw. einen Abbruch-Wunsch anzunehmen. Um z. B. nur bei jedem 100-sten Schleifendurchlauf zu reagieren schließen Sie die Methode *Application->ProcessMessages* in folgender Weise in eine bedingte Anweisung ein:

```
if (i % 100 == 0) //Anm.: i ist die Zählvariable
  Application->ProcessMessages;
```

Komplettbeispiel auf der CD zu diesem Buch

Das Programm finden Sie unter *ProAbbruchLzOpt* auf der CD zu diesem Buch.

8.2. Abbruch einer laufenden Berechnung nach Ablauf einer vorgegebenen Zeit (Realisierung eines Timeouts)

8.2.1. Aufgabenstellung

Häufig sollen Berechnungen oder sonstige Bearbeitungsvorgänge nach einer bestimmten Dauer abgebrochen werden. Die Gründe hierfür können unterschiedlichster Art sein. Beispielsweise kommen hierfür in Betracht:

- Unerwartet lange Dauer einer Berechnung

- Gerätedefekt

- Ausbleibender Benutzereingriff

- ....

Ihre Aufgabe ist es, ein Programm zu entwickeln, das eine laufende Berechnung – je nachdem welches Ereignis früher eintritt - nach einer vorgegebenen Zeit oder nach einer vorgegebenen Zahl von Berechnungsschritten beendet.

Abbildung 8.3: Bedienoberfläche des Programms ProTimeOut zur Demonstration der Realisierung von Timeouts

8.2.2. Lösung

8.2.2.1. Bedienoberfläche

Die Bedienoberfläche besteht aus einem Formular, das zwei Schaltflächen (*BtnStart* und *BtnReset*), vier Beschriftungsfelder (*LblAktZaehlerTxt, LblAnzeigeAbstandTxt, LblMaxZaehlerTxt, LblTimeOutTxt*) zur Anzeige eines konstanten Wertes, ein Beschriftungsfeld (*LblZaehler*) zur Anzeige eines variablen Wertes und drei Textdrehfelder (*CSEAnzAbst, CSEMaxZahl, CSETimeOut*) enthält.

Die Schaltflächen dienen dem Starten und Rücksetzen der Berechnung. Im Beschriftungsfeld soll während der Programmlaufs immer das aktuelle Resultat angezeigt werden.

In den Textdrehfeldern werden Timeout in Millisekunden, Anzeigeabstand und maximaler Zählerstand (Maximalzahl der Berechnungsschritte) eingetragen.

Der Anzeigeabstand *AnzeigeAbstand* gibt an, welcher Anteil der Resultate (jedes wieviel-te Resultat) angezeigt wird und damit auch wie oft das Programm unterbrechbar ist. Ein Anzeigeabstand von 100 besagt, dass jedes hundertste errechnete Resultat angezeigt wird und dass das Programm nach der Berechnung von jeweils 100 Resultaten unterbrochen werden kann.

8.2.2.2. Berechnungsschleife

Eine in der späteren Praxis beliebig komplexe Rechnung wird hier durch eine Berechnungsschleife simuliert. Die Berechnungsschleife wird in der Ereignismethode *BtnStartClick* des *OnClick*-Ereignisses der Schaltfläche Start untergebracht. Diese Schleife wird entweder durchlaufen bis der Schleifenzähler den eingestellten Maximalwert (*MaxZaehl*) von erreicht hat oder bis die vorgegebene Zeit abgelaufen ist. Aufgrund der Erkenntnisse aus Abschnitt 8.1.3.1bzw. 8.1.3.2wird in der Schleife in regelmäßigen Abständen aber nicht bei jeder Rechnung der Zählerstand angezeigt und es wird überprüft, ob die voreingestellte Zeit abgelaufen ist.

```
for (int i=0; i < MaxZaehl; i++) //Berechnungsschleife
{
  if (i % AnzeigeAbstand == 0)    //Ermitteln, ob Anzeige erfolgt
  {
    LblZaehler->Caption     = IntToStr(i);
    Application->ProcessMessages();
  }
  if (bEnde) //Zeit abgelaufen
  {
    break;
  }
}
```

8.2.2.3. Zeitlicher Abbruchmechanismus

Der zeitliche Abbruchmechanismus basiert auf der Ereignismethode für das *OnTimer*-Ereignis der Uhr *Timer*. Der Ablauf der voreingestellten Zeit (*Timer->Interval*, Angabe in ms) startet die Ereignismethode *Timer->Timer*. Innerhalb der Ereignismethode wird die Variable *bEnde* auf *true* gesetzt.

8.2.3. Programmcode: Programmabbruch durch Zeitablauf (ProTimeOut)

8.2.3.1. Hauptformular FormMainTimeOut

Schnittstellendatei UFormMainTimeOut.h

```
//---------------------------------------------------------------------
#ifndef UFrmMainTimeOutH
#define UFrmMainTimeOutH
//---------------------------------------------------------------------
```

```
#include <Classes.hpp>
#include <Controls.hpp>
#include <StdCtrls.hpp>
#include <Forms.hpp>
#include <syncobjs.hpp>
#include <ExtCtrls.hpp>
#include "cspin.h"
//---------------------------------------------------------------------------
class TFrmMainTimeOut : public TForm
{
    __published: // IDE-managed Components
      TLabel *LblAktZaehlerText;
      TLabel *LblAnzeigeAbstandTxt;
      TLabel *LblMaxZaehlerTxt;
      TLabel *LblTimeOutTxt;
      TLabel *LblZaehler;
      TButton *BtnRueck;
      TButton *BtnStart;
      TTimer *Timer;
      TCSpinEdit *CSEAnzAbst;
      TCSpinEdit *CSEMaxZaehl;
      TCSpinEdit *CSETimeOut;
      void __fastcall BtnStartClick(TObject *Sender);
      void __fastcall BtnRueckClick(TObject *Sender);
      void __fastcall TimerTimer(TObject *Sender);
    private:
      bool bEnde;
      unsigned int AnzeigeAbstand;
    public:           // User declarations
      __fastcall TFrmMainTimeOut(TComponent* Owner);
};
//---------------------------------------------------------------------------
extern PACKAGE TFrmMainTimeOut *FrmMainTimeOut;
//---------------------------------------------------------------------------
#endif
```

Implementationsdatei UFormMainTimeOut.cpp

```
//---------------------------------------------------------------------------
#include <vcl.h>
#include <IdGlobal.hpp>
#pragma hdrstop

#include "UFrmMainTimeOut.h"
//---------------------------------------------------------------------------
#pragma package(smart_init)
#pragma link "cspin"
#pragma resource "*.dfm"
TFrmMainTimeOut *FrmMainTimeOut;
//---------------------------------------------------------------------------
__fastcall TFrmMainTimeOut::TFrmMainTimeOut(TComponent* Owner)
        : TForm(Owner)
{
//
}
//---------------------------------------------------------------------------
```

```
void __fastcall TFrmMainTimeOut::BtnStartClick(TObject *Sender)
{
  unsigned int AnzeigeAbstand = CSEAnzAbst->Value;
  unsigned int MaxZaehl = CSEMaxZaehl->Value;
  bEnde = false;
  Timer->Interval = CSETimeOut->Value;
  Timer->Enabled = true;
  for (int i=0; i < MaxZaehl; i++)
  {
    if (i % AnzeigeAbstand == 0) //Abfrage zur Reduzierung
                                 //der Prozessorbelastung
    {
      LblZaehler->Caption = IntToStr(i);
      Application->ProcessMessages();
    }
    if (bEnde)
    {
      break;
    }
  }
  Timer->Enabled = false;
}
//-----------------------------------------------------------------------
void __fastcall TFrmMainTimeOut::BtnRueckClick(TObject *Sender)
{
    LblZaehler->Caption = "**********";
}
//-----------------------------------------------------------------------
void __fastcall TFrmMainTimeOut::TimerTimer(TObject *Sender)
{
  bEnde = true;
  Timer->Enabled = false;
}
//-----------------------------------------------------------------------
```

8.2.4.   Reduzierung der Prozessorbelastung

Die unter 8.1.5 eingeführten Maßnahmen zur Reduzierung der Prozessorbelastung
werden auch hier eingebaut wo bei ein Kompromiss zwischen Reaktionszeit und Prozessorbelastung zu finden ist. Um z. B. nur bei jedem 100-ten Schleifendurchlauf zu
reagieren   schließen   Sie   die   Methode   *Application->*
ProcessMessages in folgender Weise in eine bedingte Anweisung ein:

```
if (i % 100 == 0)
  Application->ProcessMessages;
```

8.3.   Laufende Anzeige von Datenänderungen

8.3.1.   Aufgabenstellung

In einem Programm ist für alle Kombinationen der Zahlen i = 1..100 und j = 1..100
fürdas Produkt k = i*j zu ermitteln. Die jeweiligen Faktoren und das zugehörige Pro-

dukt sind anzuzeigen. Der Start der Berechnung erfolgt über eine Schaltfläche Start auf der Bedienoberfläche.

8.3.2. Elementare Lösung

8.3.2.1. Anwendung und Bedienoberfläche in der selben Unit[2]

Wenn es nur darum geht, dieses Problem **irgendwie** zu lösen indem man einen Wert berechnet und diesen angezeigt, so stellt das keine große Herausforderung dar. Zur Programmerstellung öffnen Sie in bekannter Weise eine neue VCL-Anwendung. Aus der Werkzeugleiste ziehen Sie eine Schaltfläche (TButton) und sechs Beschriftungsfelder[3] (Typ TLabel) auf das Formular. Die Beschriftungsfelder erhalten standardmäßig die Namen *Label1* bis *Label6*.

Label1 bis *Label3* verwenden Sie zum Anzeigen der beiden Faktoren und des Produkts. Zur Verbesserung der Verständlichkeit des Programms werden sie auf *LblFaki*, *LblFakj* und *LblProdk* umbenannt.

Label4 bis *Label6* werden für den beschreibenden Text verwendet. Sie bekommen die aussagekräftigeren Namen *LblFakiTxt*, *LblFakjTxt* und *LblProdkTxt*.

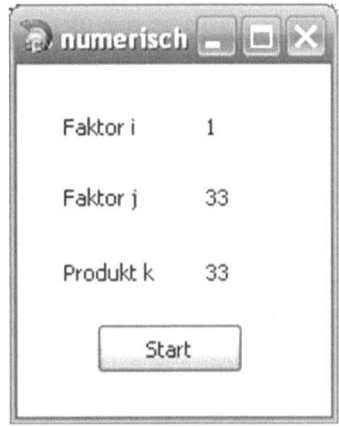

Abbildung 8.4: Bedienoberfläche zur Darstellung von Bearbeitungsstand und Resultat für die in 8.3.1-beschriebene Aufgabe

Nachdem mittels des Objektinspektors die sechs Elemente geeignet vorbelegt wurden, zeigt sich die Bedienoberfläche gemäß Abbildung 8.4.

Durch Betätigen der Schaltfläche des Hauptformulars soll die Berechnung ausgelöst werden. Durchgeführt wird sie mit nachstehendem Code:

```
void __fastcall TFrmMainEreignisEinfach1::BtnStartClick(TObject *Sender)
{
  int i, j, k;
  for (i = 1 ; i <= 100; i++)
  {
    LblFaki->Caption = IntToStr(i);
    for (j = 1 ; j <= 100; j++)
    {
```

2   S.a. Programm ProEreignisEinfach1 auf der Buch-CD
3   Anstelle von sechs Beschriftungsfeldern können Sie auch drei beschriftbare Textfelder (TLabeledEdit) verwenden. (Eigenschaft ReadOnly auf true setzen)

```
    LblFakj->Caption = IntToStr(i*j);
    k = i * j;
    LblProdk->Caption = IntToStr(k);
    Repaint();
    }
  }
}
```

Einfach aber nicht nachhaltig

Diese Lösung ist zwar äußerst einfach zu erstellen. Sie zeigt aber keinerlei Trennung von Fachaufgabe und Bedienoberfläche. Dies hat im Allgemeinen äußerst negative Folgen für die Weiterentwicklung und Wartung der Software. Deshalb ist diese Lösung unter Software-Engineering-Gesichtspunkten abzulehnen.

8.3.2.2. Verteilung von Anwendung und Bedienoberfläche auf zwei verschiedene Units[4]

Stellt man zusätzlich die Forderung, dass Anzeige und Berechnung auf zwei unterschiedliche Quellmodule aufzuteilen sind, so scheint die Aufgabe ebenfalls trivial. Wie gehen Sie vor?

Entwicklung auf die Schnelle: Schichtung fehlt!

Der einfachste Ansatz wäre, in einer (Fach-) Klasse den Wert zu errechnen und aus dieser Fachklasse heraus eine Methode der Bedienoberfläche aufzurufen bzw. den errechneten Wert einem Element der Bedienoberfläche zu zu weisen, um ihn dort anzuzeigen. Dies allerdings widerspricht einer sauberen Schichtung unserer Software, da in diesem Fall die Fachklasse als untere Schicht die obere Schicht, nämlich die GUI-Klasse, kennen müßte. Diese Schichtung ist übrigens kein Selbstzweck. Sie unterstützt – in 8.3.3ff wird das gezeigt - eine Anwendungsentwicklung, die von der Entwicklung der Bedienoberfläche unabhängig ist.

Eine neue Unit erfordert nur drei Mausklicks

Gegenüber 8.3.2.1wird der Programmcode um die Unit für die Fachklasse erweitert. Hierzu wird eine C++-Unit erstellt und mit *UAnwendung* bezeichnet. Eine C++-Unit ist eine Kombination einer Header- und einer Implementationsdatei. Sie dient der Implementation nicht-visueller Module. Eine neue leere Unit erstellen Sie über die Bedienfolge Datei|Neu|Unit – C++Builder.

In der Unit *UAnwendung* wird die (Fach-) Klasse *TAnwendung* definiert und implementiert. Sie besitzt eine Methode *Berechnung*. Diese Methode berechnet innerhalb zweier geschachtelter Schleifen das Produkt k = i*j, wobei jeder ermittelte Wert sofort in den zugeordneten Beschriftungsfeldern des Hauptformulars abgelegt wird. Damit die Werte sofort angezeigt werden muss die Methode *Repaint* aufgerufen werden. Es liegt wahrscheinlich nahe, zur Vermeidung überflüssiger Aktivitäten die *Repaint*-Methoden der drei Beschriftungsfelder aufzurufen. Das führt jedoch zu einer unschönen, ja unbrauchbaren Darstellung. Einerseits werden zwar die aktuellen Werte angezeigt, andererseits bleiben jedoch Reste der früheren Werte auf dem Bildschirm erhalten. Das Löschen der überflüssigen Texte ist nur dann sicher

---

4   S.a. Programm ProEreignisEinfach2 auf der Buch-CD

gestellt, wenn die *Repaint*-Methode der *Parent*-Eigenschaft (hier des Formulars) ausgeführt wird. Das hier behandelte Problem trat übrigens auch schon bei 8.3.1 auf, nur stach es dort aufgrund der auftretenden Zahlenwerte nicht so stark ins Auge wie hier. *Repaint-Methode des Elternelements ausführen!*

Instanziiert wird die Klasse `Anwendung` im Konstruktor des Hauptformulars. Will man die Instanziierung von der Bedienoberfläche fernhalten, so kann man sie auch im Hauptprogramm vornehmen.

Zur Erläuterung zeigt der nachstehende Code anhand wesentlicher Ausschnitte aus den Units *UAnwendung* und *UFrmMainEreignisEinfach* ein Beispiel, wie man es demnach gleichermaßen **nicht** machen sollte:

Auszug aus der Fachklasse

Diese enthält die Anwendungsaufgabe. Sie muss – was unerwünscht ist – die Klasse der Bedienoberfläche kennen. Dies wird durch die Codezeile *Unerwünscht: Fachklasse muss GUI-kennen!*

```
#include "UFrmMainEreignisEinfach2.h"
```

sichergestellt.

```
….................
void TAnwendung::Berechnung()
  {
    for (i = 1 ; i <= 100; i++)
    {
      FrmMainEreignisEinfach2->LblFaki->Caption = IntToStr(Anwendung->i);
      for (j = 1 ; j <= 100; j++)
      {
        FrmMainEreignisEinfach2->LblFakj->Caption = IntToStr(Anwendung->j);
        k = i * j;
        FrmMainEreignisEinfach2->LblProdk->Caption = IntToStr(Anwendung->k);
        FrmMainEreignisEinfach2->Repaint();
      }
    }
  }
```

Auszug aus der Formularklasse

Bei Betätigung der Schaltfläche *BtnStart* wird die Methode *Berechnung* (s.o.) der Anwendungsklasse aufgerufen.

```
//-----------------------------------------------------------------------
__fastcall TfrmMainEreignisEinfach2::TFrmMainEreignisEinfach2
                                          (TComponent* Owner)
    : TForm(Owner)
{
//Anwendungsklasse dynamisch anlegen
    Anwendung = new(TAnwendung);
}
//-----------------------------------------------------------------------
```

```
void __fastcall TFrmMainEreignisEinfach2::BtnStartClick(TObject *Sender)
{
  Anwendung->Berechnung();
}
//--------------------------------------------------------------------------
```

Nach „quick
and dirty" jetzt
sachgerechte
Lösung

Nach diesen beiden Lösungen nach dem Prinzip „quick and dirty"[5] soll jetzt ein Vorschlag für eine sachgerechte Lösung folgen.

8.3.3. Systematische Lösung

Sie müssen also eine Lösung finden, bei der einerseits die Benutzeroberflächen-Klasse die Klasse *Anwendung* kennt, andererseits aber die Benutzeroberflächen-Klasse der Anwendungsklasse nicht bekannt ist. Angenommen, die Benutzeroberflächen-Klasse sei durch den Modul **FrmMainEreignis** mit der Schnittstellendatei **UFrmMainEreignis.h** und der Implementationsdatei **UFrmMainEreignis.cpp** und die Fachklasse durch den Modul mit der Schnittstellendatei **UAnwendung.h** und der Implementationsdatei **UAnwendung.cpp** implementiert, so ist ein hinreichender Hinweis dafür, dass diese Bedingung erfüllt ist dann gegeben, wenn **UFrmMainEreignis..h** weder von **UAnwendung.cpp** noch von **UAnwendung.h** importiert wird. Das gilt sowohl für den direkten und als auch für den den indirekten Import.

Schichtung:

Benutzerober-
fläche kennt
Anwendung
Anwendung
kennt Benut-
zeroberfläche
NICHT

Die Entwicklung des Programms baut stark auf den Darstellungen aus 8.3.2.2auf . Damit sie leicht nachvollzogen werden kann, wird sie hier unter bewusster Inkaufnahme von Wiederholungen nochmals komplett dargestellt.

Zur Programmerstellung öffnen Sie in bekannter Weise eine neue VCL-Anwendung.

8.3.3.1. Bedienoberfläche

Aus der Werkzeugleiste ziehen Sie eine Schaltfläche (TButton) und sechs Beschriftungsfelder[6] (Typ TLabel) auf das Formular. Die Beschriftungsfelder erhalten standardmäßig die Namen *Label1* bis *Label6*.

Label1 bis *Label3* verwenden Sie zum Anzeigen der beiden Faktoren und des Produkts. Zur Verbesserung der Verständlichkeit des Programms werden sie auf *LblFaki*, *LblFakj* und *LblProdk* umbenannt.

Label4 bis *Label6* werden für den beschreibenden Text verwendet. Sie bekommen die Namen *LblFakiTxt*, *LblFakjTxt* und *LblProdkTxt*.

Nachdem mittels des Objektinspektors die sechs Elemente geeignet vorbelegt wurden, zeigt sich die Bedienoberfläche gemäß Abbildung 8.4.

---

5   Diese beiden Programme finden Sie auf der Buch-CD.
6   Anstelle von sechs Beschriftungsfeldern können Sie auch drei beschriftbare Textfelder (TLabeledEdit) verwenden.

8.3.3.2. Anwendungsmodul

Setzen Sie Ihre Arbeit mit der Entwicklung der Fachklasse fort. Hierzu wird eine C++-Unit erstellt (s. a. 8.3.2.2, S.26) und mit *UAnwendung* bezeichnet. Eine C++-Unit ist eine Kombination einer Schnittstellen- und einer Implementationsdatei. Sie dient der Implementation nicht-visueller Module.

In der Unit *UAnwendung* wird die (Fach-) Klasse Anwendung definiert und implementiert. Diese besitzt eine Methode *Berechnung*. Diese Methode berechnet innerhalb zweier geschachtelter Schleifen das Produkt k = i*j, wobei nach jeder Produktberechnung eine Pause von 100 Millisekunden eingehalten wird.

Instanziiert wird die Klasse Anwendung im Konstruktor des Hauptformulars. Will man die Instanziierung von der Bedienoberfläche fernhalten, so kann man sie auch im Hauptprogramm vornehmen.

Weiterhin wird in der Fachklasse das Ereignis (TNotifyEvent) *OnkChange* implementiert, das immer dann eintreten soll, wenn sich der Wert des Produktes k ändert. Da sich i, j und k synchron und zeitnah zueinander ändern ist die Einführung **eines** Ereignisses ausreichend, das jeweils nach der Berechnung von k ausgelöst wird.

OnkChange wird als öffentliche Eigenschaft implementiert, auf die mittels der geschützten (*protected*) Eigenschaft *FOnkChange* zugegriffen wird ([BCBBUI5], Kap 42).

```
protected:
  TNotifyEvent FOnkChange;
public:        // Benutzer-Deklarationen
  …..
  __property TNotifyEvent OnkChange = {read = FOnkChange,
                                        write = FOnkChange};
```

Für die Auslösung ist folgendes Codefragment erforderlich

```
if (OnkChange != NULL) //Das Ereignis auslösen,
{                      //falls die Ereignismethode zugeordnet ist
  FOnkChange(this)
}
```

Wenn die öffentliche Eigenschaft *OnkChange* nicht *NULL* ist, d. h., wenn eine Ereignisbehandlungsmethode definiert wurde, dann wird das Ereignis ausgelöst.

Der komplette Code für die Methode ist nachstehend dargestellt:

```
void TAnwendung::Berechnung()
  {
  for (i = 1 ; i <= 100; i++)
    {
    for (j = 1 ; j <= 100; j++)
      {
```

```
    k = i * j;
    if (OnkChange != NULL) //Das Ereignis auslösen,
    {                      //falls die Ereignismethode zugeordnet ist
      FOnkChange(this);
      Sleep(100);//100 ms Pause für den Prozessor
    }
  }
  }
}
```

Die Methode *Sleep* wurde zur Prozessorentlastung (allerdings auf Kosten der Laufzeit) eingebaut.

8.3.3.3. *Ereignisbehandlung im Hauptformular*

In *FrmMainEreignis* müssen Sie zwei Ereignisbehandlungsmethoden vorsehen:

- Eine Methode *BtnStartClick*, die nach Betätigung der Schaltfläche *BtnStart* die Berechnung startet

- Eine Methode *WerteAnzeigen*, die bei jeder Veränderung von *i*, *j* und *k* in der Klasse *Anwendung* aufgrund des Ereignisses *OnkChange* die aktuellen Werte der drei Variablen anzeigt.

BtnStartClick erstellen Sie bekannter Weise mittels der IDE. Im Gegensatz dazu müssen Sie *WerteAnzeigen* komplett codieren. In *WerteAnzeigen* weisen Sie die die Werte von *i*, *j* und *k* an die Eigenschaft *Caption* von *LblFaki*, *LblFakj* und *LblProdk* zu, wobei die erforderliche Typumwandlung von *int* auf *UnicodeString* (Funktion *IntToStr*) vorzunehmen ist.

```
LblFaki->Caption = IntToStr(Anwendung->i);
LblFakj->Caption = IntToStr(Anwendung->j);
LblProdk->Caption = IntToStr(Anwendung->k);
```

Die Zuweisung der Ereignisbehandlungsmethode an das Ereignis nehmen Sie zweckmäßigerweise in der Klasse *FrmMainEreignis* vor, da diese „weiß", ob sie das Ereignis qualifiziert beantworten kann. Sofern die Zuweisung – wie in unserem Fall – während der gesamten Laufzeit des Programms gelten soll, sollten Sie sie im Konstruktor platzieren. Die entsprechende Anweisung lautet:

```
Anwendung->OnkChange = WerteAnzeigen;
```

Wenn Sie nun das Programm starten und dann die Schaltfläche Stop betätigen, tut sich zunächst einmal nichts. Das Programm läßt sich solange die Berechnung läuft weder abbrechen, noch zeigt es die aktuellen Werte an. Dieses Problem ist aus vorangegangenen Abschnitten (8.1.3.2und 8.3.2.2) bekannt und wird durch Einfügen der geeigneten Methoden folgendermaßen gelöst:

- Das Anzeigen erreichen Sie, indem Sie nach der Zuweisung der Werte an die *Caption*-Eigenschaft des jeweiligen Beschriftungsfelds die Methode *Application->ProcessMessages* oder *Repaint* (*Repaint*-Methode des Formulars, s.a. 8.3.2.2) einfügen.

- Damit während der laufenden Berechnung auf das *OnClose->*Ereignis reagiert wird, müssen Sie dessen Verarbeitung sicher stellen. Das geschieht sinngemäß wie in 8.1mit der Methode *Application->ProcessMessages* in *TAn-wendung->Berechnung*. Damit TApplication in TAnwendung bekannt wird müssen Sie dort die Schnittstellendatei **Forms.hpp** einführen (#include "Forms.hpp"). Die Ausarbeitung von *FormClose* ist aus Symmetriegründen erforderlich. Wenn man die Instanz *Anwendung* beim Erstellen des Formulars anlegt, sollte man sie beim Schließen auch wieder vernichten (delete Anwendung;).

TApplication erfordert Forms.hpp!!

8.3.4. Programmcode: Ereignisgesteuerte Anzeige veränderlicher Daten (ProEreignis)

Das Programm *ProEreignis* für die ereignisgesteuerte Anzeige veränderlicher Daten legen Sie bekannter Weise interaktiv an. Das Hauptformular bezeichnen Sie mit FrmMainEreignis.. Weiter erstellen Sie interaktiv eine Unit *UAnwendung* (s. a. 8.3.2.2, S.26) in der die Klasse TAnwendung programmiert wird.

8.3.4.1. Hauptformular FrmMainEreignis

Schnittstellen-Datei UFrmMainEreignis.h

```
//-------------------------------------------------------------
#include <vcl.h>
#pragma hdrstop
#include "UFrmMainEreignis.h"
#include "UAnwendung.h"
//-------------------------------------------------------------
#pragma package(smart_init)
#pragma resource "*.dfm"
TFrmMainEreignis *FrmMainEreignis;
//-------------------------------------------------------------
__fastcall TFrmMainEreignis::TFrmMainEreignis(TComponent* Owner)
  : TForm(Owner)
{
//Anwendungsklasse dynamisch anlegen
   Anwendung = new(TAnwendung);
//Ereignismethode zuordnen
   Anwendung->OnkChange = WerteAnzeigen;
}
//-------------------------------------------------------------
void __fastcall TFrmMainEreignis::FormClose(TObject *Sender,
                                     TCloseAction &Action)
{
```

```
  delete Anwendung;
  Action = caFree;
}
//-----------------------------------------------------------------------
void __fastcall TFrmMainEreignis::BtnStartClick(TObject *Sender)
{
  Anwendung->Berechnung();
}
//-----------------------------------------------------------------------
void __fastcall TFrmMainEreignis::WerteAnzeigen(TObject *Sender)
{
  LblFaki->Caption = IntToStr(Anwendung->i);
  LblFakj->Caption = IntToStr(Anwendung->j);
  LblProdk->Caption = IntToStr(Anwendung->k);
  Application->ProcessMessages();
  Repaint();
}
//-----------------------------------------------------------------------
```

Implementations-Datei UFrmMainEreignis.cpp

```
//-----------------------------------------------------------------------
#include <vcl.h>
#pragma hdrstop
#include "UFrmMainEreignis.h"
#include "UAnwendung.h"
//-----------------------------------------------------------------------
#pragma package(smart_init)
#pragma resource "*.dfm"
TFrmMainEreignis *FrmMainEreignis;
//-----------------------------------------------------------------------
__fastcall TFrmMainEreignis::TFrmMainEreignis(TComponent* Owner)
  : TForm(Owner)
{
//Anwendungsklasse dynamisch anlegen
  Anwendung = new(TAnwendung);
  Anwendung->bEnde = false;
//Ereignismethode zuordnen
  Anwendung->OnkChange = WerteAnzeigen;
}
//-----------------------------------------------------------------------
void __fastcall TFrmMainEreignis::FormClose(TObject *Sender,
                                            TCloseAction &Action)
{
  Anwendung->bEnde = true;
  delete Anwendung;
  Action = caFree;
}
//-----------------------------------------------------------------------
void __fastcall TFrmMainEreignis::BtnStartClick(TObject *Sender)
{
  Anwendung->Berechnung();
}
//-----------------------------------------------------------------------
void __fastcall TFrmMainEreignis::WerteAnzeigen(TObject *Sender)
{
```

```
  LblFaki->Caption = IntToStr(Anwendung->i);
  LblFakj->Caption = IntToStr(Anwendung->j);
  LblProdk->Caption = IntToStr(Anwendung->k);
  Application->ProcessMessages();
}
//-----------------------------------------------------------------------
```

8.3.4.2.   Unit UAnwendung

Dies Unit implementiert mit der Klasse *TAnwendung* in einfacher Weise die Fach-
klassenschicht.

Schnittstellendatei UAnwendung.h

```
//-----------------------------------------------------------------------
#ifndef UAnwendungH
#define UAnwendungH
#include <Classes.hpp> //wg. TNotifyEvent
#include <System.hpp> //wg. TObject
//-----------------------------------------------------------------------
class TAnwendung : public TObject
{
  private:      // Benutzer-Deklarationen
  protected:
    TNotifyEvent FOnkChange;
  public:              // Benutzer-Deklarationen
    bool bEnde;
    int i; //Faktor i
    int j; //Faktor j
    int k; //Produkt k
  __property TNotifyEvent OnkChange = {read = FOnkChange,
                                          write = FOnkChange};

  void Berechnung();
};
//-----------------------------------------------------------------------
extern PACKAGE TAnwendung * Anwendung;
//-----------------------------------------------------------------------
#endif
```

Implementationsdatei UAnwendung.cpp

```
//-----------------------------------------------------------------------
#pragma hdrstop
#include "UAnwendung.h"
#include "Forms.hpp"
//-----------------------------------------------------------------------
#pragma package(smart_init)
TAnwendung * Anwendung;

void TAnwendung::Berechnung()
  {
    for (i = 1 ; i <= 100; i++)
    {
      for (j = 1 ; j <= 100; j++)
      {
        Application->ProcessMessages();
```

```
        if (bEnde)
        {
            break;
        }
        k = i * j;
        if (OnkChange != NULL) //Das Ereignis auslösen,
        {                      //falls die Ereignismethode zugeordnet ist
            FOnkChange(this);
            Sleep(100);
        }
    }
  }
}
//-------------------------------------------------------------------------
```

8.4. Gleiche Fachaufgabe – geändertes Gesicht

Die Fachaufgabe bleibt gegenüber 8.3.4unverändert. Es soll jedoch eine andere Bedienoberfläche eingesetzt werden. Die Faktoren i und j sowie das Produkt k werden
jetzt nicht alphanumerisch sondern grafisch mittels je eines Fortschrittsbalkens
(TProgressBar) dargestellt. Diese sind sollen alle gleich lang sein und so skaliert
werden, dass Sie die Bereiche 0 bis 100 (Faktoren) bzw. 0 bis 100000 (Produkt) dar-
stellen. Abbildung 8.5 zeigt die modifizierte Bedienoberfläche.

Erscheinungs-
bild der Be-
dienoberflä-
che erheblich
geändert

8.4.1. Lösung zur variierten Aufgabenstellung

Anwendung
bleibt unver-
ändert

Ganz wesentlich ist, dass trotz geänderter Bedienoberfläche die Anwendung **vollkommen unverändert** bleibt. In der Formularklasse treten an die Stelle der drei Be-

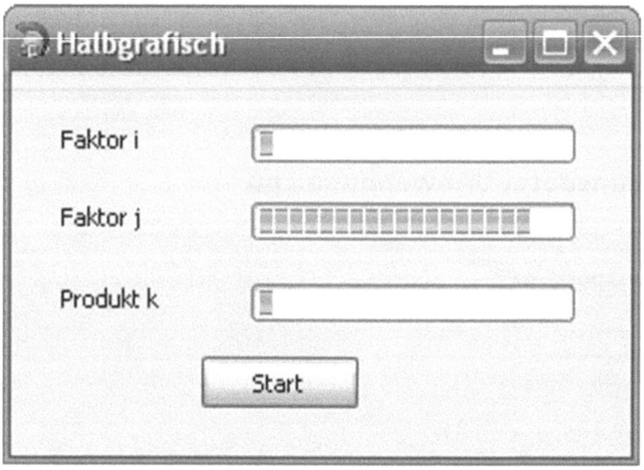

*Abbildung 8.5: Modifizierte Bedienoberfläche. Die
drei Beschriftungsfelder wurden durch Fortschrittsbalken ersetzt.*

schriftungsfelder *LblFaki*, *LblFakj* und *LblProdk* zur Wertedarstellung die drei
Fortschrittsbalken (Typ TProgressbar) *PrBFaki*, *PrBFakj* und *PrBProdk*.
In der Implementationsdatei ändert sich nur die Methode *WerteAnzeigen* wobei
sogar das Funktionsprinzip erhalten bleibt. Die Werte der Variablen *i*, *j* und *k* werden jetzt nicht den Texteinträgen der Beschriftungsfelder (TLabel->Caption) sondern den Positionen der Fortschrittsbalken (TProgressBar->Position) zugewiesen. Da TProgressBar->Position wie *i*, *j* und *k* den Typ *int* besitzt er-
übrigt sich eine Typumwandlung. Die Fortschrittsbalken werden bei jeder Positions-
änderung neu gezeichnet, deshalb können Sie auf die Methode *Repaint* verzichten.

*In der Bedien-
oberfläche än-
dert sich nur
die Anzeige-
methode*

8.4.2. Programmcode zur variierten Aufgabenstellung

Die Änderung an der Bedienoberfläche zieht lediglich Änderungen im Formular nach
sich. **Der Code des Hauptprogramms[7] und der Anwendung bleibt absolut unverändert.**

8.4.2.1. Hauptformular FrmMainEreignisVar

Schnittstellen-Datei UFrmMainEreignisVar.h

```
//---------------------------------------------------------------------
#ifndef UFrmMainEreignisVarH
#define UFrmMainEreignisVarH
//---------------------------------------------------------------------
#include <Classes.hpp>
#include <Controls.hpp>
#include <StdCtrls.hpp>
#include <Forms.hpp>
#include <ComCtrls.hpp>
//---------------------------------------------------------------------
class TFrmMainEreignis : public TForm
{
__published:    // IDE-verwaltete Komponenten
  TLabel *LblFakiTxt;
  TLabel *LblFakjTxt;
  TLabel *LblProdkTxt;
  TButton *BtnStart;
  TProgressBar *PrBFakj;
  TProgressBar *PrBProdk;
  TProgressBar *PrBFaki;
  void __fastcall BtnStartClick(TObject *Sender);
  void __fastcall FormClose(TObject *Sender, TCloseAction &Action);
private:        // Benutzer-Deklarationen
public:         // Benutzer-Deklarationen
  __fastcall TFrmMainEreignis(TComponent* Owner);
  void __fastcall WerteAnzeigen (TObject *Sender);
};
```

---

7 D. h. es gibt keine prinzipielle Änderung. In unserem Fall wurde ausschließlich aus
   Gründen der besseren Verständlichkeit der Dateiname für die Bedienoberfläche geändert. Das hat natürlich im Detail Auswirkungen auf das Hauptprogramm.

```
//-----------------------------------------------------------------------
extern PACKAGE TFrmMainEreignis *FrmMainEreignis;
//-----------------------------------------------------------------------
#endif
```

Implementations-Datei UFrmMainEreignisVar.cpp

```
//-----------------------------------------------------------------------
#include <vcl.h>
#pragma hdrstop

#include "UFrmMainEreignisVar.h"
#include "UAnwendung.h"
//-----------------------------------------------------------------------
#pragma package(smart_init)
#pragma resource "*.dfm"
TFrmMainEreignis *FrmMainEreignis;
//-----------------------------------------------------------------------
__fastcall TFrmMainEreignis::TFrmMainEreignis(TComponent* Owner):
                                                        TForm(Owner)
{
//Anwendungsklasse dynamisch anlegen
   Anwendung = new(TAnwendung);
   Anwendung->bEnde = false;
//Ereignismethode zuordnen
   Anwendung->OnkChange = WerteAnzeigen;
}
//-----------------------------------------------------------------------
void __fastcall TFrmMainEreignis::FormClose(TObject *Sender,
                                             TCloseAction &Action)
{
  Anwendung->bEnde = true;
  delete Anwendung;
  Action = caFree;
}
//-----------------------------------------------------------------------
void __fastcall TFrmMainEreignis::BtnStartClick(TObject *Sender)
{
  Anwendung->Berechnung();
}
//-----------------------------------------------------------------------
void __fastcall TFrmMainEreignis::WerteAnzeigen(TObject *Sender)
{
  PrBFaki->Position = Anwendung->i;
  PrBFakj->Position = Anwendung->j;
  PrBProdk->Position = Anwendung->k;
  Application->ProcessMessages();
}
//-----------------------------------------------------------------------
```

9. Anspruchsvolle Geschäftsgrafiken problemlos erstellen (Einsatz von TChart)

Die Architektur von Integrierten Entwicklungsumgebungen wie C++Builder aber auch Visual Studio ermöglicht es nicht nur, Softwarebausteine bzw. Bibliotheken fremder Hersteller bei der Programmerstellung zu nutzen. Sie können diese Komponenten auch direkt in die Bedienoberfläche der Entwicklungsumgebung integrieren, sodass von der Handhabung her kein Unterschied zwischen Original- und Fremdkomponenten besteht. Ähnliches gilt auch für die Integration ins Hilfesystem.

Ein Beispiel für eine solche Komponente ist TChart, eine universelle Komponente für die grafische Darstellung von Datenmengen. TChart ist ein Bestandteil des TeeChart-Frameworks der spanischen Firma Steema (www.steema.com) die zusammen mit dem C++Builder und dem Turbo C++ Explorer ausgeliefert wird und somit in diesen IDEs direkt zur Programmentwicklung zur Verfügung steht. C++Builder enthält außer der Basiskomponente TChart noch weitere TeeChart-Komponenten, die in vielen Fällen die Programmierung von Aufgaben zur Datenvisualisierung wesentlich vereinfachen.

Aufgrund des Umfanges und der Komplexität der TeeChart-Software und ihrer dadurch gegebenen fast unüberschaubaren Gestaltungsmöglichkeiten kann hier nur eine kurze Einführung in die Nutzung TChart gegeben werden. Es geht dabei darum, das Prinzip der Anwendung und des Aufbaus aufzuzeigen. Darauf aufbauend können Sie dann Details für die spezielle Nutzung selbst erarbeiten. Verglichen mit anderen in C++Builder 2010 enthaltenen Rahmenwerken sind die Hilfefunktionen zu TChart und seinem Umfeld recht vollständig und gut verständlich.

Jahr	2002		2005		2009	
Anteil Zweitstimmen/Sitze	Stimmen %	Sitze	Stimmen %	Sitze	Stimmen %	Sitze
CDU/CSU	38,5	248	35,2	226	33,8	239
SPD	38,5	251	34,2	222	23	146
FDP	7,4	47	9,8	61	14,6	93
Grüne	8,6	55	8,1	51	10,7	68
Linke	4	2	8,7	54	11,9	76
Sonstige	4	-	4	-	6	-

Tabelle 9.1: Ergebnisse der Bundestagswahlen von 2002 bis 2009
Quelle: http://www.wahlrecht.de/ergebnisse/bundestag.htm

Jahr	1998		2003		2008	
Anteil Zweitstimmen/Sitze	Stimmen %	Sitze	Stimmen %	Sitze	Stimmen %	Sitze
CSU	54,1	123	62	124	44,2	92
SPD	28,1	67	19,2	41	18,1	39
FW	3,2	-	3,6	-	9,8	21
Grüne	5,9	14	7,7	15	9,8	19
FDP	1,6	-	2,5	-	7,8	16
Sonstige	7,2	-	5	-	10,3	-

Tabelle 9.2: Ergebnisse der Bayrischen Landtagswahlen von 1998 bis 2008
Quelle: http://www.statistik.bayern.de/wahlen/landtagswahlen/

9.1. Aufgabenstellung

9.1.1. Fachaufgabe

Erstellen Sie ein Programm, das die Ergebnisse der Bundestagswahlen der Jahre 2002, 2005 und 2009 und der Bayrischen Landtagswahlen der Jahre 1998, 2003 und 2008 darstellt. Darzustellen sind die Ergebnisse der fünf stärksten Parteien. Die Ergebnisse der übrigen Parteien werden unter Sonstige zusammengefasst. Weiterhin ist für alle Fälle die Ergebnisveränderung gegenüber der vorhergegangenen Wahl darzustellen.

Erstellen Sie sowohl Diagramme für die Darstellung der Sitzverteilung als auch für die Darstellung der erreichten prozentualen Anteile. Die Anzeige der Sitzverteilung, der prozentualen Ergebnisse und der Ergebnisveränderungen (aktuelles Ergebnis – letztes Ergebnis) soll in Form von perspektivisch dargestellten Liniendiagrammen, die Ergebnisanzeige (Sitze und prozentual) alternativ auch als Kreisdiagramm (Tortendiagramm) oder Blasendiagramm erfolgen.

9.1.2. Aufbau und Vorgehen

Stellen Sie auf jeweils einem Diagramm pro Formular die Wahlergebnisse der Bundestagswahlen und auf einem zweiten die der Bayrischen Landtagswahlen dar. Ein zusätzliches Hauptformular soll ausschließlich die Auswahl zwischen den Ergebnissen der Bundestagswahlen und der Bayrischen Landtagswahlen ermöglichen.

Beispiele für interaktive und textorientierte Programmierung

Zur möglichst breitbandigen Einführung in die Anwendung von TChart wird die Darstellung der Bundestagswahlergebnisse weitgehend interaktiv programmiert (also durch „Anklicken" oder „Ziehen und Ablegen") während die Darstellung der Landtagswahlergebnisse klassisch codiert wird.

9.2. Lösung mit dem TeeChart-Framework

Bevor Sie in die Programmierung der Geschäftsgrafik einsteigen, sollten Sie sich unbedingt mit den Möglichkeiten der Klasse TChart und weiterer Klassen aus deren Umfeld befassen.

9.2.1. Wichtige Methoden und Eigenschaften im Umfeld der Klasse TChart

9.2.1.1. Wichtige Eigenschaften und Methoden des Diagramms (TChart)

Die Komponente TChart dient der Darstellung und Gestaltung des Diagramms als Ganzes und als Behälter zur Aufnahme der Datenreihen. Sie besitzt zahlreiche Attribute und Methoden die bezüglich der der Darstellungsmöglichkeiten Ihrer Daten fast

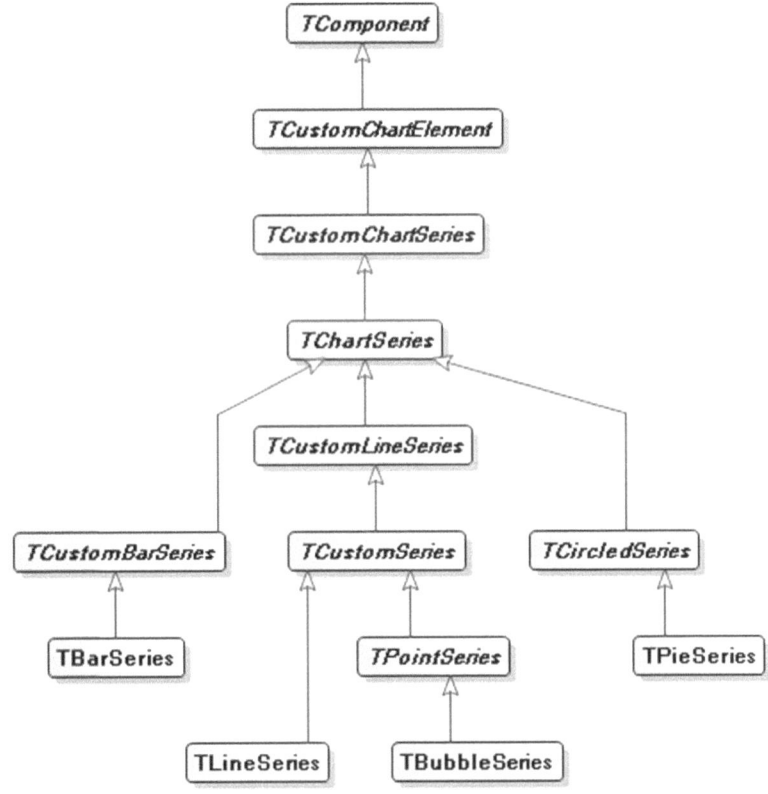

Abbildung 9.1: Klassendiagramm für die Datenreihen (Ausschnitt)

TChart	
Eigenschaft	**Bedeutung**
TChartAxes * Axes	Eigenschaft zur Aufnahme aller Achsen (rechts, links, oben, unten, Tiefe)
TChartAxis * BottomAxis	Untere Achse
TChartDepthAxis * DepthAxis	Tiefenachse (dritte Dimension)
TChartAxis * LeftAxis	Linke Achse
TCustomAxisPanel * ParentChart	Diagramm dem die Datenreihe zugeordnet ist
TChartAxis * RightAxis	Rechte Achse
TChartSeries * Series [int Index]	Datenfeld zur Aufnahme der Datenreihen
TChartTitle * Title	Gesamtüberschrift für das Diagramm
TChartAxis * TopAxis	Obere Achse
bool View3D	true = Diagramm in 3D-Darstellung anzeigen
bool PrintProportional	true = Ausdruck erfolgt proportional
Methode	**Bedeutung**
void Print()	Diagramm drucken. Genaue Einstellung ist über verschiedene Methoden und Eigenschaften möglich
void PrintLandscape()	Druckstandard auf Querformat setzen und dann Methode Print aufrufen
void PrintPortrait()	Druckstandard auf Hochformat setzen und dann Methode Print aufrufen
void PrintOrientation (TPrinterOrientation Orientation)	Einmaliger Ausdruck mit vorgegebener Orientierung: Hoch- (Porträt) oder Querformat (Landschaft)
Void SaveBitmapToFile (UnicodeString FileName)	Diagramm in Bitmap-Datei speichern
void SaveToMetaFile (UnicodeString FileName)	Diagramm in Windows-Metafile speichern
int SeriesCount()	Anzahl der zugeordneten Datenreihen

Tabelle 9.3: Wichtige Eigenschaften und Methoden der Klasse TChart. Alle genannten Elemente sind in TChart verfügbar teilweise werden sie von Vorgängerklassen vererbt.

TChartSeries	
Eigenschaft	**Bedeutung**
TDataSourcesList * DataSources	Liste von Datenquellen für die jeweilige Datenreihe. Besonders wichtig bei Funktionen und Operationen
THorizAxis * HorizAxis	Gibt an, welche der horizontalen Achsen des Diagramms (oben, unten, benutzerdefiniert) für die Datenreihe relevant ist.
TCustomAxisPanel * ParentChart	Diagramm, dem die Datenreihe zugeordnet ist
TColor * SeriesColor	Farbe in der die Datenreihe gezeichnet wird.
String Title	Titel der Datenreihe
bool Visible	Sichtbarkeit der Datenreihe
TChartValue * XValue [int Index]	X-Wert, Index-ter Wert in der Datenreihe
TChartValueList * XValues	Liste der X-Werte
TChartValue * YValue [int Index]	Y-Wert, Index-ter Wert in der Datenreihe
TChartValueList * YValues	Liste der Y-Werte
Methode	**Bedeutung**
int __fastcall AddXY (double X, double Y, AnsiString s , TColor c)	Wert mit Abszissen- und Ordinatenwerten sowie Bezeichner in die Datenreihe einfügen
int __fastcall CalcXPos (int i)	Ermittlung der X-Bildschirmkoordinaten des i-ten X-Wertes
int __fastcall CalcYPos (int i)	Ermittlung der Y-Bildschirmkoordinaten des i-ten Y-Wertes
int Count()	Anzahl der Tupel (X, Y, Beschreibung, Farbe) in der Datenreihe
double __fastcall YScreenToValue (int ScreenPos)	Ermittlung des X-Diagrammwerts, der X-Bildschirmkoordinate ScreenPos zugeordnet ist
double __fastcall YScreenToValue (int ScreenPos)	Ermittlung des Y-Diagrammwerts, der Y-Bildschirmkoordinate ScreenPos zugeordnet ist

Tabelle 9.4: Wichtige Eigenschaften und Methoden der Klasse TChartSeries. Alle genannten Elemente sind in TChartSeries und deren Nachfolger verfügbar. Teilweise werden sie von Vorgängerklassen vererbt.

keinen Wunsch offen lassen. Einige wichtige Eigenschaften und Methoden[8], die auch im Beispielprogramm zu diesem Kapitel verwendet werden, finden Sie in Tabelle 9.3.[9]

9.2.1.2. Wichtige Eigenschaften und Methoden von Datenreihen (TChartSeries)

TbasicChartSeries, TCustomChartSeries und TChartSeries ist eine abstrakte Klasse zur Darstellung der einzelnen Datenreihen, die in TChart angezeigt werden. Diese Datenreihen sind die eigentlichen Informationsträger. Die konkreten Klassen (z. B. TLineSeries, TBarSeries und TPieSeries werden (indirekt) von dieser Klasse abgeleitet. Der Zusammenhang ist in Abbildung 9.1 in einem Klassendiagramm dargestellt.

9.2.1.3. Wichtige Eigenschaften und Methoden von Liniendiagrammen (TLineSeries)

TLineSeries ist eine von TChartSeries abgeleitete Klasse (Abbildung 9.1) zur Aufnahme der Datenreihen, die in TChart in Linienform angezeigt werden.

TLineSeries	
Eigenschaft	**Bedeutung**
TChartPen * LinePen	Stift (Pen) zum Zeichnen der Diagrammlinien
TChartHiddenPen * OutLine	Zusätzlicher Stift zum Zeichnen der Umrisslinien
bool Stairs	Stairs = true, Kurve wird nicht als Polygonzug, sondern als Treppe dargestellt.
Methode	**Bedeutung**
int CalcXPos (int x)	Errechnet x-Koordinate des Bildschirms zur x-Koordinate der Datenreihe
int CalcYPos (int y)	Errechnet x-Koordinate des Bildschirms zur x-Koordinate der Datenreihe

Tabelle 9.5: In TLineSeries verfügbare Eigenschaften und Methoden (z. T. von TCustomSeries und TCustomLineSeries geerbt)

---

8 Diese Methoden und Eigenschaften sind in TChart verfügbar. Teilweise sind sie jedoch von Vorgängerklassen geerbt. Einzelheiten finden Sie ggf. in der Dokumentation dieser Vorgängerklassen .

9 In dieser und allen weiteren Tabellen dieses Buches sind die Methodenschnittstellen auf das für den Aufruf notwendige reduziert. Statt der vollständigen Angabe void _fascall Print() finden Sie dort z. B. nur void Print():

9.2.1.4. Wichtige Eigenschaften und Methoden von Kreisdiagrammen (TPieSeries)

PieSeries ist eine von TChartSeries abgeleitete Klasse zur Aufnahme der Datenreihen, die in TChart in Kreis- oder Kreissegmentform angezeigt werden. Die

Die Winkelangaben im Zusammenhang mit TPieSeries sind im **Gradmaß**!!

TPieSeries	
Eigenschaften	**Bedeutung**
int AngleSize	Größe des Kreisdiagramms in Grad (0 bis 360)
bool Circled	True = Darstellung als Kreis (gleich große Halbachsen)
int CircleXCenter	Horizontalposition der Ellipse in Pixeln
int CircleYCenter	Vertikalposition der Ellipse in Pixeln
int RotationAngle	Versatz des Kreisdiagramms gegenüber der positiven Achse in Grad (0 bis 360)
int XRadius	Länge der horizontalen Halbachse in Pixeln
int YRadius	Länge der vertikalen Halbachse in Pixeln
Methoden	**Bedeutung**
void Rotate (int Angle)	Drehung des Kreisdiagramms um den angegebenen Winkel (positiv = gegen den Uhrzeigersinn)

Tabelle 9.6: Wichtige Eigenschaften und Methoden der Klasse TPieSeries. Alle genannten Elemente sind in TPieSeries verfügbar teilweise werden sie von Vorgängerklassen vererbt.

Eigenschaften und Methoden tragen der Tatsache Rechnung, dass die so genannten Kreisdiagramme eigentlich vielfach elliptische Form besitzen. Bitte beachten Sie,

TBubbleSeries	
Eigenschaften	**Bedeutung**
TChartValueList * RadiusValues	Dynamisches Datenfeld zur Aufnahme der Radien der einzelnen Blasen
bool Squared	true: Wert ist flächenproportional
Methoden	**Bedeutung**
int AddBubble (const double AX, const double AY, const double ARadius, const String AXLabel, TColor AColor)	Der Datenreihe eine Blase hinzufügen

Tabelle 9.7: Wichtige Eigenschaften und Methoden der Klasse TBubbleSeries

dass entgegen der Gepflogenheiten in den Standardbibliotheken von C++ die Winkel-angaben im Zusammenhang mit `TPieSeries` im Gradmaß erfolgen müssen.

9.2.1.5. Wichtige Eigenschaften und Methoden von Blasendiagrammen (TBubbleSeries)

`TBubbleSeries` ist eine von `TChartSeries` abgeleitete Klasse zur Aufnahme der Datenreihen, die in `TChart` in Blasenform angezeigt werden.

9.2.2. Formulare

9.2.2.1. Hauptformular FrmChartMain

Die Erstellung des Hauptformulars `Frm-ChartMain` (Abbildung 9.2) erfolgt wie aus Teil 1 bekannt. Die erforderlichen Informationen finden Sie in Abschnitt 2.1 (*Arbeiten mit zwei (oder mehr) Windows-Formularen*) auf Seite 37 ff.

Abbildung 9.2: Hauptformular des Beispiels

Das Hauptformular enthält zwei Schaltflächen, eine zum Anwählen des statisch erstellten Diagramms (Bundestagswahlen) und die andere zum Anwählen des dynamisch erstellten Diagramms (Landtagswahlen).

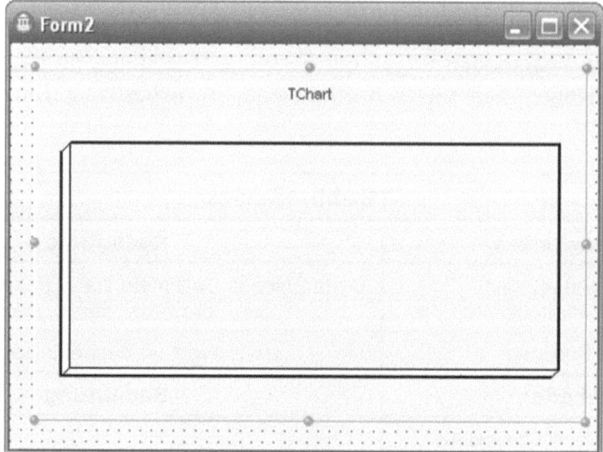

Abbildung 9.3: Neu angelegtes, leeres Diagramm

9.2.2.2.   Diagrammformulare

Beide Diagrammformulare sollen zwar auf unterschiedliche Weise erstellt werden, aber weitgehend die gleiche Funktionalität besitzen.

Hierzu wird jeweils zuerst in einem Abschnitt dargestellt, wie die Aufgabenstellung durch Dialogprogrammierung gelöst werden kann. Im folgenden Abschnitt wird dann die Erstellung derartiger Diagramme auf der Grundlage manueller Programmierung („Code schreiben") erläutert. Zunächst aber wird das beiden Diagrammen gemeinsame Vorgehen betrachtet.

Erstellen Sie nach dem Öffnen Ihrer Windows-VCL-Anwendung ein weiteres Formular. Wählen Sie dann im Abschnitt TeeChart Std der Werkzeug-Palette die Komponente TChart an und ziehen Sie sie auf Ihre Anwendung. Es erscheint ein leeres Diagramm in der Standardeinstellung (Abbildung 9.3). Sie erkennen die provisorische Überschrift (TChart) und die Begrenzungsflächen (Parallelogramme, links gelb, unten weiß) und -linien. Das Diagramm ist also in der Grundeinstellung für die dreidimensionale Darstellung von Informationen angelegt. Entsprechend der Gepflogenheiten des C++ Builders erhält die Diagramminstanz zunächst den Namen *Chart1*.

Grundeinstellung: 3D

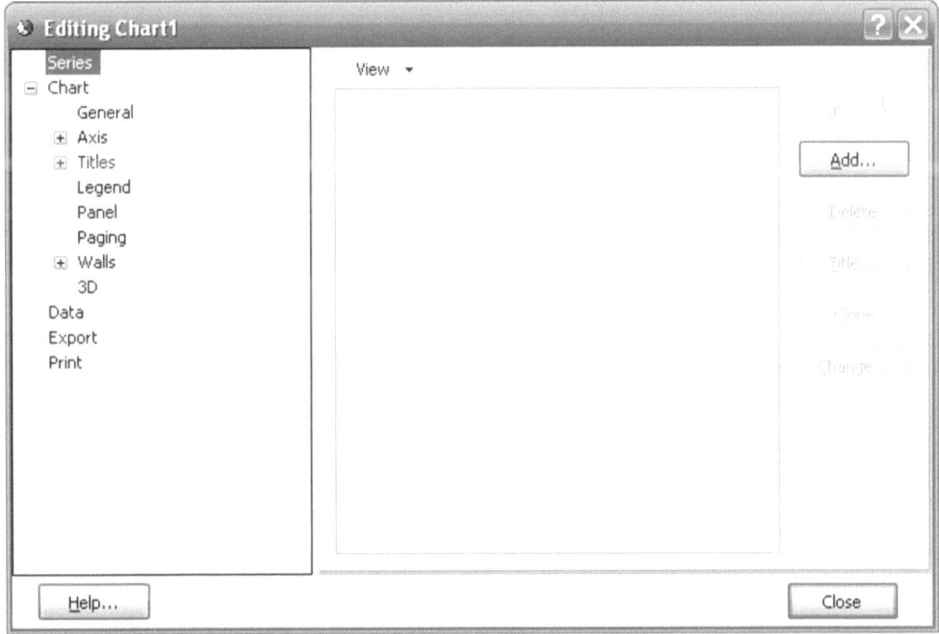

Abbildung 9.4: Editierfenster für eine Diagramminstanz Chart1 vom Typ TChart

9.2.3. Interaktive Handhabung der Komponente TChart

Wenn Sie im Hauptfenster auf die Komponente `Chart1` doppelklicken öffnet sich das in Abbildung 9.4 dargestellte Editierfenster. Obwohl ich die deutschsprachige Version von Embarcadero RAD Studio 2010 installiert habe, erscheint dieses Fenster in Englischer Sprache. Bei anderen in Embarcadero RADS integrierten Rahmenwerken ist das leider ähnlich.

9.2.4. Elemente der Diagrammgestaltung

Series dient der grundsätzlichen Darstellung der Datenreihen. Es ist sozusagen der Haken bzw. die Hakenreihe an der die einzelnen Datenreihen des Diagramms befestigt werden. Unter Series werden ggf. die einzelnen Datenreihen aufgelistet und angewählt.

Chart dient dem Diagrammaufbau im Allgemeinen. Hier werden Einzelheiten festgelegt, die das gesamt Diagramm betreffen. z. B. die Gestaltung der Achsen (Axis) oder Randflächen (Wall).

Data erlaubt die direkte Manipulation der unter Series angewählten Datenreihe, ohne dass die Veränderung grundsätzlicher Einstellungen (z. B. der Zahl der Diagrammlinien oder von deren Farbe) möglich ist. Wenn Sie also lediglich die Daten einer Reihe ändern möchten, ohne Einfluss auf deren grundsätzliches Erscheinungsbild (z. B. die Farbe) zu nehmen, dann sollten Sie hier eingreifen und nicht in Series (s. a. Abbildung 9.5).

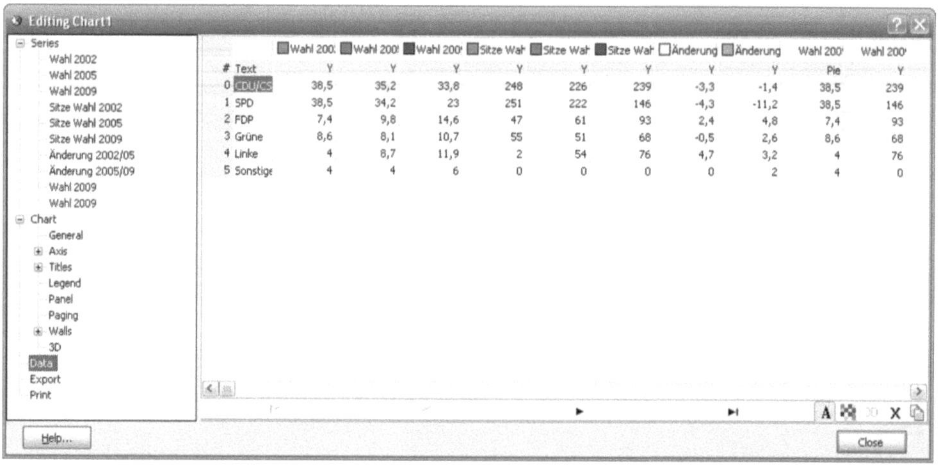

Abbildung 9.5: Data gibt eine Übersicht über alle Daten des Diagramms

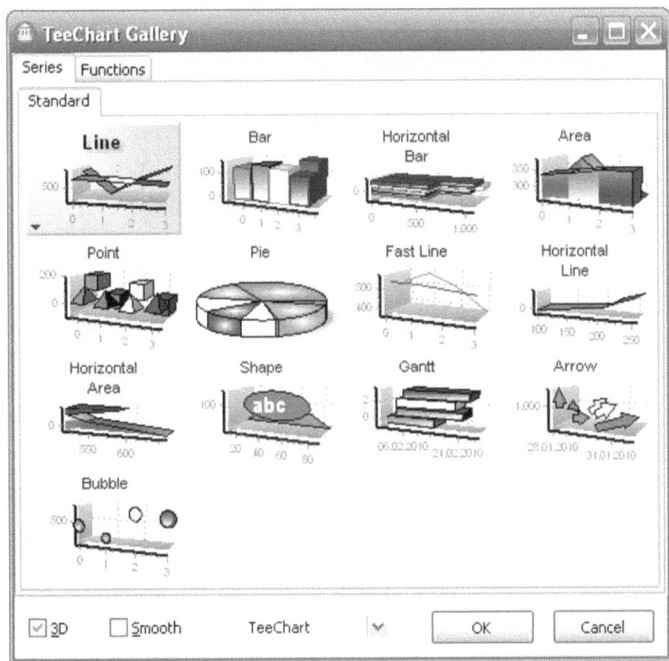

Abbildung 9.6: TeeChart Gallery in der Einstellung 3D-
Darstellung und scharfe Farbkanten

Export ermöglicht den Export des Diagramms auf Datenträger zur Entwurfszeit. Für den Diagrammexport zur Laufzeit stehen leicht handhabbare, selbsterklärende Methoden zur Verfügung (*SaveBitmapToFile*, *SaveToMetafile* (s. a.Tabelle 9.3)).

Print ermöglicht den Ausdruck zur Entwurfszeit. Ähnlich wie für den Export auf Dateien sind auch für den Druck zur Laufzeit leicht handhabbare, selbsterklärend bezeichnete Methoden verfügbar (*Print, PrintLandscape, PrintOrientation, PrintPortrait* (s. a.Tabelle 9.3))..

9.2.5.   Darstellung der Wahlergebnisse

Hier wird detailliert dargestellt, wie die Aufgabe gelöst wird. Dabei wird die entsprechende Teilaufgabe zunächst visuell und danach konventionell durch Kodierung bearbeitet.

9.2.5.1. Darstellung der Wahlergebnisse im Dialogverfahren

Wenn im linken Teil des Editierfensters für TChart der Knoten **Series** angewählt wurde, steht zunächst nur die Schaltfläche **Add...** (Hinzufügen...) zur Verfügung. Nach deren Betätigung erscheint die TeeChart Gallery üblicherweise in der in Abbildung 9.6 (S. 47) dargestellten Form, nämlich mit der Karteikarte **Standard**. Die Miniaturdarstellungen der verfügbaren Kurvenformen werden 3-dimensional bzw. per-

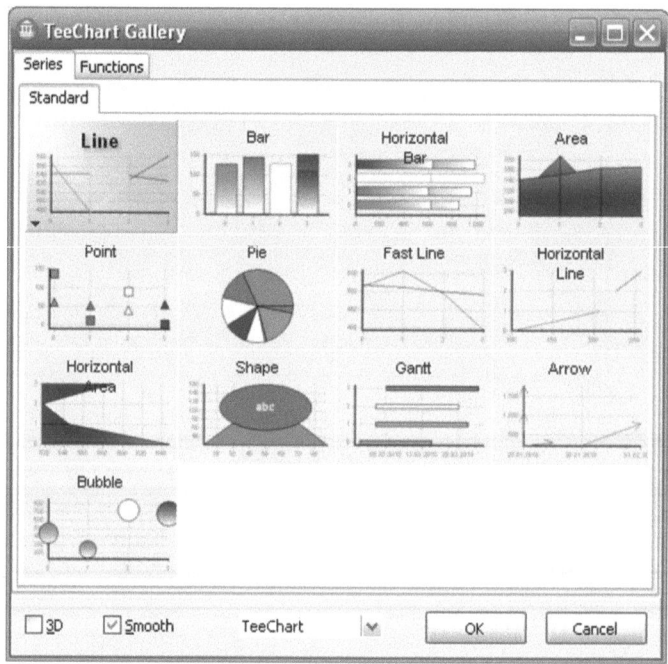

Abbildung 9.7: TeeChart Gallery in der Einstellung 2D-Darstellung und weiche Farbkanten

Abbildung 9.9: Editierfenster: Im rechten Teil ist unter View eine erste Datenreihe mit der Bezeichnung Wahlen 2002 angelegt. Das Häkchen links neben dem (roten) Quadrat zeigt an, dass die Kurve angezeigt wird (sichtbar ist)

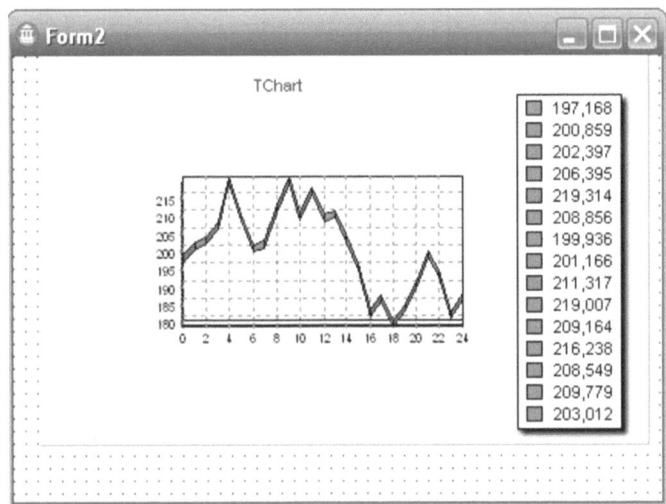

Abbildung 9.8: Erste provisorische Wertefolge als Linien-diagramm dargestellt (3D, scharf).

spektivisch und mit scharfen Konturen gezeigt. Die 3 D-Darstellung wurde der Grundeinstellung für das Diagramm entnommen (Eigenschaft `bool View3D = true`). Diese Einstellung ist global für das gesamte Diagramm gültig. Wenn die Ansicht für eine Datenreihe von 3D auf 2D und umgekehrt geändert wird gilt dies für das gesamte Diagramm und es erfolgt eine automatische Übernahme dieser Eigenschaften für bereits bestehende Datenreihen.

Löscht man das Häkchen bei 3D und wählt gleichzeitig Smooth an, dann erscheint das Angebot der TeeChart Gallery in rein zweidimensionaler, nicht perspektivischer Darstellung mit weichen Kanten und Farbsäumen (Abbildung 9.7, S. 48).

Zur Darstellung aller drei Wahlergebnisse bzw. der beiden Differenzen in einem Diagramm eignen sich besonders die Liniendiagramme (Line) da hier am wenigsten zu befürchten ist, dass sich Teilgrafiken gegenseitig verdecken und damit Teile der Information unsichtbar bleiben.

Liniendiagram-me: positiv für die Sichtbarkeit mehrerer Kurven

Ein Liniendiagramm erhalten Sie, indem Sie auf das mit Line bezeichnete Feld in der TeeChart Gallery doppelklicken. In der Diagrammkomponente erscheint danach eine Wertefolge in Liniendarstellung. Diese wird nach einem Standardmuster erstellt. Sie umfasst 25 Zufallswerte[10] mit äquidistanten Stützwerten (0..24). In einer Legende

10 Hier wie in anderen Fällen auch (dort ohne weitere Kommentierung) wird mit den *Werkseinstellungen* gearbeitet. Die Änderung dieser Standardeinstellungen ist für versierte Benutzer möglich. Ihre genaue Darstellung würde aber den Rahmen diese Buches sprengen.

rechts der Kurve sind – soweit Platz vorhanden – die einzelnen Werte dargestellt. Die Abszisse des Diagramms wird dabei so skaliert, dass sie die Werte gerade aufnehmen kann (Abbildung 9.8).

Da diese Kurve später die Ergebnisse der Bundestagswahl 2002 verkörpern soll, geben Sie ihr den Titel `Wahlen 2002`. Dies geschieht durch Betätigen der Schaltfläche Titel und entsprechende Texteingabe in das sich daraufhin öffnende Fenster.

Diese Kurve muss nun so angepasst werden, dass sie die Ergebnisse der Bundestagswahlen 2002 aufnehmen kann. Nach der Anwahl von Series klicken Sie dazu im Editierfenster (Abbildung 9.9, S. 48) auf der rechten Seite doppelt auf die Zeile Wahlen 2002. Die gesamte rechte Seite des Editierfensters ändert sich daraufhin und nimmt die in Abbildung 9.10 gezeigte Gestalt an.

Die jetzt verfügbaren Registerkarten sind vom Typ der Datenreihe abhängig. Bei `TLineSeries` sind es Format, Point, General, Marks und Data Source, bei `TPieSeries` Format, Circled, General, Marks und Data Source und bei `TBubbleSeries` nur Format, General, Marks und Data Source.

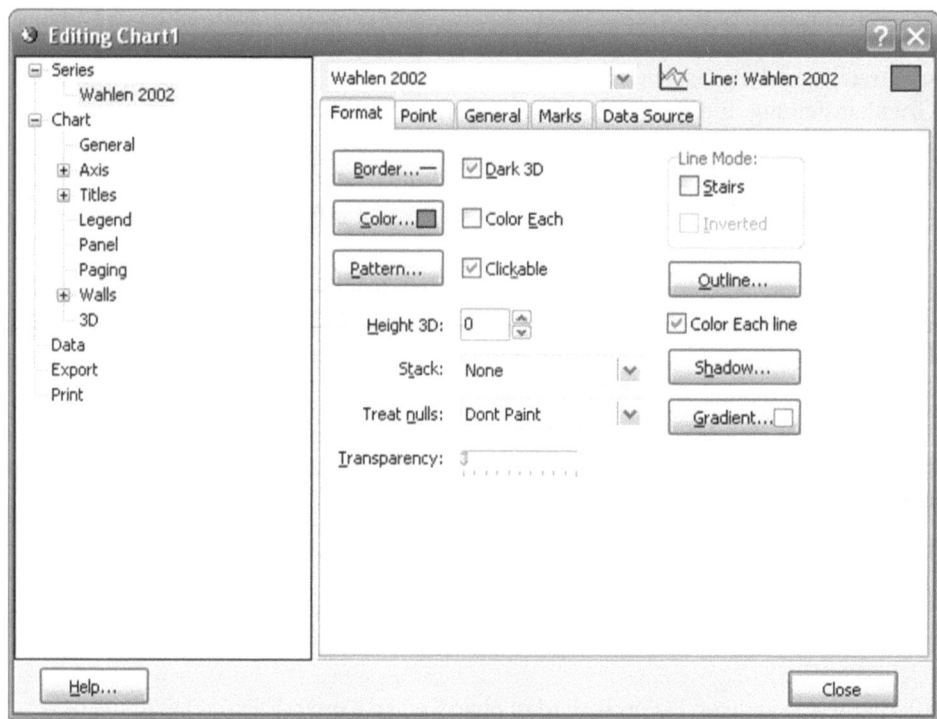

Abbildung 9.10: Karteikarten für die Einstellung von Reihen des Typs TLineSeries (hier: Wahlen 2002), Grundstellung, Format angewählt

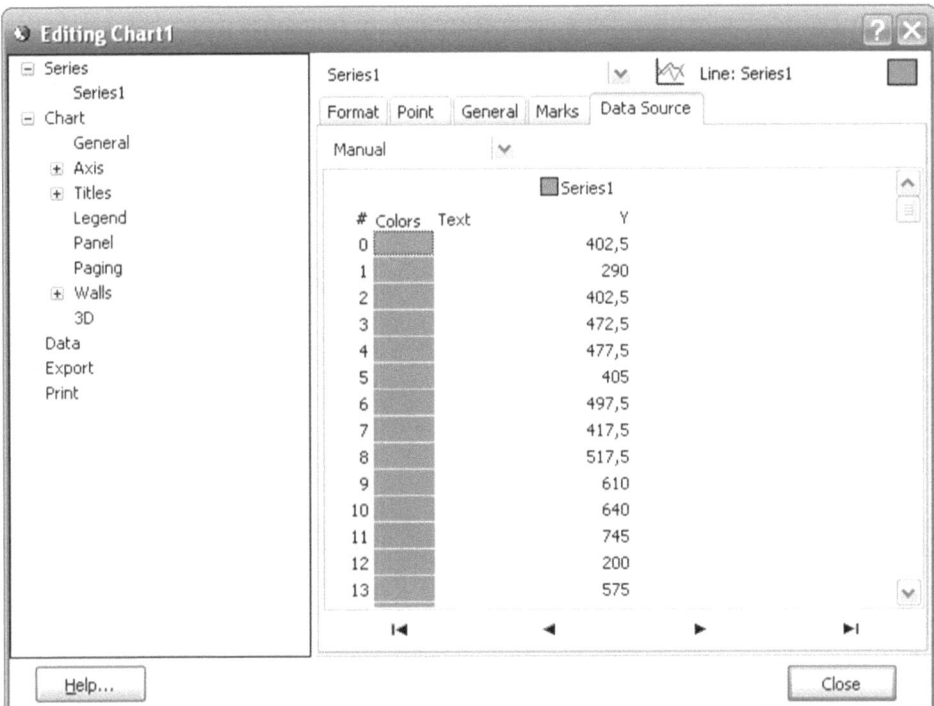

Abbildung 9.11: Karteikarten für die Einstellung der Reihen (Data Source) und manuelle Datengeneingabe angewählt

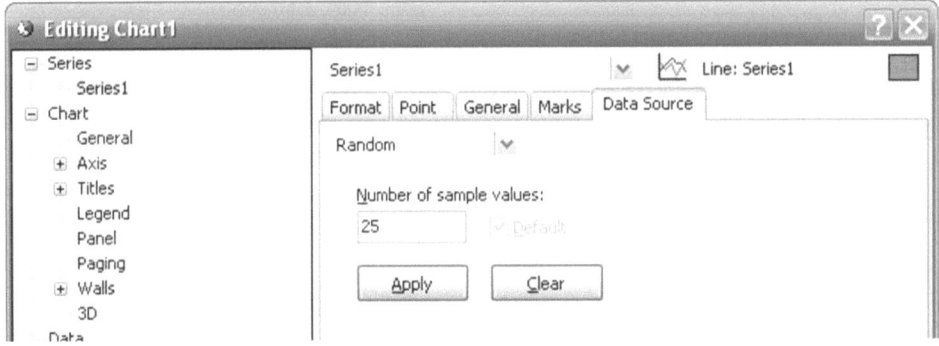

Abbildung 9.12: Karteikarten für die Einstellung der Reihen, Data Source und zufällige Datengenerierung angewählt

Diese variablen Register ermöglichen nahezu jede erdenkliche Gestaltung der Kurvendarstellung. Eine ganz kleine Auswahl der fast unbegrenzten Möglichkeiten wird unten vorgestellt.

Für den Typ `TLineSeries` kann unter Format z. B. folgendes eingestellt werden:

- Farbe (Color)
- Randlinie (Border)
- Darstellungsart (Line Mode), Rampen- Stufenform
- Transparenz (Transparency)

Point ermöglicht die indiviuelle Markierung der Kurvenpunkte:

- Die Form (z. B. Rechteck, Kreuz, Kreis...) wird unter Style ausgewählt.
- Die Auswahl unter Style ist nur möglich, wenn Visible markiert wurde. Eine Markierung wird ggf. auch in die Legende übernommen.
- Weitere Gestaltungsmöglichkeiten betreffen z. B. die räumliche Darstellung (3D) oder die Transparenz (Transparency).

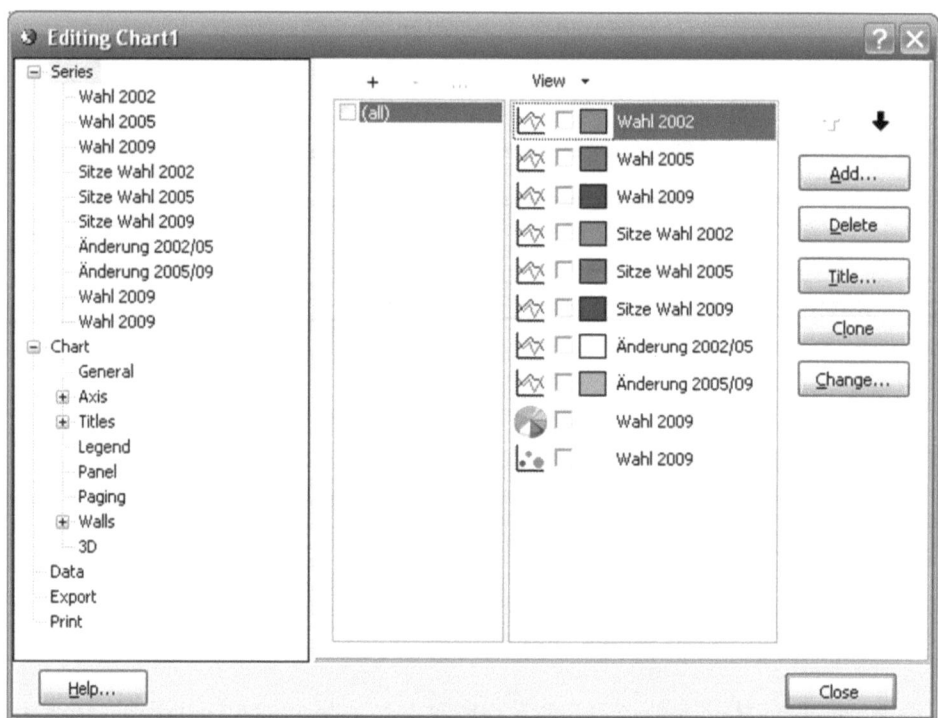

Abbildung 9.13: Editierfenster. Alle Datenreihen des Programmbeispiels sind angelegt.

- Die Größe der Markierungen wird unter Height und Width bestimmt.

Auf der Registerkarte Point finden Sie teilweise dieselben Dialogpunkte wie auf der Karte Format. Die Karte Format bezieht sich auf die Darstellung der Diagramme als Ganzes, die Karte Point lediglich auf die Markierung der Werte der Datenreihen.

General erlaubt Einstellungen, die das ganze Diagramm betreffen:

- General|Show in Legend bestimmt, ob die Legende angezeigt wird.
- Vertical Axis und Horizontal Axis bestimmen die Anordnung der Achsen.

Marks befasst sich mit Textmarkierungen, mit denen die Werte näher bezeichnet werden können.

In unserem Beispielprogramm arbeiten Sie mit der Registerkarte Data Source. Diese präsentiert sich nach Anlegen einer Datenreihe in der in Abbildung 9.11 gezeigten Form. Die Reihe umfasst 25 Stützwerte, an denen zufällige Funktionswerte erzeugt wurden. Gemäß unsere Aufgabenstellung reduzieren Sie die Zahl der Stützwerte (Number of Sample Values) zunächst auf 6. Anschließend betätigen Sie die Schaltfläche Apply um eine neue Kurve mit 6 Stützstellen zu generieren. Diese erscheint umgehend statt der bisherigen Kurve mit 25 Stützstellen.

Stellen Sie nun die Dateneingabe (Kombinationsfeld links oben auf der Registerkarte Data Source) auf Manual statt bisher Random. Jetzt können Sie Werte, Kurvenfarbe und Beschriftung der x-Achse im Dialog eingeben (Abbildung 9.5).

Kopieren von Datenreihen

Vorlagen für die Kurven zur Darstellung der Wahlergebnisse 2005 und 2009 werden durch Kopieren der Ergebnisse von 2002 erzeugt. Hierzu wählen Sie die Referenzzeile (Abbildung 9.9, erste Reihe, Wahlen 2002) an und betätigen im Editierfenster die Schaltfläche Clone. Sie erhalten dann eine (weitgehende) Kopie der Referenzzeile. Unterschiede zum Original bestehen in folgender Hinsicht:

- Bezeichnung: Die Kurve erhält ein neue, eindeutige Bezeichnung
- Farbe: Die Kurve erhält eine neue, eindeutige Farbe

Darstellung der Sitzverteilung

Wenn Sie auf diese Weise die prozentuale Verteilung der Wählerstimmen eingegeben haben, dann stellen Sie von der zuletzt eingegebenen Datenreihe nochmals 3 Kopien her (Schaltfläche Clone) und beschriften sie mit *Sitze Wahlen 2002* usw. Damit das Ganze nicht zu unübersichtlich wird machen Sie jetzt die prozentualen Ergebnisse unsichtbar indem Sie im Editierfenster (Abbildung 9.13) in den Zeilen *Wahl 2002*, *Wahl 2005* und *Wahl 2009* die Häkchen entfernen.

Nicht benötigte Datenreihen vorübergehend unsichtbar machen!

Jetzt setzen Sie die Werte für die Sitzverteilungen und gleichen die Farben der Datenreihen an diejenigen für die prozentualen Ergebnisse an. Wenn das geschehen ist machen Sie sie Sitzverteilungen unsichtbar und zeigen wieder die prozentuale Verteilung an. Die Skalierung der Kurven erfolgt dabei standardmäßig über den gesamten
durch die Datenreihen benutzten Bereich der y-Achse.

Umschaltung der Kurvengruppen

Wenn das Formular *FrmTChartStat* sichtbar wird, werden zunächst die Diagram-
me mit den prozentualen Ergebnissen angezeigt. Mit den Schaltflächen Sitze und
Prozent kann dann zwischen der Darstellung der Sitzverteilung und der prozentualen
Stimmenverteilung umgeschaltet werden. Die Umschaltung erfolgt durch das Setzen
der Eigenschaft *Visible* von TLineSeries bzw. der Basisklasse
TChartSeries auf *true* oder *false*.

Hierfür haben Sie folgende Möglichkeiten:

- Sie betrachten die Datenreihen als Elemente des Diagramms. In diesem Stil wurde
  die Methode für das Anzeigen der Sitzverteilung implementiert.

```
for (int i = 0; i <= 2; i++)
{
  Chart1->Series[i]->Visible = false;  //0..2 unsichtbar.
  Chart1->Series[i+3]->Visible = true; //3..5 sichtbar.
}
for (int i = 6; i <= 7; i++)
{
  Chart1->Series[i]->Visible = false;  //6..7 unsichtbar.
}
```

- Sie betrachten die Datenreihen als unabhängige Elemente (Eigenschaften des Formulars). Diesem Gedanken folgt die Implementation der Methode für das Anzeigen der prozentualen Verteilung.

```
Series1->Visible = true;
Series2->Visible = true;
Series3->Visible = true;
Series4->Visible = false;
Series5->Visible = false;
Series6->Visible = false;
Series7->Visible = true;
Series8->Visible = true;
```

Auch hier können Sie ähnlich wie innerhalb von *Chart1* ein Datenfeld vom Typ
TCustomSeries anlegen. Das hierfür erforderliche Know-How finden Sie in Teil 1
auf den Seiten 44 ff.

Auswirkungen auf den Programmcode

Wenn ein Diagrammobjekt vom Typ `TChart` ins Programm aufgenommen wird, werden die Dateien **Chart.hpp**, **TeeEngine.hpp** und **TeeProcs.hpp** mit `#include` in die Header-Datei **UFrmChartStat.h** eingebunden. Datenreihen sind selbstständige Objekte, die mit der jeweiligen Diagrammkomponenten assoziiert sind. Wenn eine Datenreihe im Dialog angelegt wird, wird die Schnittstellendatei **Series.hpp** eingebunden.

Header-Datei für die Datenreihen ist **Series.hpp**

Die Endung **hpp** besagt dass es sich um generierte Schnittstellendateien für Module handelt, die in Pascal oder Delphi erstellt wurden. Vom Aufbau entsprechen die hpp-Dateien C++ Schnittstellen- (Header-) dateien.

9.2.5.2. Darstellung der Wahlergebnisse durch Programmierung

Die in 9.2.5.1ausführlich dargestellte dialoggestützte Diagrammerstellung kann ein eigenständiges Entwicklungsvorgehen oder auch eine Vorbereitung der Programmierung sein. Sie vereinfacht mit Sicherheit auch zahlreiche gestalterische Maßnahmen für die Bedienoberfläche, da Sie die Auswirkungen Ihrer Entwurfsentscheidungen unmittelbar und ohne Übersetzungsvorgang begutachten können.

Zur flexiblen Nutzung von `TChart` in einem Programm sollten Sie aber mindestens in der Lage sein, die Zahl der Stützstellen, die zugeordneten Werte und die Beschriftungen per Programm vorzugeben. Sie könnten zum Beispiel daran denken, das Programm zur Kommunikation von Wahlergebnissen in einem anderen Gebiet – zum Beispiel in Bayern zu modifizieren und außerdem nicht nur die Ergebnisse benachbarter Wahlen miteinander vergleichen, sondern z. B. auch die von 1998 mit denen von 2008.

Auf dem Formular `FrmChartDyn` wird wie schon unter 9.2.2.2beschrieben eine `TChart`-Komponente platziert. Die Wertereihen werden jedoch per Programm im Konstruktor erstellt. Für die Landtagswahlen 1998 geschieht das folgendermaßen:

```
Wahlen1998Series = new TLineSeries(this);
Wahlen1998Series ->ParentChart = Chart1;◄──── Zuordnung einer Wertereihe zu einem Diagramm
Chart1->Series[0]->AddXY(0,54.1,"CSU");◄──── 1. Wert
Chart1->Series[0]->AddXY(1,28.1,"SPD");◄──── 2. Wert
........................................
                ↑
        1. Reihe
```

9.2.5.3. Berechnung und Darstellung der Differenz zweier Datenreihen

Ganz leicht kommen Sie zum Ziel, wenn Sie zur Differenzbildung oder auch zur Realisierung anderer Operationen und Funktionen auf Datenreihen die Bordmittel von `TChart` benutzen. Nachdem Sie die Daten der drei Bundestagswahlen eingegeben haben, legen Sie eine weitere Reihe an. Statt der Darstellungsart (Reiter Series) wäh-

Das Verknüpfen von Datenreihen ist mit Bordmitteln leicht möglich. Die Subtraktion ist nur ein Beispiel.

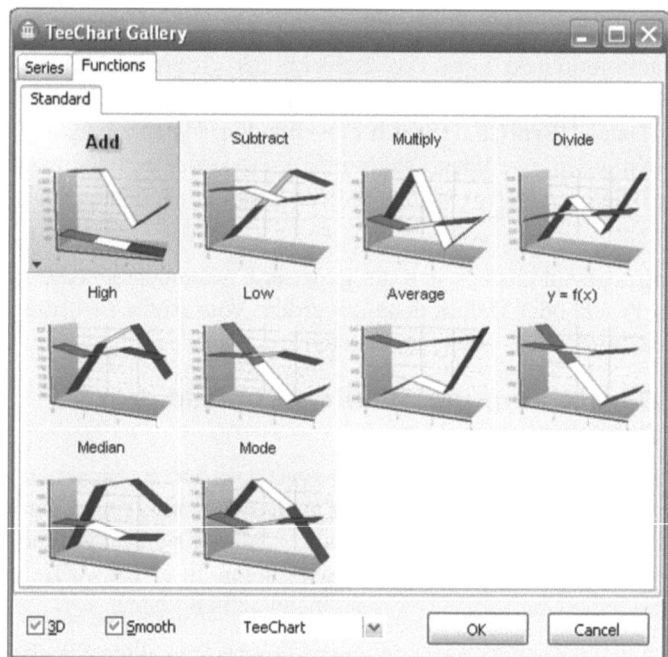

Abbildung 9.14: TeeChart Gallery; Karteikarte zur Auswahl
von Funktionen für die Verknüpfung von Reihen

len Sie aber dann den Reiter Function. Hier werden Ihnen (Reiter Series) zahlreiche Funktionen zur Verknüpfung von Reihen angeboten (Abbildung 9.14). Doppelklicken Sie auf die Funktion `Subtract`. Der rechte Teil des Editierfensters ändert sich entsprechend Abbildung 9.13. Klicken Sie auf den Reiter Data Source und auf dessen Karteikarte auf den Reiter Source Series. Damit stellt sich das Editierfenster gemäß Abbildung 9.15 dar.

Auf der Registerkarte Data Source finden Sie eine unbenannte Combobox, die Sie im Prinzip schon von 9.2.5.1 auf Seite 53 kennen. In ihr wird die Art der Wertermittlung festgelegt. Der Eintrag Function bedeutet, dass die aktuelle Reihe als Funktion einer oder mehrerer anderer Reihen ermittelt wird. Ein weiteres mit Functions bezeichnetes Kombinationsfeld zeigt die aktuell eingestellte Funktion an. Mittels dieses Kombinationsfelds kann auch eine Änderung der Funktion erfolgen. Dies ist durch Anklicken der rechts davon befindlichen Schaltfläche … [11] auch mit grafischer Anwahl möglich. Beim Betätigen der Schaltfläche erscheint die TeeChart Gallery in der

2 Möglichkeiten der Funktionswahl

---

11 Diese Schaltfläche ist nur mit … markiert. Ihre Umrandung erscheint erst beim Überstreichen mit dem Cursor. Daher ist sie nur sehr schwer als Schaltfläche zu erkennen.

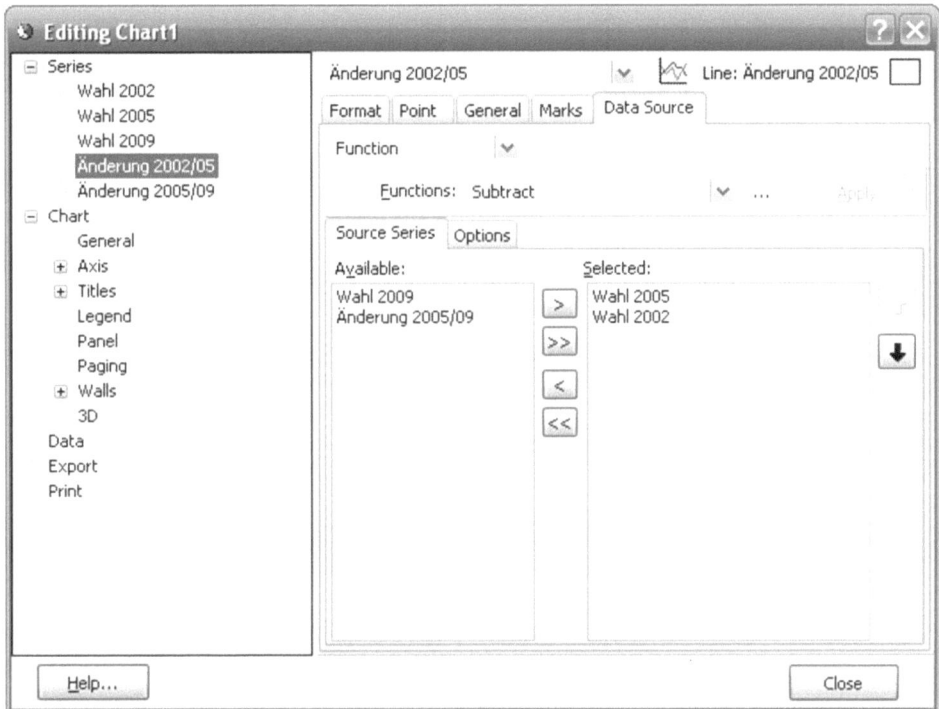

Abbildung 9.15: Editierfenster; Auswahl von Operanden für Funktionen

in Abbildung 9.14 gezeigten Form. Die Änderung der Auswahl erfolgt dann wie oben beschrieben.

Bis jetzt haben Sie die Funktion bzw. den Operator bestimmt. Im zweiten Schritt sind die Operanden zu bestimmen. Operanden sind in unserem Fall Wertereihen. Die verfügbaren Operanden werden auf der Karte Source Series in der linken Spalte (Available) angeboten.

Durch Anklicken können Wertereihen sowohl in der Spalte Available als auch in der Spalte Selected angewählt werden.. Mit ⏵ bzw. ⏴ wird das angewählte Element in die jeweils andere Spalte verschoben. Mit ⏵⏵ und ⏴⏴ werden alle Elemente in die jeweils andere Spalte verschoben. Die Betätigung der Schaltflächen ⬇ und ⬆ bewirkt das Verschieben der markierten Reihe nach unten oder nach oben. Diese Schaltflächen wirken nur auf Einträge in der Spalte Selected. Im Fall der Subtraktion kann ads zum Tausch von Subtrahend und Minuend führen. Nach Betätigen der Schaltfläche Apply wird die Berechnung durchgeführt und das Ergebnis in Gestalt der Linie *Änderung 2002/05* angezeigt.

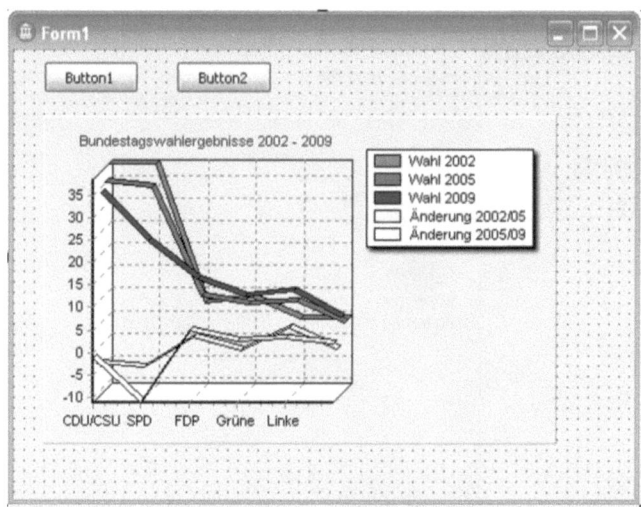

Abbildung 9.16: Diagrammdarstellung mit 3D-Liniendiagrammen (Ergebnisse und Änderungen)

Abbildung 9.16 zeigt die gesamte Grafik. Die erste der ausgewählten Reihen bildet den Minuend, jede weitere repräsentiert einen Subtrahenden. In unserem Fall ist das Ergebnis von 2005 der Minuend und das von 2002 der Subtrahend (Abbildung 9.15).

Programmgestützte Berechnung und Darstellung der Differenzen

Elementare Programmierung

Die Differenz zwischen zwei Wertereihen z. B. zwischen dem Wahlergebnis von 2003 und 1998 können Sie natürlich durch elementare Programmierung, d. h. Programmierung einer Subtraktionsoperation ermitteln. Hierzu legen Sie eine Datenreihe – in unserem Falle `WahlenDiffSeries` vom Typ `TLineSeries` - zur Aufnahme des Resultats neu an und verbinden Sie mit dem Diagramm (`WahlenDiffSeries->ParentChart = Chart1`).

Dann bestimmen Sie aus den bereits existierenden Datenreihen die beiden, die Sie voneinander subtrahieren möchten. Das seien beispielsweise `Wahlen1998Series` und `Wahlen2003Series` (die Wahlergebnisse von 1998 und 2003). `Wahlen1998Series` sei die erste und `Wahlen2003Series` die zweite Datenreihe, die an das Grundelement des Diagramms (Variable `Chart1`, Typ `TChart`) angehängt wurde. Diese Datenreihen können auch mit `Chart1->Series[0]` (für 1998) und `Chart1->Series[1]` (für 2003) angesprochen werden.

Über wieviele Werte Sie innerhalb der Datenreihen iterieren müssen geht aus `Chart1->Series[i]->Count()` hervor. Der Einfachheit halber nehmen wir an, dass *Series[0]* und *Series[1]* die gleiche Zahl an Werten enthalten. Diese Zahl ermitteln wir mit `Chart1->Series[0]->Count()` (Methode, keine Eigenschaft wie es z. B. *Count* vielerorts in VCL ist!!).

Die Datenreihe, die das Resultat aufnimmt kann sowohl mit *WahlenDiffSeries* (ohne *Chart1*!!) oder auch als letzte weil jüngste Reihe im Diagramm mit `Chart1->Series[Chart1->SeriesCount()-1]` angesprochen werden. Die Schleife für die Subtraktion aller Werte der Datenreihen lautet dann:

```
 j0 = Chart1->Series[0]->Count();
 for (int i = 0; i < j0; i++)
 {
//Subtrahend und Minuend bilden.
   aMinuend = Chart1->Series[1]->YValue[i];//Wahlergebnisse 2003
   aSubtrahend = Chart1->Series[0]->YValue[i];//Wahlergebnisse 1998
//Differenz bilden.
   aDiff = aMinuend - aSubtrahend;
//Differenz in die Reihe eintragen.
   Chart1->Series [Chart1->SeriesCount()-1] ->AddXY(i, aDiff,"");
 }
```

Programmierlösung unter Nutzung des TeeChart-Rahmenwerkes

Wie bereits oben angedeutet ist auch für die Differenzbildung eine Programmierlösung möglich. Hierzu wird per Konstruktor eine Linienreihe (`TLineSeries`) und eine Funktion (`TSubtractTeeFunction`) generiert.

Die Linienreihe nimmt das Resultat auf. Diese wird wie oben beschrieben mit dem Diagramm verbunden und betitelt.

```
// Datenreihe für die Differenzen anlegen.
  WahlenDiffSeries = new TLineSeries(this);
  WahlenDiffSeries ->Title = "Diff 2003-1998";
// Datenreihe mit dem Diagramm verbinden.
  WahlenDiffSeries->ParentChart = Chart1;
// Funktion kreieren.
  TeeFunction1 = new TSubtractTeeFunction(this);
```

Die Funktion legt das ermittelte Ergebnis in ihrer Eigenschaft *ParentSeries* ab. Sie müssen dafür Sorge tragen, dass diese mit dem Bereich für die Ergebnisreihe identisch ist.

```
// Datenreihe für die Abbildung des Funktionsergebnis bestimmen
  TeeFunction1->ParentSeries = WahlenDiffSeries;
```

Die Operanden der Funktion sind unter der Eigenschaft *DataSources* der Ergebnisdatenreihe *WahlenDiffSeries* zu finden. Jedes Element von *DataSources* ist eine Datenreihe (Typ `TChartSeries` oder davon abgeleitet). In der konkreten Implementation ist der Typ dieser Datenreihe `TLineSeries`. Innerhalb einer Instanz (hier *WahlenDiffSeries)* müssen alle Elemente von *DataSources* gleichartig aufgebaut sein.

Die Operanden sind Bestandteil der Ergebnisdatenreihe WahlenDiffSeries!

```
// Datenreihe für die Abbildung des Funktionsergebnis bestimmen
  TeeFunction1->ParentSeries = WahlenDiffSeries;
// Minuenden festlegen.
  WahlenDiffSeries->DataSources->Add(Wahlen2003Series);
// (Ersten) Subtrahenden festlegen.
  WahlenDiffSeries->DataSources->Add(Wahlen1998Series);
```

9.2.5.4. Variationsmöglichkeiten für die Darstellung

Vom Linien- zum Kreisdiagramm

Eine Datenreihe, verschiedene Darstellungsmöglichkeiten.

Dieselben Daten, die im Liniendiagramm dargestellt wurden, können auch im Kreisdiagramm dargestellt werden. Allerdings müssen Sie die abweichenden Eigenschaften des Kreisdiagramms in Ihre gestalterischen Überlegungen einbeziehen.

In einem Kreis werden ebenso wie in einer Linie die Ergebnisse **einer** Wahl dargestellt. Allerdings eignet sich das Kreisdiagramm nur zur Darstellung positiver Werte wie Stimmanteile oder Sitze. Zur Darstellung negativer Zahlen wie sie beim Vergleich der Ergebnisse zweier Wahlen auftreten können eignet es sich nicht. Während es durchaus sinnvoll ist, in einem Liniendiagramm zu Vergleichszwecken mehrere Linien darzustellen, gilt das nicht in gleicher Weise für das Kreisdiagramm. Hier steht ein Kreis für das Ergebnis einer bestimmten Wahl. Verglichen werden die Wahlergebnisse der verschiedenen Parteien bei dieser einen Wahl.

Gehen Sie sinngemäß vor wie beim Anlegen einer Datenreihe für das Liniendiagramm:

Schalten Sie zunächst zu Testzwecken (Verbesserung der Übersicht) die bis jetzt erstellten Diagrammreihen auf unsichtbar (Häckchen löschen, Abbildung 9.13). Stellen Sie dann auf der der Registerkarte Data Source die Zahl der Segmente der Kreisdiagramme ein. Die Farbe der Segmente definieren Sie ebenfalls dort.

AddXY:

Gleichnamige Methode, aber andere Bedeutung der Parameter.

Per Programm wird ein Kreisdiagramm ähnlich wie ein Liniendiagramm erstellt. Statt eines Elements vom Typ TLineSeries muss lediglich eines vom Typ TPieSeries verwendet werden. Das Hinzufügen von Datensätzen erfolgt genau wie bei Liniendiagrammen mit der Methode AddXY, wobei die Parameter anders zu interpretieren sind als im Zusammenhang mit Liniendiagrammen:

Der Parameter X bezeichnet die Lage des Datenelements (Kreissegments) wobei die Elemente im Kreis nach aufsteigenden Werten von X geordnet sind. Nur die relative Größe von X ist interessant, der eigentliche Wert hingegen ist belanglos. Zeichenbeginn ist auf der positiven horizontalen Achse.

Die Winkel der Kreissegmente und damit auch deren Flächen sind den Werten von Y proportional. Ob das Kreisdiagramm den gesamten Kreis oder nur ein Kreissegment einnimmt kann in der Eigenschaft AngleSize von TPieSeries festgelegt werden. Besitzt AngleSize den Wert von 360 so entspricht das einem Vollkreis.

Blasendiagramm

Im Blasendiagramm werden die Werte durch Kreise markiert, deren Größe (wahlweise Durchmesser oder Fläche) ihrem Y-Wert proportional ist. Was im Einzelfall zutrifft wird durch die Eigenschaft *Squared* bestimmt. Randwerte werden dabei evtl. als abgeschnittene Kreise oder Halbkreise dargestellt (Abbildung 9.17).

Werte sind Kreisdurchmesser oder -fläche proportional

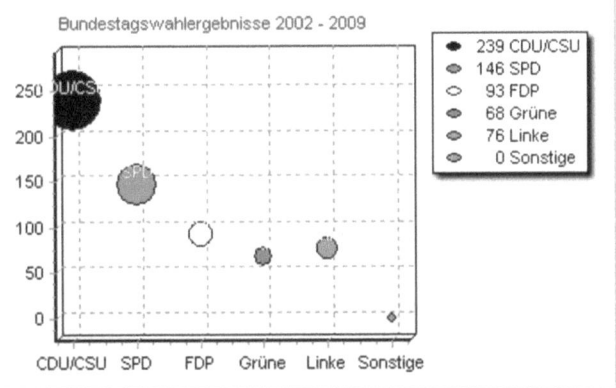

Abbildung 9.17: Beispiel für ein Blasendiagramm

9.2.5.5. Diagrammexport in Dateien

Der Diagrammexport aus dem Programm heraus kann in verschiedenen Formaten erfolgen:

- Bitmap als universelles Format für Übernahme in andere Anwendungen und auf andere Systemumgebungen (z. B. Unix).

- Windows-Metafile als platzsparende Speichermöglichkeit und für die Nachbearbeitung als Vektorgrafik.

Mittels der Schaltfläche **Grafik speichern** wird die Ereignismethode *BtnDiagrammSpeichernClick* aufgerufen. Für die Zieldateien sind die Erweiterungen BMP und WMF zulässig. Im Falle der Erweiterung BMP wird zur Speicherung des Diagramms die Methode *SaveBitmapToFile* verwendet, im Falle von WMF die Methode *SaveToMetafile.*

9.2.5.6. Diagrammdruck

Mit der Methode *Print* von *TChart* können Sie das Diagramm auf ganz einfache Weise formatfüllend ausdrucken. Für die genaue Einstellung des Diagrammdrucks gibt es zahlreiche Methoden und Eigenschaften der Klasse *TChart.* Z. B. für die Wahl zwischen Hoch- und Querformat (s. a.Tabelle 9.3, S.40).

9.2.6. Programmcode: Erstellung von Geschäftsgrafiken

Das Programm *ProTChart* umfasst neben dem Hauptprogramm die Units *UFrmChartMain*, *UFrmChartDyn* und *UFrmChartStat*. Die Hauptprogrammdatei **ProTChart.cpp** wird vollautomatisch erstellt. Deshalb kann auf ihre Darstellung hier verzichtet werden.

9.2.6.1. Hauptformular FrmChartMain

Schnittstellendatei UFrmChartMain.h

```
//-----------------------------------------------------------------------
#ifndef UFrmChartMainH
#define UFrmChartMainH
//-----------------------------------------------------------------------
#include <Classes.hpp>
#include <Controls.hpp>
#include <StdCtrls.hpp>
#include <Forms.hpp>
//-----------------------------------------------------------------------
class TFrmChartMain : public TForm
{
__published:    // IDE-verwaltete Komponenten
  TButton *BtnStatDiag;
  TButton *BtnDynDiag;
  void __fastcall BtnStatDiagClick(TObject *Sender);
  void __fastcall BtnDynDiagClick(TObject *Sender);
  void __fastcall FormClose(TObject *Sender, TCloseAction &Action);
private:        // Benutzer-Deklarationen
public:         // Benutzer-Deklarationen
  __fastcall TFrmChartMain(TComponent* Owner);
};
//-----------------------------------------------------------------------
extern PACKAGE TFrmChartMain *FrmChartMain;
//-----------------------------------------------------------------------
#endif
```

Implementationsdatei UFrmChartMain.cpp

```
//-----------------------------------------------------------------------
#include <vcl.h>
#pragma hdrstop

#include "UFrmChartMain.h"
#include "UFrmChartDyn.h"
#include "UFrmChartStat.h"
//-----------------------------------------------------------------------
#pragma package(smart_init)
#pragma resource "*.dfm"
TFrmChartMain *FrmChartMain;
//-----------------------------------------------------------------------
__fastcall TFrmChartMain::TFrmChartMain(TComponent* Owner)
  : TForm(Owner)
{
}
```

```
//--------------------------------------------------------------------
void __fastcall TFrmChartMain::BtnStatDiagClick(TObject *Sender)
{
  FrmChartStat->ShowModal();
}
//--------------------------------------------------------------------

void __fastcall TFrmChartMain::BtnDynDiagClick(TObject *Sender)
{
  FrmChartDyn->ShowModal();
}
//--------------------------------------------------------------------
void __fastcall TFrmChartMain::FormClose(TObject *Sender,
                                         TCloseAction &Action)
{
  FrmChartDyn->Close();
  FrmChartStat->Close();
}
//--------------------------------------------------------------------
```

9.2.6.2. Formular FrmChartStat für die statische Diagrammerstellung

Schnittstellendatei UFrmChartStat.h

```
//--------------------------------------------------------------------
#ifndef UFrmChartStatH
#define UFrmChartStatH
//--------------------------------------------------------------------
#include <Classes.hpp>
#include <Controls.hpp>
#include <StdCtrls.hpp>
#include <Forms.hpp>
#include "Chart.hpp"
#include "Series.hpp"
#include "TeEngine.hpp"
#include "TeeProcs.hpp"
#include <ExtCtrls.hpp>
#include "TeeFunci.hpp"
#include "BubbleCh.hpp"
#include <Dialogs.hpp>
#include <ExtDlgs.hpp>
#include "cspin.h"
#include "TeeDBCrossTab.hpp"
#include "TeeDBEdit.hpp"
//--------------------------------------------------------------------
class TFrmChartStat : public TForm
{
__published:    // IDE-verwaltete Komponenten
  TBubbleSeries *Series10;
  TButton *BtnProzent;
  TButton *BtnSitze;
  TChart *Chart1;
  TLineSeries *Series1;
  TLineSeries *Series2;
  TLineSeries *Series3;
```

```
    TLineSeries *Series4;
    TLineSeries *Series5;
    TLineSeries *Series6;
    TLineSeries *Series7;
    TLineSeries *Series8;
    TPieSeries *Series9;
    TSubtractTeeFunction *TeeFunction1;
    TSubtractTeeFunction *TeeFunction2;
    TButton *BtnKreisdiagramm;
    TButton *BtnDiagrammSpeichern;
    TButton *BtnDruck;
    TButton *BtnBlasendiagramm;
    TButton *BtnLinienDiagramm;
    TButton *BtnDiff20052002;
    TButton *BtnDiff20092005;
    TSavePictureDialog *SavePictureDialog;
    TButton *BtnDruckerEinrichten;
    TPrinterSetupDialog *PrinterSetupDialog1;
    TButton *Btn_2D_3D;
    TCSpinEdit *CSEOffLi;
    TLabel *LblOffsLi;
    TLabel *LblOffsRe;
    TCSpinEdit *CSEOffRe;
    void __fastcall BtnSitzeClick(TObject *Sender);
    void __fastcall BtnProzentClick(TObject *Sender);
    void __fastcall BtnKreisdiagrammClick(TObject *Sender);
    void __fastcall BtnDiagrammSpeichernClick(TObject *Sender);
    void __fastcall BtnLinienDiagrammClick(TObject *Sender);
    void __fastcall BtnDiff20052002Click(TObject *Sender);
    void __fastcall BtnDiff20092005Click(TObject *Sender);
    void __fastcall BtnDruckClick(TObject *Sender);
    void __fastcall BtnDruckerEinrichtenClick(TObject *Sender);
    void __fastcall Btn_2D_3DClick(TObject *Sender);
    void __fastcall BtnBlasendiagrammClick(TObject *Sender);
    void __fastcall CSEOffLiChange(TObject *Sender);
    void __fastcall CSEOffReChange(TObject *Sender);
    void __fastcall LblOffsLiClick(TObject *Sender);
    void __fastcall LblOffsReClick(TObject *Sender);
private:        // Benutzer Deklarationen
    bool bSitze;
public:         // Benutzer Deklarationen
    __fastcall TFrmChartStat(TComponent* Owner);
};
//---------------------------------------------------------------------------
extern PACKAGE TFrmChartStat *FrmChartStat;
//---------------------------------------------------------------------------
#endif
```

Implementationsdatei UFrmChartStat.cpp

```
//---------------------------------------------------------------------------
#include <vcl.h>
#pragma hdrstop

#include "UFrmChartStat.h"
//---------------------------------------------------------------------------
```

```cpp
#pragma package(smart_init)
#pragma link "Chart"
#pragma link "Series"
#pragma link "TeEngine"
#pragma link "TeeProcs"
#pragma link "TeeFunci"
#pragma link "BubbleCh"
#pragma link "cspin"
#pragma link "TeeDBCrossTab"
#pragma link "TeeDBEdit"
#pragma resource "*.dfm"
TFrmChartStat *FrmChartStat;
//---------------------------------------------------------------
__fastcall TFrmChartStat::TFrmChartStat(TComponent* Owner)
  : TForm(Owner)
{
  BtnSitzeClick(this);
}
//---------------------------------------------------------------
//Datenreihen, die Wahlergebnisse in Sitzen repräsentieren werden sichtbar
// (Visible = true),
//solche die anderes repräsentieren unsichtbar (Visible = false)
//geschaltet.
void __fastcall TFrmChartStat::BtnSitzeClick(TObject *Sender)
{
  for (int i = 0; i <= 2; i++)
  {
    Chart1->Series[i]->Visible = false;  //0..2 (Prozente) unsichtbar.
    Chart1->Series[i+3]->Visible = true; //3..5 (Sitze) sichtbar.
  }
  for (int i = 6; i <= 9; i++)
  {
    Chart1->Series[i]->Visible = false;  //6..9 (Differenzen,
                                         //Kreisdiagramm) unsichtbar.
  }
  bSitze = true;
}
//---------------------------------------------------------------
//Datenreihen, die Wahlergebnisse in Prozenten repräsentieren werden
// sichtbar (Visible = true),
//solche die anderes repräsentieren unsichtbar (Visible = false)
//geschaltet.

void __fastcall TFrmChartStat::BtnProzentClick(TObject *Sender)
{
  Series1->Visible = true;
  Series2->Visible = true;
  Series3->Visible = true;
  Series4->Visible = false;
  Series5->Visible = false;
  Series6->Visible = false;
  Series7->Visible = false;
  Series8->Visible = true;
  Series9->Visible = false;
  Series10->Visible = false;
  bSitze = false;
```

```
}
//----------------------------------------------------------------------

void __fastcall TFrmChartStat::BtnKreisdiagrammClick(TObject *Sender)
{
  for (int i = 0; i <= 7; i++)
  {
    Chart1->Series[i]->Visible = false;   //0..7 unsichtbar.
  }
  Chart1->Series[8]->Visible = true; //Kreisdiagramm sichtbar
  Chart1->Series[9]->Visible = false;//Blasendiagramm unsichtbar
}
//----------------------------------------------------------------------

void __fastcall TFrmChartStat::BtnDiagrammSpeichernClick(TObject *Sender)
{
  UnicodeString a= "Dateiformat nicht zulässig";
  UnicodeString b= "Hinweis";
  if (SavePictureDialog->Execute ())
  {
    if (ExtractFileExt(SavePictureDialog->FileName.UpperCase())==".BMP")
    {
      Chart1->SaveToBitmapFile(SavePictureDialog->FileName);
    }
    else
    {
      if (ExtractFileExt(SavePictureDialog->FileName.UpperCase())==".WMF")
        Chart1->SaveToMetafile(SavePictureDialog->FileName);
      else //Falsches Format
        Application->MessageBox(a.c_str(),b.c_str(),MB_OK);
    }
  }
}
//----------------------------------------------------------------------

void __fastcall TFrmChartStat::BtnLinienDiagrammClick(TObject *Sender)
{
 if (bSitze)
  BtnSitzeClick(this);
 else
  BtnProzentClick(this);
}
//----------------------------------------------------------------------

void __fastcall TFrmChartStat::BtnDiff20052002Click(TObject *Sender)
{
//Differenz 2005-2002 anzeigen, falls aktuelles Diagramm ein
//Liniendiagramm mit Prozentanzeige ist
  for (int i = 0; i <= 7; i++)
  {
    if (Chart1->Series[i]->Visible) //0..7 sichtbar.
    {
      Chart1->Series[6]->Visible = true;
      return;
    }
  }
```

```
}
//---------------------------------------------------------------------

void __fastcall TFrmChartStat::BtnDiff20092005Click(TObject *Sender)
{
//Differenz 2009-2005 anzeigen, falls aktuelles Diagramm ein
//Liniendiagramm mit Prozentanzeige ist
  for (int i = 0; i <= 7; i++)
  {
    if (Chart1->Series[i]->Visible)  //0..8 sichtbar.
    {
      Chart1->Series[7]->Visible = true;
      return; //Funktion bei erster sichtbarer Datenserie verlassen.
    }
  }
  if (Chart1->Series[9]->Visible); //9 sichtbar.
  {
    Chart1->Series[7]->Visible = true;
  }
  return;
}
//---------------------------------------------------------------------

void __fastcall TFrmChartStat::BtnDruckClick(TObject *Sender)
{
//
  Chart1->Print();
}
//---------------------------------------------------------------------

void __fastcall TFrmChartStat::BtnDruckerEinrichtenClick(TObject *Sender)
{
  if (PrinterSetupDialog1->Execute());
}
//---------------------------------------------------------------------

void __fastcall TFrmChartStat::Btn_2D_3DClick(TObject *Sender)
{
  if (Chart1->View3D)
  {
    Chart1->View3D = false;
    Btn_2D_3D->Caption = "3D-Darstellung";
  }
  else
    {
    Chart1->View3D = true;
    Btn_2D_3D->Caption = "2D-Darstellung";
  }
}
//---------------------------------------------------------------------

void __fastcall TFrmChartStat::BtnBlasendiagrammClick(TObject *Sender)
{
  for (int i = 0; i <= 8; i++)
  {
    Chart1->Series[i]->Visible = false;  //0..8 unsichtbar.
```

```
    }
    Chart1->Series[9]->Visible = true; //9 sichtbar.
}
//---------------------------------------------------------------------

void __fastcall TFrmChartStat::CSEOffLiChange(TObject *Sender)
{
    Chart1->BottomAxis->MinimumOffset = CSEOffLi->Value;
}
//---------------------------------------------------------------------

void __fastcall TFrmChartStat::CSEOffReChange(TObject *Sender)
{
    Chart1->BottomAxis->MaximumOffset = CSEOffRe->Value;
}
//---------------------------------------------------------------------

void __fastcall TFrmChartStat::LblOffsLiClick(TObject *Sender)
//Klicken auf die Erläuterung setzt den Offset auf 0.
{
    CSEOffLi->Value = 0;
}
//---------------------------------------------------------------------

void __fastcall TFrmChartStat::LblOffsReClick(TObject *Sender)
//Klicken auf die Erläuterung setzt den Offset auf 0.
{
    CSEOffRe->Value = 0;
}
//---------------------------------------------------------------------

void __fastcall TFrmChartStat::FormClose(TObject *Sender,
                                         TCloseAction &Action)
{
    Action = caHide;
}
//---------------------------------------------------------------------
```

Ausschnitt[12] aus der Formulardatei UFrmChartStat.dfm

Der folgende Ausschnitt aus der Datei **UFrmChartStat.dfm** zeigt den Teil der das Diagramm umfasst. Die Beschreibung des Diagramms *Chart1* schließt die Beschreibungen der diversen Datenreihen ein. Das entspricht einer impliziten Anweisung

`XSeries_i->ParentChart = Chart1.` Besonders beachtenswert ist die Datenreihe *Series7*, die zur Darstellung der Ergebnisänderung zwischen 2002 und 2005 verwendet wird. Als Datenquellen dienen die Reihen *Series2* (2005) und *Series1* (2002). Die Funktion *TeeFunction1* (Typ TSubtractTeeFunction)

---

12 Die vollständige Datei UFrmChartStat.dfm finden Sie auf der CD zum Buch, die Sie unter www.informatik-ganz-einfach.de bestellen können.

und die Reihenfolge der Reihen legen fest, dass *Series7* dadurch gebildet wird, dass die Werte von *Series2* von denen von *Series1* subtrahiert werden.

```
object Chart1: TChart
  Left = 8
  Top = 54
  Width = 400
  Height = 250
  Title.Text.Strings = (
    'Bundestagswahlergebnisse 2002 - 2009')
  DepthAxis.Automatic = False
  DepthAxis.AutomaticMinimum = False
  DepthAxis.Minimum = -33.800000000000000000
  View3DOptions.Elevation = 315
  View3DOptions.Perspective = 0
  View3DOptions.Rotation = 360
  TabOrder = 0
  PrintMargins = (
    15
    19
    15
    19)
  object Series1: TLineSeries
    Active = False
    Marks.Arrow.Visible = True
    Marks.Callout.Brush.Color = clBlack
    Marks.Callout.Arrow.Visible = True
    Marks.Visible = False
    Title = 'Wahl 2002'
    Pointer.InflateMargins = True
    Pointer.Style = psRectangle
    Pointer.Visible = False
    XValues.Name = 'X'
    XValues.Order = loAscending
    YValues.Name = 'Y'
    YValues.Order = loNone
    Data = {
      0406000000000000000000404340FF070000004344552F4353555000000000004043
      40FF030000005350449A99999999991D40FF0300000046445033333333333321
      40FF050000004772FC6E650000000000001040FF050000004C696E6B65000000
      0000001040FF08000000536F6E7374696765}
  end
  …..........................
  …..........................
  object Series7: TLineSeries
    Active = False
    Marks.Arrow.Visible = True
    Marks.Callout.Brush.Color = clBlack
    Marks.Callout.Arrow.Visible = True
    Marks.Visible = False
    DataSource = Series2
    Title = #196'nderung 2002/05'
    Pointer.InflateMargins = True
    Pointer.Style = psRectangle
    Pointer.Visible = False
    XValues.Name = 'X'
```

```
   XValues.Order = loAscending
   YValues.Name = 'Y'
   YValues.Order = loNone
   DataSources = (
     'Series2'
     'Series1')
   object TeeFunction1: TSubtractTeeFunction
   end
 end
 ….........................
 object Series9: TPieSeries
   ….........................

 object Series10: TBubbleSeries
   ….........................
 end
```

9.2.6.3. Formular FrmChartDyn für die dynamische Diagrammerstellung

Schnittstellendatei UFrmChartDyn.h

```
//-------------------------------------------------------------
#ifndef UFrmChartDynH
#define UFrmChartDynH
//-------------------------------------------------------------
#include <Classes.hpp>
#include <Controls.hpp>
#include <StdCtrls.hpp>
#include <Forms.hpp>
#include "Chart.hpp"
#include "TeEngine.hpp"
#include "TeeProcs.hpp"
#include "Series.hpp"
#include <ExtCtrls.hpp>
#include "TeeFunci.hpp"
//-------------------------------------------------------------
class TFrmChartDyn : public TForm
{
__published:    // IDE-verwaltete Komponenten
  TChart *Chart1;
  TButton *BtnDiffBordm;
  TButton *BtnDiffKlass;
  TButton *BtnCirc2003Prz;
  TButton *BtnLiniendiagPrz;
  void __fastcall BtnDiffBordmClick(TObject *Sender);
  void __fastcall BtnDiffKlassClick(TObject *Sender);
  void __fastcall BtnCirc2003PrzClick(TObject *Sender);
  void __fastcall BtnLiniendiagPrzClick(TObject *Sender);
  void __fastcall FormClose(TObject *Sender, TCloseAction &Action);
private:        // Benutzer-Deklarationen
  TPieSeries *Wahlen2003CircSeries;
  TLineSeries *Wahlen1998Series;
  TLineSeries *Wahlen2003Series;
  TLineSeries *Wahlen2008Series;
  TLineSeries *WahlenDiffSeries;
```

```
   TSubtractTeeFunction *TeeFunction1;
public:          // Benutzer-Deklarationen
   __fastcall TFrmChartDyn(TComponent* Owner);
};
//-------------------------------------------------------------------
extern PACKAGE TFrmChartDyn *FrmChartDyn;
//-------------------------------------------------------------------
#endif
```

Implementationsdatei UFrmChartDyn.cpp

```
//-------------------------------------------------------------------
#include <vcl.h>
#pragma hdrstop

#include "UFrmChartDyn.h"
//-------------------------------------------------------------------
#pragma package(smart_init)
#pragma link "Chart"
#pragma link "TeEngine"
#pragma link "TeeProcs"
#pragma resource "*.dfm"
TFrmChartDyn *FrmChartDyn;
//-------------------------------------------------------------------
__fastcall TFrmChartDyn::TFrmChartDyn(TComponent* Owner)
   : TForm(Owner)
{
   Wahlen1998Series = new TLineSeries(this);
   Wahlen1998Series ->ParentChart = Chart1;
   Wahlen1998Series ->Title = "Wahlen 1998";
   Chart1->Series[0]->AddXY(0,54.1,"CSU");
   Chart1->Series[0]->AddXY(1,28.1,"SPD");
   Chart1->Series[0]->AddXY(2,3.2,"FW");
   Chart1->Series[0]->AddXY(3,5.9,"Grüne");
   Chart1->Series[0]->AddXY(4,1.6,"FDP");
   Chart1->Series[0]->AddXY(5,7.2,"Sonstige");
   Wahlen2003Series = new TLineSeries(this);
   Wahlen2003Series ->ParentChart = Chart1;
   Wahlen2003Series ->Title = "Wahlen 2003";
   Chart1->Series[1]->AddXY(0,62,"CSU");
   Chart1->Series[1]->AddXY(1,19.2,"SPD");
   Chart1->Series[1]->AddXY(2,3.6,"FW");
   Chart1->Series[1]->AddXY(3,7.7,"Grüne");
   Chart1->Series[1]->AddXY(4,2.5,"FDP");
   Chart1->Series[1]->AddXY(5,5.0,"Sonstige");
   Wahlen2008Series = new TLineSeries(this);
   Wahlen2008Series ->ParentChart = Chart1;
   Wahlen2008Series ->Title = "Wahlen 2008";
   Chart1->Series[2]->AddXY(0,44.2,"CSU");
   Chart1->Series[2]->AddXY(1,18.1,"SPD");
   Chart1->Series[2]->AddXY(2,9.8,"FW");
   Chart1->Series[2]->AddXY(3,9.8,"Grüne");
   Chart1->Series[2]->AddXY(4,7.8,"FDP");
   Chart1->Series[2]->AddXY(5,10.3,"Sonstige");
   Wahlen2003CircSeries = new TPieSeries(this);
   Wahlen2003CircSeries ->ParentChart = Chart1;
```

```
  Wahlen2003CircSeries ->Visible = false;
  Chart1->Series[3]->AddXY(0,62,"CSU",clBlack);
  Chart1->Series[3]->AddXY(1,19.2,"SPD",clRed);
  Chart1->Series[3]->AddXY(2,3.6,"FW",clBlue);
  Chart1->Series[3]->AddXY(3,7.7,"Grüne",clGreen);
  Chart1->Series[3]->AddXY(4,2.5,"FDP",clYellow);
  Chart1->Series[3]->AddXY(5,5.0,"Sonstige",clWhite);
}
//--------------------------------------------------------------------
void __fastcall TFrmChartDyn::BtnDiffBordmClick(TObject *Sender)
{
//Evtl. bestehende Reihe löschen
  delete WahlenDiffSeries;
  WahlenDiffSeries = NULL;
// Datenreihe für die Differenzen anlegen.
  WahlenDiffSeries = new TLineSeries(this);
  WahlenDiffSeries ->Title = "Diff 2003-1998";
// Datenreihe mit dem Diagramm verbinden.
  WahlenDiffSeries->ParentChart = Chart1;
// Funktion kreieren.
  TeeFunction1 = new TSubtractTeeFunction(this);
// Datenreihe für die Abbildung des Funktionsergebnis bestimmen
  TeeFunction1->ParentSeries = WahlenDiffSeries;
// Minuenden festlegen.
  WahlenDiffSeries->DataSources->Add(Wahlen2003Series);
// (Ersten) Subtrahenden festlegen.
  WahlenDiffSeries->DataSources->Add(Wahlen1998Series);
}
//--------------------------------------------------------------------
void __fastcall TFrmChartDyn::BtnDiffKlassClick(TObject *Sender)
{
  double aMinuend;
  double aSubtrahend;
  double aDiff;
  int j0;
//Evtl. bestehende Reihe löschen
  delete WahlenDiffSeries;
  WahlenDiffSeries = NULL;
// Datenreihe für die Differenzen anlegen.
  WahlenDiffSeries = new TLineSeries(this);
  WahlenDiffSeries ->Title = "Diff 2003-1998";
// Datenreihe mit dem Diagramm verbinden.
  WahlenDiffSeries ->ParentChart = Chart1;
//
  j0 = Chart1->Series[0]->Count();
  for (int i = 0; i < j0; i++)
  {
//Subtrahend und Minuend bilden.
    aMinuend = Chart1->Series[1]->YValue[i];//Wahlergebnisse 2003
    aSubtrahend = Chart1->Series[0]->YValue[i];//Wahlergebnisse 1998
//Differenz bilden.
    aDiff = aMinuend - aSubtrahend;
//Differenz in die Reihe eintragen.
    Chart1->Series [Chart1->SeriesCount()-1] ->AddXY(i, aDiff,"");
  }
}
```

```
//---------------------------------------------------------------------------
void __fastcall TFrmChartDyn::BtnCirc2003PrzClick(TObject *Sender)
{
    for (int i = 0; i < 3; i++)
  {
    Chart1->Series[i]->Visible = false;
  }
  delete WahlenDiffSeries;
  WahlenDiffSeries = NULL;
//Kreisdiagramm sichtbar machen
  Chart1->Series[3]->Visible = true;
  BtnDiffKlass->Enabled = false;
  BtnDiffBordm->Enabled = false;
}
//---------------------------------------------------------------------------
void __fastcall TFrmChartDyn::BtnLiniendiagPrzClick(TObject *Sender)
{
  for (int i = 0; i < 3; i++)
  {
    Chart1->Series[i]->Visible = true;
  }
  delete WahlenDiffSeries;
  WahlenDiffSeries = NULL;
//Kreisdiagramm unsichtbar machen
  Chart1->Series[3]->Visible = false;
  BtnDiffKlass->Enabled = true;
  BtnDiffBordm->Enabled = true;
}
//---------------------------------------------------------------------------
void __fastcall TFrmChartDyn::FormClose(TObject *Sender,
                                        TCloseAction &Action)
{
  Action = caHide;
}
//---------------------------------------------------------------------------
```

10. Borland Database Engine (BDE) –
Der schnelle Weg zur Erstellung einfacher
Datenbankanwendungen

Dieses Kapitel soll Ihnen den Zugang zur schnellen Erstellung einfacher Datenbankanwendungen eröffnen. Dabei steht die Darstellung eines raschen Zugangs zur Anwendungserstellung im Vordergrund. Auf eine Fehlerbehandlung wird in den Beispielen aus Gründen der Übersichtlichkeit weitgehend verzichtet.

Der C++Builder bietet zahlreiche Komponenten zur Unterstützung unterschiedlicher
Datenbanktechnologien wie z. B.:

- BDE (Borland Database Engine)

- ADO

- dbExpress

- Interbase

BDE, ADO und DbExpress stellen jeweils eine Abstraktionsschicht zur Verfügung,
mittels derer mit einheitlichen Anweisungen auf zahlreiche unterschiedliche Datenbankmaschinen zugegriffen werden kann. Interbase ist eine spezielle Datenbankmaschine, die von Borland entwickelt wurde und mit dem Embarcadero RADS Studio
mitgeliefert wird. Die kostenlose Version von Interbase hört auf den Namen Firebird.
Für alle aufgeführten Technologien gilt, dass der Zugriff auf die Datenbanken aus
C++Builder-Programmen heraus über einheitliche Datenzugriffs- und Datensteuerungskomponenten erfolgt.

10.1. Die Architektur von Datenbankanwendungen

Auch wenn das Spektrum der mit Bordmitteln[13] des C++Builders verwendbaren Datenbanken sehr breit und vielleicht sogar etwas verwirrend ist, so beinhaltet doch
jede Anwendung gewisse gleichartige Standardbaugruppen:

- Datenbank-Benutzerschnittstelle

- Datenquelle

- Datenmenge[14]

13 Der Begriff Bordmittel wird in diesem Buch für solche Komponenten, Bibliotheken,
    Rahmenwerke usw. verwendet, die mit dem Embarcadero RADS mitgeliefert werden.
14 Gemeinsam mit den Datenquellen auch als Datenzugriffskomponenten bezeichnet
    [DELPHI2].

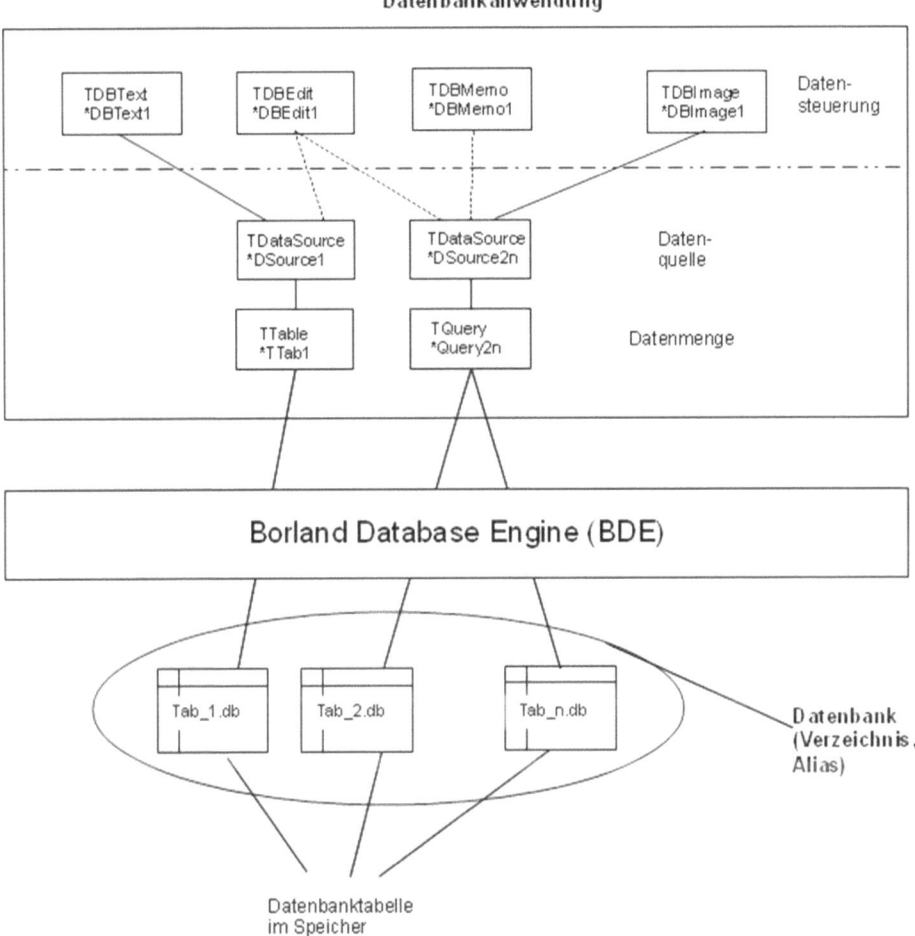

Abbildung 10.1: Aufbau einer einfachen Datenbankanwendung mit dem C++Builder und der Borland Database Engine (BDE)

Diese Standardbausteine werden vom C++Builder in großer Zahl und vielen Varianten zur Verfügung gestellt, sodass die Erstellung von Datenbankanwendungen in vielen Fällen mit vergleichsweise geringem Codieraufwand möglich ist.

10.1.1. Datenbanklösung und Dateilösung

Elementar kann man persistente Daten, das sind solche Daten die über die Lebensdauer des Prozesses hinaus erhalten bleiben, mittels Dateien realisieren. Komforta-

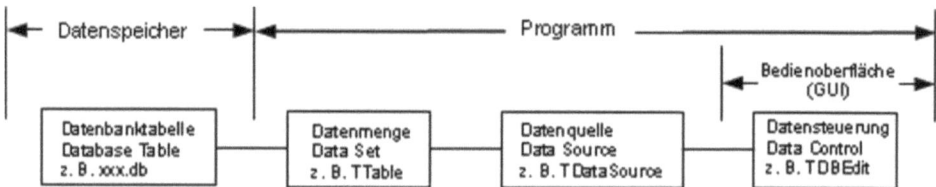

Abbildung 10.2: Datenbankimplementation im C++Builder. Wirkungskette von der Datenbanktabelle bis zur Bedienoberfläche

BDE – bewährt und leicht handhabbar

bler geht das mittels Datenbanken, die neben der Speicherung der Daten auch deren Verknüpfung ermöglichen

In diesem Kapitel lernen Sie das Erstellen von Datenbanken in einfacher – zugegebenermaßen nicht mehr ganz taufrischer – Technologie kennen. Diese ist aber einigermaßen ballastfrei und deshalb sehr gut geeignet für den Einstieg in die Datenbankprogrammierung.

10.1.2. Die Beispielanwendung

Unsere Beispielaufgabe behandelt in einfacher Form eine Standardaufgabe aus der Wirtschaftsinformatik: Die Rechnungsstellung für einen Warenkauf.

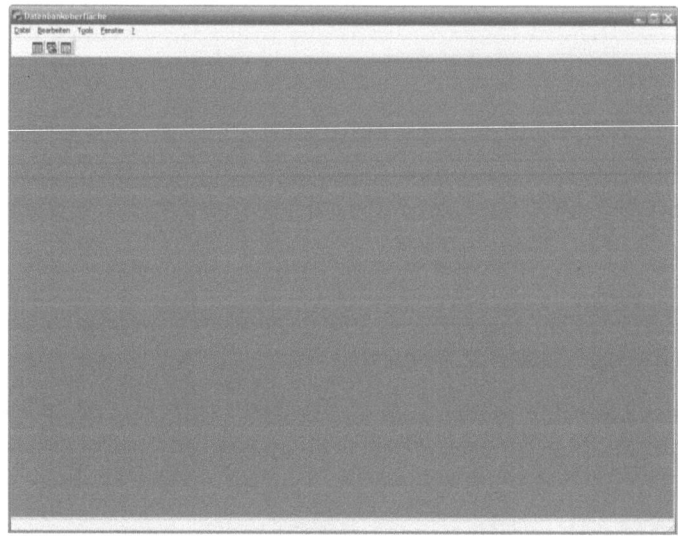

Abbildung 10.3: Programm Datenbankoberfläche (dbd32.exe) zur dialogorientierten Entwicklung von Datenbanktabellen

Das Problem ist Ihnen bekannt: Eine Firma besitzt Kunden und Waren. Kunden kaufen gelegentlich Waren und dafür müssen Rechnungen gestellt werden. Kunden und Waren bestehen unabhängig voneinander. Rechnungen sind Kunden zugeordnet. Sie bestehen im Kern aus Rechnungspositionen. Rechnungspositionen sind Waren in einer bestimmten Stückzahl, die einer Rechnung zugeordnet sind.

10.2. Erstellung von Datenbanktabellen

Datenbanken bestehen aus einzelnen Datenbanktabellen. Die Spalten der Datenbanktabellen dienen der näheren Beschreibung der Datenelemente. Dabei kann es sich um die Beschreibung an sich (z. B. den Vornamen eines Kunden in der Tabelle **Kunden.db**) oder die Darstellung der Beziehung zu anderen Tabellen (Angabe welcher Rechnung und welcher Ware eine Rechnungsposition zugeordnet ist), handeln.

10.2.1. Interaktive Erstellung der Datenbanktabelle Kunden.db mit dem Programm Datenbankoberfläche (Database Desktop)

10.2.1.1. Erstellen der Datenbanktabelle

Die Struktur von Datenbanktabellen kann man programmgesteuert oder interaktiv erstellen. Aufgrund der heute verfügbaren komfortablen Werkzeuge ist die interaktive Erstellung für den Anfänger eigentlich die erste Wahl. *Datenbanktabellen können interaktiv oder programmgesteuert erstellt werden*

Am einfachsten ist es, eine Datenbanktabelle mit dem Programm Datenbankoberfläche (Database Desktop, **dbd32.exe**) zu erstellen.

Starten Sie das Programm Datenbankoberfläche Sie finden es unter **Programme\ Gemeinsame Dateien\CodeGear Shared\Database Desktop\dbd32.exe**. Nach dem Start erscheint das in Abbildung 10.3 dargestellte Fenster. Mit Datei|Neu| Tabelle beginnen Sie das Anlegen einer neuen Datenbanktabelle. Zunächst erscheint dann ein Lis-

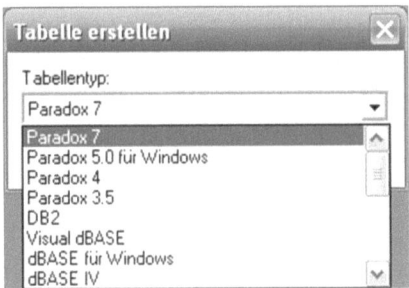

Abbildung 10.4: Fenster zur Auswahl der Datenbankauswahl

tenfeld zur Festlegung der Art der Datenbank (Abbildung 10.4). Bitte wählen Sie Paradox 7.

Nach der Bestimmung der Datenbank erscheint das Formular zum Anlegen und Ändern der Datenbanktabelle (Abbildung 10.6). Welche der beiden Funktion momentan aktiv ist, können Sie der Überschrift des Fensters entnehmen. In unserem Fall ist die Funktion Anlegen aktiv.

10.2.1.2. Felder der Datenbanktabelle erstellen

Als erstes müssen Sie den Namen des Feldes eingeben (Kunde). Dann springen Sie ggf. mittels der Tab-Taste oder des Cursors in die nächste Spalte, wo Sie den Feldtyp eingeben. Das kann durch Zeicheneingabe oder durch Auswahl aus dem mit der rechten Maustaste erreichbaren Popupmenü eingegeben werden (Abbildung 10.5). Im vorliegenden Fall wählen Sie **I**. Das steht für eine lange Ganzzahl.

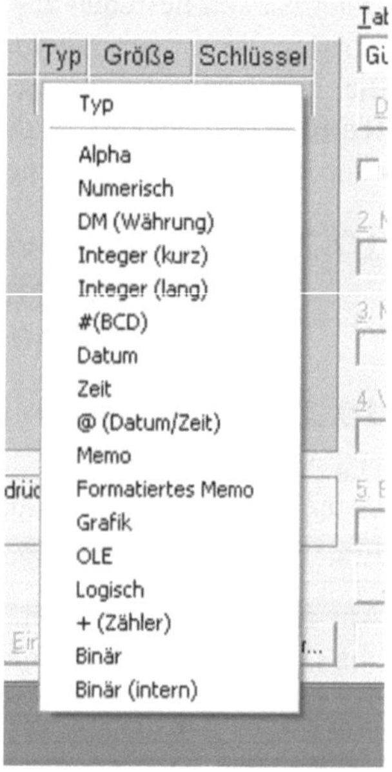

Übersicht über verfügbare Datentypen im Pop-up-Menü

Danach können Sie auf die nächste Spalte übergehen, wo die (Feld-) Größe eingetragen werden kann. Dieser Eintrag ist vom Eintrag in der Spalte Typ abhängig. Welche Einträge im Einzelfall zulässig sind erfahren Sie ganz einfach aus dem Textfeld unter der Tabelle (Abbildung 10.6, Ziffer ①).

In der letzten Spalte kann angegeben werden, ob es sich um ein Schlüsselfeld handelt. Schlüsselfelder dienen der Identifikation von Datensätzen und müssen deshalb innerhalb jeder Tabelle mit einem eindeutigen Wert belegt sein. Schlüsselfelder werden durch ein * in der Spalte Schlüssel markiert. Das Markieren und Löschen der Schlüsselmarkierung erfolgt durch Anklicken der Spalte Schlüssel für das Schlüsselfeld.

Abbildung 10.5: Im Programm Datenbankoberfläche verfügbare Datentypen

Die Felddaten können durch weitere Attribute ergänzt werden, die in der Combobox rechts oben (Abbildung 10.6, Ziffer ②) aufgeführt sind.

Editierfunktionen

- Sie fügen in die Tabelle eine weitere Zeile (ein weiteres Feld) hinter der aktuellen Zeile hinzu, indem Sie die Cursor-Taste „Pfeil abwärts" betätigen.
- Ein Einfügen vor der aktuellen Zeile erfolgt mittels der Taste Einfügen.

Bezeich-ner	Typ (DB-Ober-fläche)	Typ (Pro-gramm)	Bedeutung	Brei-te	Pflicht-feld
KundenNr	+	ftInteger	Kundennummer (Index)	-	ja
Anrede	A	ftString	Anrede	10	ja
Vorname	A	ftString	Vorname	20	nein
Name	A	ftString	(Nach-) Name	20	ja
Strasse	A	ftString	Straße, ggf auch Text Postfach	30	ja
HausNr	A	ftString	Hausnummer ggf auch Postfachnummer	8	ja
PLZ	A	ftString	Postleitzahl nach jeweiliger Landesnorm	8	ja
Ort	A	ftString	Adressrelevante Ortsangabe (Gemeinde)	25	ja
Land	A	ftString	Land	25	ja

Tabelle 10.1: Datenfelder in der Kundentabelle

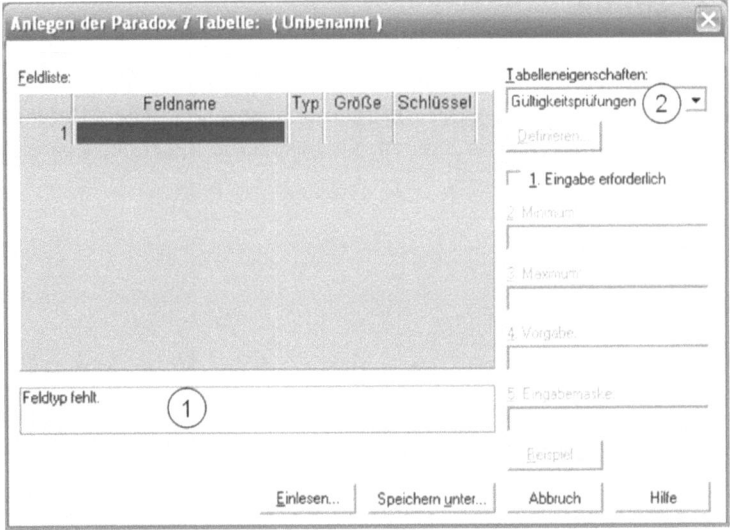

Abbildung 10.6: Fenster zum Anlegen und Ändern von Datenbanktabellen

Zeilen ver-
schieben mit-
tels linker
Maustaste
• Eine Neupositionierung bereits erstellter Felder (Zeilen) erreichen Sie, indem Sie auf dem Feld, das Sie verschieben möchten die linke Maustaste drücken und dann die Maus mit niedergehaltener Maustaste an die gewünschte Stelle verschieben.

• Sie löschen die aktuelle Zeile durch Betätigen der Taste Löschen.

Vervollständigung der Kundentabelle.

Die weiteren Felder für die Tabelle der Kundendaten geben Sie bitte entsprechend Tabelle 10.1 ein:

10.2.1.3. Bearbeiten / Ändern

Wenn Sie die Struktur einer bereits bestehenden Datenbanktabelle ändern möchten ist das Vorgehen etwas anders.

Starten Sie das Programm Datenbankoberfläche (**dbd32.exe**) und wählen Sie Tools| Tabellenoperationen|Umstrukturieren. Jetzt öffnet sich ein Dateidialog, in dem Sie diejenige Datenbanktabelle, die Sie ändern möchten auswählen können.

Datenbankta-
belle um-
strukturieren:
Alternativ können Sie auch bei geöffneter Datenbanktabelle (Datei|Öffnen|Tabelle...) mit der Schaltfläche 🖾 Tabelle|Umstrukturieren die Umstrukturiereng der Datenbanktabelle einleiten.

10.2.2. Erstellen der Datenbanktabelle Waren.db zur Laufzeit mittels eines individuell erstellten Programms

Nachdem in Abschnitt 10.2.1die Erstellung einer Datenbanktabelle mittels des Programms Datenbankoberfläche vorgestellt wurde, wird jetzt als Alternative die Erstellung einer Datenbanktabelle per Programm gezeigt. Die Datenbanktabelle **Waren.db** zur Aufnahme der Warendaten. Sie besitzt die folgenden Felder:

• Warennummer

• Warenbezeichnung

• Produktbeschreibung

• Herkunftsland

• Mehrwertsteuersatz

• Einkaufspreis

• Verkaufspreis

Einzelheiten zu den Feldern sind in Tabelle 10.3 dargestellt.

Bezeichner	Typ (DB-Ober-fläche)	TFieldType (Pro-gramm)	Bedeutung	Breite	Pflicht-feld
Warennummer	Integer (lang) I Zähler +	ftInteger/ ftAutoinc	Warennummer (Index)	-	ja
Warenbezeich-nung	Alpha A	ftString	Warenbezeichnung	30	ja
Produktbeschrei-bung	Memo M	ftMemo	Kurze Beschreibung des Produkts	200	ja
Herkunftsland	Alpha A	ftString	Herkunftsland	30	ja
Mehrwertsteuer-satz	Integer (kurz) S	ftSmallInt	Mehrwertsteuersatz (0= ermäßigt, 1 = voll)	-	ja
Einkaufspreis	Numerisch N	ftFloat	Einkaufspreis	-	ja
Verkaufspreis	Numerisch N	ftFloat	Verkaufspreis	-	ja

Tabelle 10.2: Datenfelder in der Warentabelle (Waren.db)

10.2.2.1. Aufgabenstellung

Entwickeln Sie ein Programm, das gemäß der Vorgaben aus Tabelle 10.2 eine Datenbanktabelle für die Warendaten erstellt und diese zur Kontrolle mit Testdaten füllt und anzeigt. Abbildung 10.7. zeigt die Bedienoberfläche des Programms.

10.2.2.2. Lösungsweg

Hier wird eine einfache, monolithische[15] Lösung gezeigt. Bei der Entwicklung größerer Systeme sollte mit den im C++Builder vorgesehenen Datenmodulen gearbeitet werden, was zu einer größeren Flexibilität (bessere Wartbarkeit, Änderbarkeit usw.) der Programme führt.

Kern der Lösung ist der Einsatz der Komponenten `TTable` und `TDataSource`. `TDataSource` finden Sie in der Werkzeugpalette im Abschnitt Datenzugriff.

---

15 Lösung bei der die Anwendungsaufgabe und die Datenkomponenten in einem Modul untergebracht sind.

TTable	
Eigenschaft	**Bedeutung**
bool Active	Angabe, ob die Datenbanktabelle aktiv ist. Z. B. können nur Inhalte aktiver Tabellen dargestellt werden.
UnicodeString DatabaseName	Name der Datenbank
int FieldCount	Anzahl der Felder in der Tabelle
bool Exists	True, wenn die durch Datenbank- und Tabellenname bezeichnete Datenbanktabelle bereits existiert
TFieldDefs * FieldDefs	Liste der Felddefinitionen. Die einzelne Felddedfinition ist vom Typ TFieldDef (Singular!!)
TFieldValues * FieldValues [AnsiString FieldName]	Wert des Eintrags in dem Datenbankfeld, das durch FieldName vorgegeben ist
TIndexDefs * IndexDefs	Liste der Indexdefinitionen. Die einzelne Felddedfinition ist vom Typ TIndexDef (Singular!!)
TTableType TableType	Typ der Datenbanktabelle
UnicodeString TableName	Name der Datenbanktabelle

Tabelle 10.3: Wichtige Eigenschaften der Klasse TTable. Teilweise sind diese Eigenschaften von den Vorgängerklassen TDBDataSet, TBDEDataSet und TDataSet geerbt.

Legen Sie also ein neues C++Builder-VCL-Projekt *ProWarenTab* an und platzieren Sie auf dessen HauptFormular eine Komponente vom Typ `TDataSource` (⊞).

Das Objekt Table1 (`Typ TTable`) wird im Konstruktor des Formulars per Programm erstellt. Diese Klasse bringt alle Methoden und Eigenschaften mit, die zur Erstellung einer Datenbanktabelle erforderlich sind. Die Anweisung hierfür lautet:

```
Table1 = new TTable (Owner);
```

Nach dem Erstellen der Tabelle nehmen Sie zunächst die Definitionen vor, die die Datenbanktabelle in ihrer Gesamtheit betreffen. Das sind:

- die Zugehörigkeit zu einer Datenbank (Verzeichnis in dem die Datenbanktabellen untergebracht sind oder der so genannte Alias (10.2.2.3)),

- der Typ der Datenbanktabelle und

- der Dateiname der Datenbanktabelle (Name und Pfad relativ zum Datenbankverzeichnis)

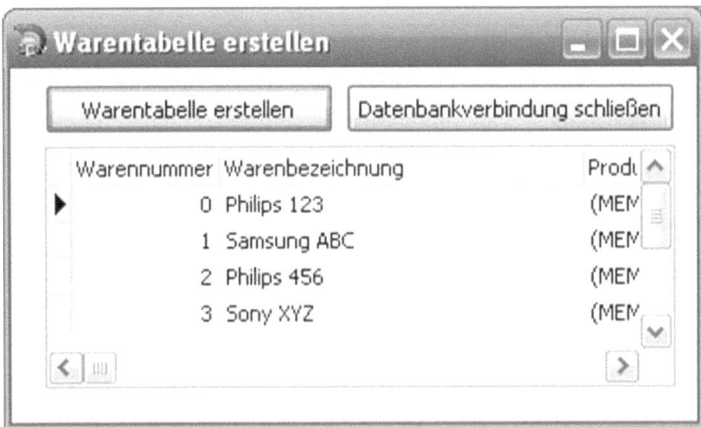

Abbildung 10.7: Bedienoberfläche des Programms zur Erstellung einer Warentabelle. Anzeige der generierten Tabelle.

TTable	
Methode	**Bedeutung**
void Append()	Eine leere Tabellenzeile an die Tabelle anhängen
void AppendRecord (const System::TVarRec * Values, const int Values_Size)	Eine Tabellenzeile an die Tabelle anhängen
void Close ()	Datenbanktabelle schließen, gepufferte Werte speichern.
void CreateTable ()	Erstellen der Datenbanktabelle auf dem Datenträger
void Edit ()	Editieren der Datenbanktabelle erlauben
void First ()	Auf die erste Zeile der Datenbanktabelle gehen
void Next ()	Auf die nächste Zeile der Datenbanktabelle gehen
void Last ()	Auf die letzte Zeile der Datenbanktabelle gehen
void Prior ()	Auf die vorhergehende Zeile der Datenbanktabelle gehen
void Post ()	Datensatz schreiben
void Refresh ()	Anzeige aus der gespeicherten Datenbanktabelle wiederherstellen

Tabelle 10.4: Wichtige Methoden der Klasse TTable. Teilweise sind diese Eigenschaften von den Vorgängerklassen TDBDataSet, TBDEDataSet und TDataSet geerbt.

```
Table1->DatabaseName = "BUCH2DB";
Table1->TableType = ttParadox;
Table1->TableName = "Waren.db";
```

Danach legen Sie nacheinander die einzelnen Felder an und ergänzen im darauf folgenden Schritt die Indizes. Das Indexfeld würde man am einfachsten als selbstinkrementierenden Zähler anlegen (*ftAutoInc*). Man kann jedoch einige Probleme beim Anlegen der Testdatenwerte vermeiden, wenn man in diesem Zusammenhang auf den Typ Integer(lang) (*ftInteger*) ausgewichen.

Zum Schluss werden Testdatenwerte erzeugt und angezeigt. Damit die erzeugten Werte persistent in der Datenbanktabelle auf dem Datenspeicher abgelegt werden, müssen Sie die Datenbanktabelle schließen. Die Methode *Table1->Close* schreibt die im Programm vorhandenen Werte physikalisch in die Datenbank.

10.2.2.3. Der Alias

Alias = Abkürzung für Pfad zu den Danbanktabellen

Der Alias ist ein Symbol (= eine Abkürzung), das für den zu den Datenbanktabellen führenden Dateipfad steht. Die Einführung eines Alias erleichtert die Migration von Datenbankanwendungen zwischen verschiedenen Rechnern.

Alias Manager = Funktion der Datenbankoberfläche

Dabei wird in der Datenbankanwendung immer mit demselben Bezeichner (Alias) gearbeitet, dem auf dem jeweiligen Rechner ein bestimmter Pfad entspricht. Die Zurodnung zwischen Pfad und Alias erfolgt mit dem Alias-Manager. Der Alias-Manager ist eine Funktion des Programms Datenbankoberfläche (Tools|AliasManager...). Seine Bedienoberfläche ist in Abbildung 10.8 dargestellt. Die wichtigsten Eingaben im Alias-Manager sind:

- Der Aliasname (Datenbankalias) unter dem die Datenbank projektweit (lokaler Alias) oder systemweit (globaler Alias) angesprochen werden kann.

- Der Treibertyp, der angibt um welche Datenbankart (Datenbankfabrikat) es sich handelt. Für Paradox und Access-Datenbanken gilt der Treibertyp STANDARD.

- Der Pfad, der angibt, wo die Datenbanktabellen die dem Alias zugeordnet sind abgespeichert werden.

Wenn Sie eine Datenbank mit Alias X auf einen anderen Rechner (Zielrechner) übertragen, dann müssen Sie lediglich am Zielrechner mittels des Alias-Managers festlegen welcher Dateipfad dort diesem Alias entspricht.

Beispiel:

Der Alias lautet auf Quell- und Zielrechner *MeinAlias*.

Auf dem Quellrechner befinden sich die Datenbanktabellen im Pfad **E:\Quelldatenbank**, auf dem Zielrechner in **F:\Zieldatenbank**. Im Programmcode tauchen diese Pfade nicht auf, sondern nur der Aliasname *MeinAlias*. Damit wird der

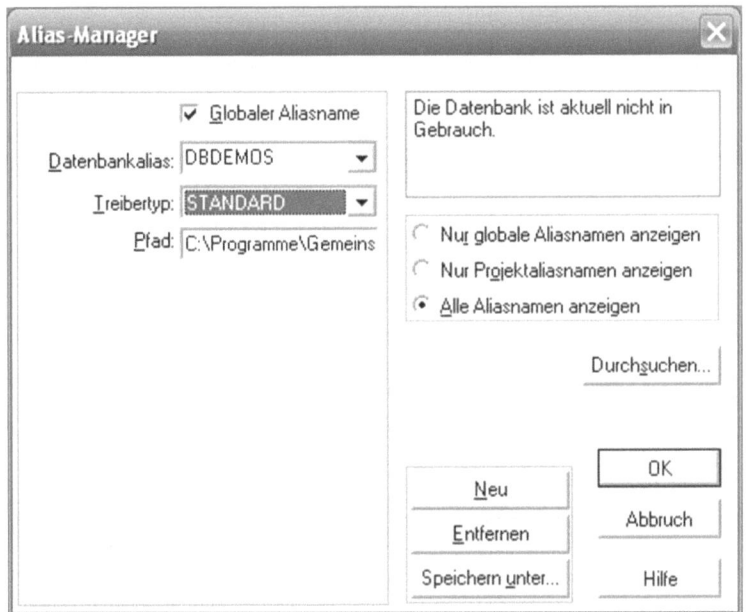

Abbildung 10.8: Bedienoberfläche des Alias-Managers

Programmcode von der Platzierung der Datenbank auf dem jeweiligen Rechner unabhängig.

Für den Betrieb des Programms muss sowohl auf dem Entwicklungs- als auch auf dem Zielrechner z. B. mittels des Programms Datenbankoberfläche (**dbd32.exe**) die Zuordnung zwischen Alias und Dateipfad festgelegt werden.

Alias muss auf Entwicklungs- und Zielrechner festgelegt werden.

Programmgesteuert kann ein lokaler Alias mit der TDatabase-Komponente und ein globaler Alias mit der TSession-Komponente erstellt werden. Details zu diesem Thema werden in einem Folgeband behandelt.

10.2.2.4. Definitionen für die gesamte Datenbanktabelle

Die wichtigsten Eigenschaften und Methoden von TTable haben Sie in den Tabellen 10.3 und 10.4 kennen gelernt.

Definition von Datenbankfeldern

Die Gesamtheit der Felddefinitionen ist in der Eigenschaft *FieldDefs* der Komponente TTable untergebracht. Die einzelnen Definitionen (Typ TFieldDef (Singular!)) sind dabei in *FieldDefs->Items* untergebracht.

TTableType	
Wert	**Bedeutung**
ttDefault	Tabellentyp geht aus der Dateiendung hervor
ttParadox	Paradox-Tabelle
ttDBase	DBase-Tabelle
ttFoxPro	Foxpro-Tabelle
ttASCII	ASCII-Tabelle mit Kommata als Trennzeichen zwischen den Feldern und Strings in Anführungszeichen

Tabelle 10.5: Details zum Datentyp TTableType

Dateiendung für TTable->TableType == ttDefault	
Wert	**Bedeutung**
DB oder keine	Paradox-Tabelle
DBF	DBase-Tabelle
TXT	Textdatei

Tabelle 10.6: Zuordnung der Dateiendungen zu Tabellentypen (Eigenschaft TableType von TTable)

Zum Hinzufügen eines Feldes wird mittels der Methode `Table1->FieldDefs->AddFieldDef` ein neues Feld zur Datenbanktabelle hinzugefügt und anschließend mit Werten belegt. Das Feld Warenbezeichnung wird z. B. mit folgenden Anweisungen erstellt:

```
newDef = Table1->FieldDefs->AddFieldDef();
newDef->Name = "Warenbezeichnung";
newDef->DataType = ftString;
newDef->Required = true;
newDef->Size = 30;
```

TFieldsDef	
Eigenschaft	**Bedeutung**
Count	Anzahl der Feldelemente
Items	Liste der Feldelemente
Methode	**Bedeutung**
TFieldDef * AddFieldDef ()	Neues Element zu den Felddefinitionen hinzufügen. Resultat = Zeiger auf das neu angelegte Element

Tabelle 10.7: Wichtige Eigenschaften und Methoden der Klasse TFieldsDef

Definition eines Indexfeldes / Schlüsselfeldes

Indexfelder definieren Sie in der Eigenschaft *IndexDefs*. Mit der Methode *Add* können Sie dem Feld eine neue Indexdefinition hinzufügen. *Add* besitzt die folgenden Parameter:

- `const AnsiString IndexName`, Name des Indexfeldes

- `AnsiString Feldername`, Namen der Felder, aus denen der Index ermittelt wird (ggf. durch Semikola getrennt).

- `TIndexOptions Indexoptionen`, Optionen für den erzeugten Index.

Für `TIndexOptions` gelten die folgenden Zusammenhänge:

```
enum TIndexOption { ixPrimary, ixUnique, ixDescending,
        ixCaseInsensitive, ixExpression, ixNonMaintained };
```

und

```
typedef Set<TIndexOption, ixPrimary, ixNonMaintained>
                                    TIndexOptions;
```

TIndexDef	
Eigenschaft	**Bedeutung**
Items	Liste der Indexelemente
Methode	**Bedeutung**
TIndexDef * AddIndexDef ()	Neues Element zu den Indexdefinitionen hinzufügen. Resultat = Zeiger auf das neu angelegte Element

Tabelle 10.8: Wichtige Eigenschaften und Methoden der Klasse TIndexDef

Belegung einer Datenbanktabelle mit Werten

Wenn die Datenbankstruktur mit Feldern und Index definiert ist, kann die Tabelle angelegt und aktiviert werden. Hierzu verwenden Sie die Anweisungen

```
Table1->CreateTable();
Table1->Active = true;
```

Bitte beachten Sie, dass die Methode *CreateTable* die Datenbanktabelle auf dem Datenträger erstellt, nicht jedoch der Konstruktor des Tabellenobjekts *Table1* ist.

Eine (provisorische) Belegung der Datenbanktabelle mit Werten können Sie mit der Methode *AppendRecord* von `TTable` vornehmen.

Um Probleme zu vermeiden sollte die Zahl der Parameter in der Parameterliste aber

AppendRecord grundsätzlich der Zahl der Datenbankfelder entsprechen.

Konvertierung erfolgt automatisch

Die Parameterliste von *AppendRecord* könnte Sie vielleicht erschrecken, insbesondere der dort auftauchende Datentyp VariantenRecord (`TVarRec`).

ARRAYOFCONST macht vieles leichter

Das Makro *ARRAYOFCONST*, das in **sysopen.h** wie folgt definiert ist

```
#define ARRAYOFCONST(values) OpenArray<TVarRec>values,
                             OpenArrayCount<TVarRec>values.GetHigh()
```

macht für Sie vieles einfacher. Es erzeugt aus der Liste der einzelnen Elemente des Datensatzes den Parametersatz für die Methode *AppendRecord*. In der Argumentliste können Sie die Typen der Variablen und Konstanten recht freizügig wählen. Die Konvertierung erfolgt automatisch aufgrund der Typenangabe in der Felddefinition.

TIndexOption	
Wert	**Bedeutung**
ixPrimary	Der Index ist der Primärindex der Tabelle. (Nicht anwendbar für dBase-Tabellen)
ixUnique	Wert des Index ist eindeutig, es gibt keine Duplikate. (Nicht für alle Tabellentypen anwendbar)
ixDescending	Für den Index besteht eine abnehmende Sortierfolge (Nicht für alle Tabellentypen anwendbar)
ixExpression	Der Index basiert auf einem dBase-Schlüsselausdruck. (Nur für dBase-Tabellen anwendbar).
ixCaseInsensitive	Der Index unterscheidet bei der Sortierung nicht nach Groß- und Kleinschreibung. (Nicht für alle Tabellentypen anwendbar)
ixNonMaintained	Der Index wird nicht automatisch nachgeführt, wenn die Daten editiert werden. (Nicht für alle Tabellentypen anwendbar)

Tabelle 10.9: Details zum Datentyp TIndexOption

Zur Unterscheidung von Variablen müssen aber Textkonstante in der Parameterliste in Anführungszeichen gesetzt werden.

Ein zusätzlicher Datensatz kann z. B. mittels folgender Anweisung an die Datenbanktabelle angehängt werden:

```
Table1->AppendRecord (ARRAYOFCONST(
        (i,"Philips 123", "Fernseher 32 Zoll", "Niederlande",
                        "1" ,"449,00", "699,00")));
```

Anzeigen des Inhalts einer Datenbanktabelle

Den Inhalt einer Datenbanktabelle können Sie mit Datensteuerungskomponenten visualisieren. Diese benötigen als Partner ein Element vom Typ `TDataSource`, das über ein Element vom Typ `TDataSet` (oder einer davon abgeleitete Klasse wie z. B. `TTable`) mit der Datenbank verbunden wird (Abbildung 10.24, Seite 121).

In das Programm zur Erstellung der Tabellenstruktur für die Waren wird zu Kontrollzwecken eine einfache tabellarische Anzeige mittels der `TDBGrid`-Komponente integriert. Wenn mittels der Anweisungen

```
DS->DataSet = Table1;
DBGWaren->DataSource = DS;
```

die Verbindung zwischen Datenbanktabelle und anzeigeelement hergestellt wurde, werden die Daten sofort im Element *DBGWaren* angezeigt.

10.2.2.5. Programmcode: Erstellung einer Datenbanktabelle

Hauptformular

Schnittstellendatei UFrmMainWareTabErst.h

```
//-------------------------------------------------------------------
#ifndef UFrmMainWareTabErstH
#define UFrmMainWareTabErstH
//-------------------------------------------------------------------
#include <Classes.hpp>
#include <Controls.hpp>
#include <StdCtrls.hpp>
#include <Forms.hpp>
#include <DB.hpp>
#include <DBTables.hpp>
#include <DBGrids.hpp>
#include <Grids.hpp>
#include <DBCtrls.hpp>
#include <ExtCtrls.hpp>
#include <Mask.hpp>
#include <Dialogs.hpp>
//-------------------------------------------------------------------
class TFrmMainWareTabErst : public TForm
{
__published:   // IDE-verwaltete Komponenten
  TDataSource *DS;
  TButton *Button1;
  TDBGrid *DBGWaren;
  TButton *BtnSchliessen;
  void __fastcall Button1Click(TObject *Sender);
  void __fastcall BtnSchliessenClick(TObject *Sender);
  void __fastcall FormClose(TObject *Sender, TCloseAction &Action);
private:       // Benutzer-Deklarationen
public:        // Benutzer-Deklarationen
  TTable *Table1;
```

```
    __fastcall TFrmMainWareTabErst(TComponent* Owner);
};
//---------------------------------------------------------------------------
extern PACKAGE TFrmMainWareTabErst *FrmMainWareTabErst;
//---------------------------------------------------------------------------
#endif
```

Implementationsdatei UFrmMainWareTabErst.cpp

```
//---------------------------------------------------------------------------

#include <vcl.h>
#pragma hdrstop

#include "UFrmMainWareTabErst.h"
//---------------------------------------------------------------------------
#pragma package(smart_init)
#pragma resource "*.dfm"

TFrmMainWareTabErst *FrmMainWareTabErst;

//---------------------------------------------------------------------------
__fastcall TFrmMainWareTabErst::TFrmMainWareTabErst(TComponent* Owner)
    : TForm(Owner)
{
  Table1 = new TTable (Owner);
}
//---------------------------------------------------------------------------
void __fastcall TFrmMainWareTabErst::Button1Click(TObject *Sender)
{
  Table1->Active = false; //Die Tabellenkomponente darf nicht aktiv sein.
  Table1->DatabaseName = "DBDEMOS";
  Table1->TableType = ttParadox;
  Table1->TableName = "c:\Warentabelle.db";
  if (Table1->Exists)
    {
//Existierende Datenbanktabelle nicht überschreiben
    MessageDlg
         ("Eine Datenbank-Tabelle"+Table1->TableName+"existiert schon.",
            mtWarning, TMsgDlgButtons() << mbOK, 0);
    Table1->Active = true;
    }
  else
    {
    Table1->FieldDefs->Clear();
// Felder in der Tabelle beschreiben
// Leeres Feld anlegen, newdef zeigt auf das neue leere Feld
//
    TFieldDef *newDef = Table1->FieldDefs->AddFieldDef();
    newDef->Name = "Warennummer";
    newDef->DataType = ftInteger;
    newDef->Required = true;
    newDef = Table1->FieldDefs->AddFieldDef();
    newDef->Name = "Warenbezeichnung";
    newDef->DataType = ftString;
    newDef->Required = true;
    newDef->Size = 30;
```

```
    newDef = Table1->FieldDefs->AddFieldDef();
    newDef->Name = "Produktbeschreibung";
    newDef->DataType = ftMemo;
    newDef->Required = true;
    newDef->Size = 300;
    newDef = Table1->FieldDefs->AddFieldDef();
    newDef->Name = "Herkunftsland";
    newDef->DataType = ftString;
    newDef->Required = true;
    newDef->Size = 20;
    newDef = Table1->FieldDefs->AddFieldDef();
    newDef->Name = "Mehrwertsteuersatz";
    newDef->DataType = ftSmallint;
    newDef->Required = true;
    newDef = Table1->FieldDefs->AddFieldDef();
    newDef->Name = "Einkaufspreis";
    newDef->DataType = ftFloat;
    newDef->Required = true;
    newDef = Table1->FieldDefs->AddFieldDef();
    newDef->Name = "Verkaufspreis";
    newDef->DataType = ftFloat;
    newDef->Required = true;
// Next, describe any indexes
    Table1->IndexDefs->Clear();
// Indizes in der Tabelle beschreiben
// Der erste Index hat keinen Namen, denn es ist ein Paradox -
// Primärschlüssel.
    Table1->IndexDefs->Add
          ("","Warennummer", TIndexOptions() <<ixPrimary << ixUnique);
// Jetzt haben Sie alles spezifiziert, was Sie möchten, erstellen Sie
// die Tabelle.
    Table1->CreateTable();
    Table1->Active = true;
    for (int i = 0; i < 20; i++)
      Table1->AppendRecord(ARRAYOFCONST(
          (i,"Philips 123", "Fernseher 32 Zoll", "Niederlande",
                          "1" ,"449,00", "699,00")));
  }
// Machen Sie die Tabelle zur Datenmenge der Datenquelle DS.
  DS->DataSet = Table1;
// Definieren Sie DS als Datenquelle des Datensteuerelements DBGWaren
  DBGWaren->DataSource = DS;
}
//--------------------------------------------------------------------
void __fastcall TFrmMainWareTabErst::BtnSchliessenClick(TObject *Sender)
{
  Table1->Close();
}
//--------------------------------------------------------------------
void __fastcall TFrmMainWareTabErst::FormClose(TObject *Sender,
                                                TCloseAction &Action)
{
  delete Table1;
}
//--------------------------------------------------------------------
```

10.3. Programme zur Anzeige und Manipulation von Datenbanktabellen

Im Folgenden wird zunächst die Erstellung eines Programms zur Behandlung von Warendaten ausführlich besprochen. Das Programm zur Behandlung der Kundendaten wird danach in absolut identischer Weise erstellt. Größere Unterschiede ergeben sich bei den Programmen für die Behandlung der Rechnungsposten und der Rechnungen. Dies wird im Abschnitt 10.4behandelt.

10.3.1. Datenbanktabelle Waren.db

10.3.1.1. Aufgabenstellung

Erstellen Sie ein Programm mittels dessen in eine Datenbank, die auf Tabelle 10.5 basiert, Informationen eingegeben und auch wieder ausgelesen werden können. Einfügen und Löschen von Datenbankeinträgen muss ebenfalls flexibel möglich sein.

Auf der Bedienoberfläche werden zu einer bestimmten Zeit die Daten genau eines Produkts angezeigt.

10.3.1.2. Löungsweg

Das Hauptprogramm ProTabDiaWaren

Eröffnen Sie in der bekannten Weise ein C++Builder VCL-Projekt und benennen Sie das Hauptformular mit *FrmMainTabDiaWare* (Unit *UFrmMainTabDiaWare*).

Das Hauptformular

Laut Aufgabenstellung wird zur gleichen Zeit nur ein Datensatz angezeigt. Deshalb ist es ausreichend, wenn Sie für jedes Feld (evtl.) mit Ausnahme des Schlüsselfeldes *Warennummer* und der Produktbeschreibung ein Objekt vom Typ TDBEdit anlegen. TDBEdit deshalb, weil diese Komponente das in der Tabelle **Waren.db** bereits existierende Datenbankfeld mit der Bedienoberfläche verbindet. Es handelt sich dabei um eine Datensensitive Komponente[16], die ohne weitere Programmiermaßnahmen auf Veränderungen in der Datenbank reagiert.

Da die Produktbeschreibung aus einem längeren Prosatext bestehen kann und außerdem für das zugeodnete Datenbanktabelle der Typ Memo vorgesehen ist, wird zur Darstellung im Hauptformular ein Element vom Typ **TDB**Memo verwendet.

Für die Darstellung des Schlüsselfelds *Warennummer*, das lediglich ausgegeben, aber nicht freihändig im Dialog verändert wird, verwenden Sie ein Element vom Typ TDBLabel.

---

16 Zu vielen Dialogklassen des Typ TXXX existiert eine analoge datensensitive Dialogklasse TDBXXX. Näheres finden Sie unter **Datensteuerung** in der Werkzeugpalette.

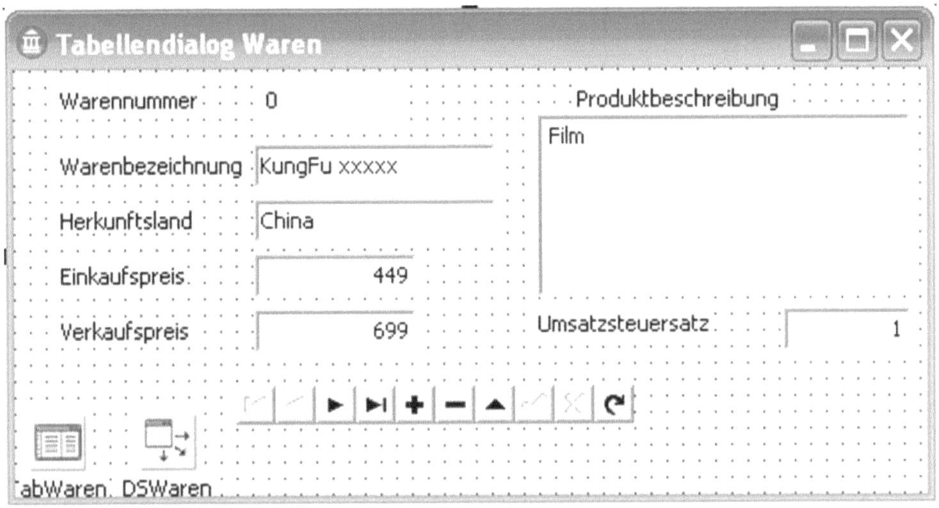

Abbildung 10.9: Bedienoberfläche des Programms zur Manipulation der Warendatenbank im Dialog (Darstellung zur Entwurfszeit)

Die Navigation in der Datenbanktabelle ermöglicht ein Element vom Typ TDBNavigator. Über dessen Eigenschaft *DataSource* erfolgt dessen Verbindung mit der Datenbanktabelle. Im Gegensatz zu den zuvor behandelten Elementen (z. B. TDBEdit) manipuliert dieses Steuerelement keine einzelnen Datenfelder sondern komplette Datensätze.

Weiterhin wird ein Element vom Typ TTable für jede verwendete Datenbanktabelle benötigt. Dies vermittelt dem Programm, die Information welche Datenbanktabellen und damit auch welche Datenfelder zur Verfügung stehen. Für die Tabelle **Waren.db** legen Sie entsprechend *TabWaren* an.

Die Navigation

Für die Navigation in der Datenmenge (hier *TabWaren* vom Typ TTable als Partner der Datenbanktabelle **Waren.db**) legen Sie ein Element *DBNavWaren* vom Typ TDBNavigator an. TDBNavigator besitzt maximal zehn sichtbare Schaltflächen mit den in Tabelle 10.10 dargestellten Funktionen. Der Eigenschaft *DataSource* von *DBNavWaren* wird der Wert *TabWaren* zugewiesen.

Die Verbindung zur Datenmenge wird über die Datenquelle *DSWaren* (Typ TDataSource) hergestellt, indem die im Objektinstpektor der Eigenschaft *DataSet* von *DSWaren* der Wert *TabWaren* zugewiesen wird.

Sym-bol	Methode/Schalter	Verwendungszweck
⏮	First	Ruft die Methode *First* der Datenmenge (DataSet) auf, um den ersten Datensatz zum aktuellen zu machen.
◀	Prior	Ruft die Methode *Prior* der Datenmenge (DataSet) auf, um den vorherigen Datensatz zum aktuellen zu machen.
▶	Next	Ruft die Methode *Next* der Datenmenge (DataSet) auf, um den nächsten Datensatz zum aktuellen zu machen.
⏭	Last	Ruft die Methode *Last* der Datenmenge (DataSet) auf, um den letzten Datensatz zum aktuellen zu machen.
+	Insert	Ruft die Methode *Last* der Datenmenge (DataSet) auf, um vor dem aktuellen Datensatz einen neuen Datensatz einzufügen und versetzt die Datenmenge in den Einfügemodus.
−	Delete	Ruft die Methode *Delete* der Datenmenge (DataSet) auf und löscht dadurch den aktuellen Datensatz.
▲	Edit	Ruft die Methode *Edit* der Datenmenge (DataSet) auf, sodass der aktuelle Datensatz modifiziert werden kann.
✓	Post	Ruft die Methode *Post* der Datenmenge (DataSet) auf und schreibt dadurch den aktuellen Datensatz in die Datenbank.
✕	Cancel	Ruft die Methode *Cancel* der Datenmenge (DataSet) auf und verwirft dadurch die aktuellen Änderungen. Versetzt die Datensammlung wieder in den Zustand Durchblättern.
⟳	Refresh	Ruft die Methode *Refresh* der Datenmenge (DataSet) auf. Dadurch werden die Puffer aller Anzeigeelemente, die der Datenmenge zugeordnet sind aus der Tabelle oder Anfrage aktualisiert. Das ist wichtig, wenn eine andere Anwendung die betroffenen Daten zwischenzeitlich hätte ändern können.

Tabelle 10.10: Schaltflächen der Komponente TDBNavigator.

Eigenschaft Active der Datenbanktabelle auf true setzen

Für ein Arbeiten mit der Datenbanktabelle reichen die Standardeinstellungen weitgehend aus. Ggf. ist die Eigenschaft `Active` von `TabWaren` auf `true` zu setzen. Wenn `DBNavigator` sichtbar (`Visible = true`) und eingeschaltet (`Enabled = true`) ist, lassen sich ohne weitere Programmierung fast alle durch die zehn Schaltflächen vorgegebenen Operationen ausführen. Lediglich beim Einfügen gibt es Probleme in Gestalt der in Abbildung 10.10 dargestellten Fehlermeldung.

Das hat sein Ursache darin, dass im Datensatz eine (eindeutige) Warennummer (Primärindex) vorhanden sein muss, eine manuelle Eingabe der Warennummer aber gar nicht vorgesehen ist. Wenn – wie zunächst beabsichtigt – der Primärindex ein Zähler (`ftAutoInc`) wäre, dann träte diese Problem nicht auf. Da aber aus den in 10.2.2.2

Abbildung 10.10: Fehlermeldung bei falschem Typ des Primärindex

auf Seite 84 genannten Gründen der Typ Integer (lang) für den Index gewählt wurde, muss die Wertzuweisung an den Index durch individuelle Programmierung erfolgen.

Wie gehen Sie in diesem Fall vor? Der Einfachheit halber legen Sie fest, dass der neue Satz nicht an der augenblicklichen Position eingefügt, sondern am Tabellenende nach dem letzten Datensatz angefügt wird. Dann können Sie die Warennummer für den neuen Datensatz dadurch eindeutig festlegen, dass Sie die Warennummer im bisher letzten Datensatz um 1 erhöhen.

Diese Abweichung von der Standardimplementation des Steuerelements `TDBNavigator` codieren Sie wie folgt:

Sie legen in der bekannten Weise eine Klick-Methode an, mittels derer Sie auf das Anklicken von *DBNavWaren* reagieren. In dieser Methode erfragen Sie, ob die Schaltfläche ⊞ betätigt wurde. Sonderbehandlung nur für

Ist das der Fall so gehen Sie mittels der Methode *Last* ans Ende der Datenbanktabelle, lesen dort den Wert des Feldes *Warennummer* aus und erhöhen ihn um 1. Dann fügen Sie mittels der Methode *Append* einen Datensatz am Ende der Tabelle an und tragen den erhöhten Wert für *Warennummer* dort ein. Das führt zu folgendem Programmcode:

```
void __fastcall TFrmMainTabDiaWare::DBNavWarenClick
                          (TObject *Sender, TNavigateBtn Button)
{
  int iaux;
  switch (Button)
  {
    case nbInsert:
//Ans Ende Datenbanktabelle gehen
      TabWaren->Last();
//Bisherige höchste Warennummer ermitteln
      iaux = TabWaren->FieldValues ["Warennummer"];
//Tabelleneintrag hinzufügen
      TabWaren->Append();
//Höchste Warennummer inkrementieren
      TabWaren ->FieldValues ["Warennummer"] = iaux:
      break;
  }
}
```

Auf diese Weise wird für die Betätigung von ⊞ eine Sonderbehandlung realisiert. Für alle übrigen Schaltflächen gilt weiterhin die Standardimplementation lt. Tabelle 10.10. Das Programm erfordert keinen weiteren individuell erstellten Programmcode!

10.3.1.3. Programmcode: Manipulation der Warendatentabelle.

Schnittstellendatei UFrmMainTabDiaWare.h

```
//---------------------------------------------------------------------
#ifndef UFrmMainTabDiaWareH
#define UFrmMainTabDiaWareH
//---------------------------------------------------------------------
#include <Classes.hpp>
#include <Controls.hpp>
#include <StdCtrls.hpp>
#include <Forms.hpp>
#include <DB.hpp>
#include <DBTables.hpp>
#include <DBGrids.hpp>
#include <Grids.hpp>
#include <DBCtrls.hpp>
#include <ExtCtrls.hpp>
#include <Mask.hpp>
//---------------------------------------------------------------------
class TFrmMainTabDiaWare : public TForm
{
__published:    // IDE-verwaltete Komponenten
  TDataSource *DSWaren;
  TTable *TabWaren;
  TDBNavigator *DBNavWaren;
  TDBEdit *DBEdWarenBez;
  TDBEdit *DBEdLand;
  TDBEdit *DBEdEPreis;
  TDBEdit *DBEdVPreis;
  TDBEdit *DBEdUstSatz;
  TLabel *LblEPreis;
  TLabel *LblWarenbezeichnung;
  TLabel *LblName;
  TLabel *LblLand;
  TLabel *LbVPreis;
  TLabel *LblUStSatz;
  TLabel *LblWaren;
  TDBText *DBRxtWarenNummer;
  TDBMemo *DBMemBeschr;
  void __fastcall DBNavWarenClick(TObject *Sender, TNavigateBtn Button);
private:        // Benutzer-Deklarationen
public:         // Benutzer-Deklarationen
  __fastcall TFrmMainTabDiaWare(TComponent* Owner);
};
//---------------------------------------------------------------------
extern PACKAGE TFrmMainTabDiaWare *FrmMainTabDiaWare;
//---------------------------------------------------------------------
```

```
#endif
```

Implementationsdatei UFrmMainTabDiaWare.cpp

```
//---------------------------------------------------------------------------

#include <vcl.h>
#pragma hdrstop

#include "UFrmMainTabDiaWare.h"
//---------------------------------------------------------------------------
#pragma package(smart_init)
#pragma resource "*.dfm"
TFrmMainTabDiaWare *FrmMainTabDiaWare;
//---------------------------------------------------------------------------
__fastcall TFrmMainTabDiaWare::TFrmMainTabDiaWare(TComponent* Owner)
  : TForm(Owner)
{
}
//---------------------------------------------------------------------------

void __fastcall TFrmMainTabDiaWare::DBNavWarenClick
                               (TObject *Sender, TNavigateBtn Button)
{
  int iaux;
  switch (Button)
  {
    case nbInsert:
      TabWaren->Last();
//Bisherige höchste Warennummer ermitteln
      iaux = TabWaren->FieldValues ["Warennummer"];
//Tabelleneintrag hinzufügen
      TabWaren->Append();
//Höchste Warennummer inkrementieren
      TabWaren ->FieldValues ["Warennummer"] = iaux+1;
      break;
  }
}
```

10.3.2. Datenbanktabelle Rechnungen.db

Die Rechnung entsteht durch Verknüpfung der Tabellen für die Rechnungen, die Kunden und die Rechnungspositionen. In der Rechnungstabelle selbst werden neben den Rechnungsnummern nur die Kundennummern das jeweilige Rechnungsdatum, die Zahlungsfrist und das Gesamtnetto niedergelegt.

10.3.3. Datenbanktabelle Rechnungspositionen.db

Die Rechnungspositionen verbinden die verkauften Waren mit den Rechnungen. Jeder eindeutig bezeichneten Rechnung sind mehrere eindeutig bezeichnete Rechnungspositionen zugeordnet. Eine Rechnungsposition besteht aus:

• Rechnungsnummer

Bezeichner	Typ DB-Oberfläche	Typ Programm	Bedeutung	Brei- te	Pflicht- feld
Rechnungs- nummer	+	ftAutoInc	Rechnungsnummer (Index, Primärschlüs- sel)	-	ja
Kundennum- mer	A	ftString	Kundennummer (Schlüssel der Kunden- tabelle)	6	ja
Rechnungsda- tum	@	ftDateTime	Rechnungsdatum (er- rechneter Wert)	-	ja
Zahlungsfrist	@	ftDateTime	Zahlungsfrist	-	ja
Gesamtnetto	$	ftCurrency	Gesamtnetto (errech- neter Wert)	-	nein

Tabelle 10.11: Datenfelder in der Rechnungstabelle

- Warennummer

Bezeichner	Typ DB-Oberfläche	Typ Programm	Bedeutung	Brei- te	Pflicht- feld
Rechnungs- nummer	I	ftInteger	Rechnungsnummer (Fremdschlüssel 1)	-	ja
Warennum- mer	I	ftInteger	Warennummer (Fremdschlüssel 2)	-	ja
Stückzahl	I	ftInteger	Anzahl der gelieferten Waren in dieser Rech- nungsposition	-	ja

Tabelle 10.12: Datenfelder in der Rechnungspositionstabelle

- Stückzahl

Die Tabelle der Rechnungspositionen (**Rechnungspositionen.db**) ist eine so genannte Interselektionstabelle. Sie enthält keine Primärdaten sondern sie ist über zwei Fremdschlüssel (Rechnungsnummer und Warennummer) anderen Tabellen zugeordnet.

10.4. Verknüpfung von Datenbanktabellen

10.4.1. Verbindung von Kunden- und Rechnungsdaten

10.4.1.1. Einbau der Lookup-ComboBox

In der Rechnung sind sowohl die Angaben aus der Rechnungstabelle als auch die aus der Kundentabelle (sowie noch weitere Daten) erforderlich. Beim Erstellen der Rechnung werden aufgrund der Kundennummer die kompletten Kundendaten in die Rechnung eingefügt das geschieht mittels eines Elements *DBLuCBKunden* vom Typ *TDBLookupComboBox*, einer so genannten Lookup- (=Nachschlage-) ComboBox.

Mittels dieses Steuerelements können Sie über einen Fremdschlüssel auf die Daten einer zweiten Tabelle zugreifen. In unserem speziellen Fall heißt das, dass Sie über die Tabelle für die Rechnungen auf die Tabelle für die Kunden zugreifen können.

Die Lookup-ComboBox wird in der für Datensteuerelemente üblichen Weise mit dem Feld Kundennummer von **Rechnungen.db** verbunden. Nun möchten Sie aber in *DBLuCBKunden* nicht die Kundennummer, sondern den Nachnamen Ihres Kunden

TDBLookupComboBox		
Eigenschaft	**Wert**	**Bedeutung**
DataField	Kundennummer *(in der Rechnungstabelle)*	Schlüsselfeld in der Datenquelle DataSource, dem die angezeigte Information zuzuordnen ist
DataSource	DaSRechnungen	Primäre Datenquelle
KeyField	Kundennummer *(in der Kundentabelle)*	Schlüsselfeld in der Datenquelle ListSource. Es wird der Datensatz aktiviert in dem die Kundennummer mit der aus DataField übereinstimmt.
ListField	Nachname	Datenfeld, das in der Lookup-ComboBox angezeigt wird
ListSource	DaSKunden	Datenquelle, die die in der Lookup-ComboBox angezeigten Daten enthält

Lookup-ComboBox verbindet Rechnungs- und Kundendaten

Tabelle 10.13: TDBLookupComboBox: Bedeutung der für die Nachschlagefunktion maßgeblichen Eigenschaften.

anzeigen. Hierzu geben Sie in *DBLuCBKunden* als *ListSource DaSKunden* an. Das bewirkt, dass mittels der Kundennummer auf die Kundentabelle zugegriffen wird. KeyField = Kundennummer besagt, dass bei vorgegebener Kundennummer in der Rechnungstabelle derjenige Datensatz in der Kundentabelle angewählt

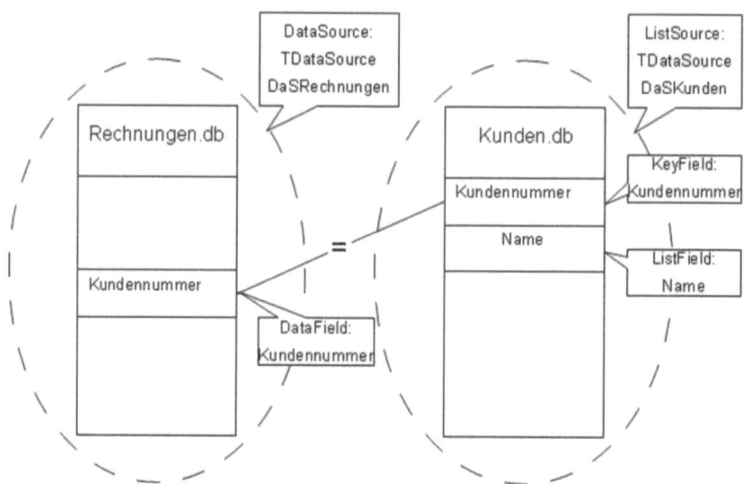

Abbildung 10.11: Zusammenhang zwischen der Kundentabelle und der Rechnungstabelle, hergestellt über die Eigenschaften der- Lookup-ComboBox

wird, der dieselbe Kundennummer besitzt. ListField = Name besagt schließlich, dass der angezeigte Wert - wie beabsichtigt - dem Feld *Name* entnommen wird.

Wenn Sie nun eine Rechnung anzeigen, wird in der Lookup-Combobox der Nachname des zugehörigen Kunden dargestellt.

10.4.2. Verbindung von Waren- und Rechnungsdaten

Eine Rechnungsposition, die in einer Rechnung erscheint, sollte abweichend von der Datentabelle die folgenden Angaben umfassen:

– Rechnungspositionsnummer
– Warennummer
– Bezeichnung
– Stückzahl
– (Brutto-) Preis
– Mehrwertsteuer

Außerdem kann diese Rechnungsposition natürlich nicht in jeder beliebigen Rechnung auftreten sondern nur in einer genau bestimmten. Dieser Zusammenhang ist durch die Rechnungsnummer in der Tabelle der Rechnungspositionen festgelegt.

Prinzipiell wird eine Rechnungsposition durch die in Tabelle 10.12 aufgeführten Informationen vollständig beschrieben. Nachteilig ist, dass die eigentlich interessanten Informationen nicht direkt zugänglich sind, sondern dass Sie sie nur indirekt erhalten, indem Sie ausgehend von einer bestimmten Rechnungsposition in der Warentabelle nachschlagen bzw. den gesuchten Teil der Rechnungsposition aus Daten der Waren- und oder Rechnungspositionstabelle errechnen.

10.4.2.1. Die zu einer bestimmten Rechnung gehörige Rechnungspositionen finden

Wenn Sie lediglich Daten mit einzelnen Datenbanktabellen austauschen möchten, so ist das - wie Sie in den vorangegangenen Beispielen gesehen haben - leicht mittels einer Tabellenkomponente (*TTable*) möglich.

Hier ist der Fall anders: Sie müssen aus der Tabelle der Rechnungspositionen genau diejenigen Datensätze ermitteln, die zu einer bestimmten Rechnung gehören. Hierfür eignet sich die Abfragekomponente (*TQuery*).

Gegeben: Rechnung

Gesucht: Rechnungspositionen

Rechnung und Rechnungsposition befinden sich in diesem Fall in einer 1:n Relation. Das bedeutet, dass auf eine Rechnung n (n $\geq$ 0) Rechnungspositionen entfallen.

Die Abfragekomponente *QueRechnungspositionen* wird mit der Rechnungstabelle *TabRechnungen* verbunden. Mittels der in SQL[17] verfassten Datenbankabfrage

```
SELECT * FROM Rechnungspositionen WHERE Rechnungsnummer = :Rechnummer
```

die der Eigenschaft *SQL* von *QueRechnungspositionen* zugewiesen wird, werden zu einer gegebenen Rechnung, die durch ihren Index (Rechnummer) eindeutig beschrieben ist, alle Rechnungspositionen gefunden.

Da *QueRechnungspositionen DaSRechnungen* als Datenquelle besitzt und dies wiederum mit TRechnungen verbunden ist, bezieht sich :Rechnummer auf die Rechnungstabelle. Die SQL-Anweisung filtert aus der Tabelle der Rechnungspositionen sämtliche Einträge heraus für die gilt:

```
Rechnungsnummer (in der Rechnungsposition) ==
                 Rechnummer (Index in der Rechnungstabelle)
```

Alle Rechnungspositionen, die zu einer gegebenen Rechnung gehören, werden dabei im Element *DBRechPos* (Typ TDBGrid) gelistet. Dies ist möglich, da folgende Zusammenhänge beim Entwurf festgelegt wurden:

```
DBRechPos->DataSource = DaSRechnungspositionen
```

und

```
DaSRechnungspositionen->DataSet = QueRechnungspositionen
```

17 SQL (Structured Query Language) ist eine sehr weit verbreitete Abfragesprache für Datenbanken

10.4.2.2. Statt einer Warennummer die kompletten Wareninformationen in die Rechnungsposition einfügen

Wenn Sie für eine Rechnung die zugehörigen Rechnungspositionen ermittelt haben, so kennen Sie ohne weiteres Zutun lediglich die Nummern (Warennummern) und die Stückzahl der in der Rechnung aufgeführten Waren.

In einer Rechnung werden aber zusätzlich die Bezeichnung der Waren (z. B. ob es sich um ein Fernsehgerät oder einen Laib Brot handelt) und die Preisangaben benötigt. Diese Angaben können aufgrund der aus der Rechnungsposition bekannten Warennummer in der Tabelle der Warendaten nachgesehen (nachgeschlagen) werden.

Nachschlage-Felder (Lookup-Felder)

Bezeichnung, *Beschreibung*, (Netto-) *Preis* und *Mehrwertsteuersatz* sind Lookup-Felder. Über den Schlüssel *Warennummer* den die Abfragekomponente *QueRechnungspositionen* liefert werden sie der Tabelle **Waren.db** entnommen (d. h. dort nachgeschlagen).

Lookupfelder haben Sie bereits im Zusammenhang mit der Lookup-ComboBox kennen gelernt. Hier geht es darum, dass die in ähnlicher Weise die Datenmenge *Que-Rechnungspositionen* um Details ergänzt wird, die zusätzlich zum Fremdschlüssel *Warennummer* der Warentabelle direkt entnommen oder aus darin enthaltenen Daten berechnet werden.

Zu diesem Zweck müssen Sie der Datenmenge folgende Felder hinzufügen.

Hinzufügen von Feldern mit dem Feld-Editor

– Warenbezeichnung (N)
– Produktbeschreibung (N)
– Mehrwertsteuersatz (N)
– Nettoverkaufspreis (N)
– Mehrwertsteuer (B)
– (Brutto-)Verkaufspreis (B)

Die Werte werden in der Warentabelle nachgeschlagen (N) oder durch Berechnung (B) ermittelt.

Das Hinzufügen von Feldern zu einer Datenmenge geschieht mit dem Feld-Editor. Diesen aktivieren Sie, indem Sie im Entwurfsmodus mit der rechten Maustaste auf das Symbol der Datenmenge klicken. Zunächst erscheint das in Abbildung 10.12 dargestellte Fenster. Wenn Sie

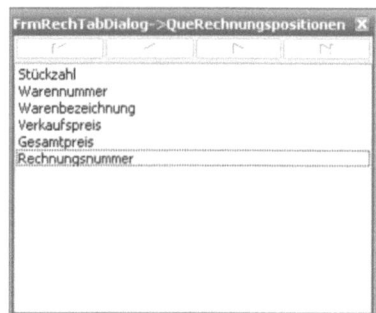

Abbildung 10.12: Feldeditor einer Datenmenge

dann mit der rechten Maustaste auf dieses Fenster klicken erscheint das in Abbildung 10.13 dargestellte Popup-Menü.

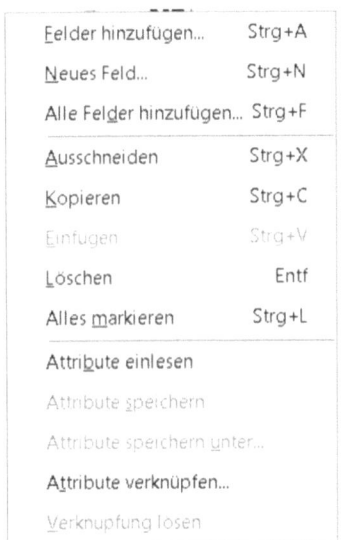

Durch Anklicken der Zeile Neues Feld... oder Betätigen der Tasten Strg+N in diesem Fenster (Abbildung 10.13) öffnen Sie ein weiteres Fenster, mittels dessen Sie ein neu hinzugefügtes Feld näher beschreiben können (Abbildung 10.14).

Abbildung 10.14: Dialogfenster zur Beschreibung der mittels des Feld-Editors neu eingegebenen Felder.

Abbildung 10.13: PopUp-Menü des Feld-Editors

Beispiel *Übernahme der Warenbezeichnung:*

- Markieren Sie Nachschlagen. Die Kombinationsfelder Schlüsselfelder und Datenmenge werden dadurch aktiviert.

- Wählen Sie unter Datenmenge *TabWaren*.

- Im Ergebnisfeld werden Ihnen jetzt die Felder von *TabWaren* angeboten. Wählen Sie *Warenbezeichnung*.

- Wählen Sie sowohl unter Schlüsselfelder als auch unter Schlüssel *Warennummer*. Schlüssel bezieht sich auf die Datenmenge *TabWaren* und Schlüsselfelder auf die Datenmenge *QueRechnungspositionen*.

- Wählen Sie im Textfeld Namen ein Datenfeld. Der Komponentennamen für das neu geschaffene Feld wird aus dem Feldnamen dem Namen der Komponente in die dieses Feld integriert wird und dem Feldnamen generiert. Wenn Sie z. B. das neue Feld mit der Bezeichnung *Warennummer* in die bestehende Abfragekomponente *QueRechnungspositionen* integrieren, dann lautet der Bezeichner der neu erstellten Feldkomponente *QueRechnungspositionenWarennummer*. Zur weiteren Bearbeitung steht diese Komponente im Objektinspektor zur Verfügung.

Bei genauer Betrachtung haben Sie es ggf. mit zweierlei Lookup-Feldern zu tun:

- Dem Feld *Warenbezeichnung*, das ggf. zum Auswählen und Eintragen des verkauften Produkts in die Rechnung verwendet wird. Diese Eintrage erfolgt ähnlich wie bei einem Kombinationsfeld durch Auswahl in einem Feld des Datengitters.

- Den übrigen Feldern in denen Daten angezeigt werden, die zum jeweiligen Produkt gehören, aber keine Produktauswahl erlauben.

ReadOnly = false erlaubt Warenauswahl

Die Erstellung der Lookup-Felder verläuft in beiden Fällen gleich. Beim Feld *Warenbezeichnung,* wird die Eigenschaft *ReadOnly* der Komponente *QueRechnungspositionenWarenbezeichnung* im zugehörigen Feld des Objektinspektors auf *false* gesetzt (default), in allen übrigen Fällen auf *true*.

Berechnete Felder

Nur die Felder *Nettopreis* und *Mehrwertsteuersatz* (Art des Mehrwertsteuersatzes (voll, ermäßigt)) sind in der Datenbanktabelle enthalten. Bruttopreis und Mehrwertsteuer werden errechnet und in persistenten Datenfeldern von *QueRechnungspositionen* abgelegt. Damit sie im Datengitter angezeigt werden können, müssen zwei Felder mit diesen Namen hinzugefügt werden. Dazu legen Sie jeweils wie oben beschrieben mit dem Spalteneditor ein neues Feld an und markieren es als Berechnet. Die Vergabe der Namen für Feld und Komponente verläuft sinngemäß wie es oben für Nachschlagefelder beschrieben wurde.

Datenanzeige

Damit die zusätzlichen Produktdaten angezeigt werden können müssen noch folgende Felder am Datensteuerungselement *DBGrid* eingefügt werden:

- Stückzahl
- Bezeichnung
- Beschreibung
- Mehrwertsteuer
- (Brutto-) Verkaufspreis

Werkzeug hierfür ist der Spalteneditor, der ähnlich wie der Feldeditor bei der Abfragekomponente erreicht wird, indem Sie das Datengitter mit der rechten Maustaste anklicken. Auch hier erscheint zunächst ein Popupmenü (Abbildung 10.15) über das dann der Editor erreicht wird. Aus dem Spalteneditor erreichen Sie wiederum mit einem Rechtsklick ein weiteres Popupmenü (Abbildung 10.16). Hier können Sie mit

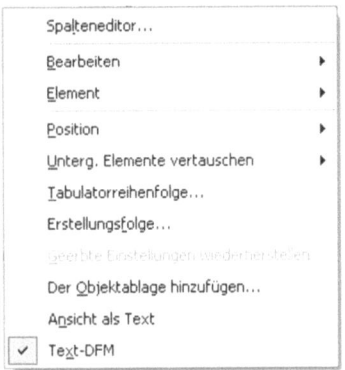

Abbildung 10.15: Popumenü beim Anklicken von DBGrid

Abbildung 10.16: Spalteneditor für DBGrid mit Popupmenü

einem Handgriff dem Datengitter alle Datenfelder der Datenquelle *DaSRechnungspositionen* hinzufügen und dann Schritt für Schritt die nicht benötigten (hier *Einkaufspreis*, *Verkaufspreis* (je netto) und *Mehrwertsteuersatz*) löschen. Weiterhin können Sie zusätzliche Datenfelder, die nicht in den Datenbanktabellen auftreten sondern nur hier in der Bedienoberfläche repräsentiert sind, hinzufügen.

Spalten ergänzen:

1. Alles hinzufügen

2. Nicht Benötigtes löschen

10.4.3. Programmcode: Erstellung und Manipulation von Rechnungen

10.4.3.1. Hauptformular FrmRechTabDialog

Schnittstellendatei UFrmRechTabDialog.h

```
//---------------------------------------------------------------------
#ifndef UFrmRechTabDialogH
#define UFrmRechTabDialogH
//---------------------------------------------------------------------
#include <Classes.hpp>
#include <Controls.hpp>
#include <StdCtrls.hpp>
#include <Forms.hpp>
#include <DB.hpp>
#include <DBCtrls.hpp>
#include <DBTables.hpp>
#include <Mask.hpp>
#include <ExtCtrls.hpp>
#include <DBGrids.hpp>
#include <Grids.hpp>
//---------------------------------------------------------------------
class TFrmRechTabDialog : public TForm
{
```

```
__published:    // IDE-verwaltete Komponenten
  TTable *TabKunden;
  TTable *TabRechnungen;
        TDBLookupComboBox *DBLKunden;
  TDBText *DBTVorname;
  TDBText *DBTStraße;
  TDBText *DBText3;
  TDBEdit *DBEZahlungsfrist;
  TDBText *DBTKundennummer;
  TLabel *Label1;
  TLabel *Label2;
  TLabel *LblVorname;
  TLabel *Straße;
  TLabel *Rechnungsdatum;
  TLabel *LblZahlungsfrist;
  TLabel *Label3;
  TDBText *DBTRechnungsnummer;
  TDataSource *DaSKunden;
  TDataSource *DaSRechnungen;
  TDBText *DBTHausnummer;
  TDBNavigator *DBNavigator1;
        TDBGrid *DBGRechPos;
  TDBNavigator *DBNavigator2;
  TDataSource *DaSRechnungspositionen;
  TDateTimeField *TabRechnungenRechnungsdatum;
  TDateTimeField *TabRechnungenZahlungsfrist;
  TIntegerField *TabRechnungenKundennummer;
  TFloatField *TabRechnungenGesamtnetto;
  TQuery *QueRechnungspositionen;
  TIntegerField *QueRechnungspositionenStueckzahl;
  TTable *TabWaren;
  TCurrencyField *QueRechnungspositionenVerkaufspreis;
  TCurrencyField *QueRechnungspositionenGesamtpreis;
  TIntegerField *QueRechnungspositionenWarennummer;
  TIntegerField *QueRechnungspositionenRechnungsnummer;
  TLabel *Label4;
  TDBText *DBText1;
  TStringField *QueRechnungspositionenWarenbezeichnung;
  TIntegerField *TabRechnungenRechnummer;
  void __fastcall TabRechnungenAfterInsert(TDataSet *DataSet);
  void __fastcall QueRechnungspositionenAfterInsert(TDataSet *DataSet);
  void __fastcall QueRechnungspositionenCalcFields(TDataSet *DataSet);
  void __fastcall QueRechnungspositionenAfterEdit(TDataSet *DataSet);
  void __fastcall TabRechnungenAfterEdit(TDataSet *DataSet);
  void __fastcall DBNavigator2Click(TObject *Sender, TNavigateBtn Button);


private:        // Benutzer-Deklarationen
  void Gesamtsumme();
public:         // Benutzer-Deklarationen
  __fastcall TFRmRechTabDialog(TComponent* Owner);
};
//---------------------------------------------------------------------
extern PACKAGE TFRmRechTabDialog *FRmRechTabDialog;
//---------------------------------------------------------------------
#endif
```

Implementationsdatei UFrmRechTabDialog.cpp

```cpp
//-------------------------------------------------------------------------

#include <vcl.h>
#pragma hdrstop

#include "UFrmRechTabDialog.h"
//-------------------------------------------------------------------------
#pragma package(smart_init)
#pragma resource "*.dfm"
TFRmRechTabDialog *FRmRechTabDialog;
//-------------------------------------------------------------------------
__fastcall TFRmRechTabDialog::TFRmRechTabDialog(TComponent* Owner)
   : TForm(Owner)
{
}
//-------------------------------------------------------------------------

void __fastcall TFRmRechTabDialog::
                  TabRechnungenAfterInsert(TDataSet *DataSet)
{
  TabRechnungen->FieldValues["Rechnungsdatum"]   = Date;
  TabRechnungen->FieldValues ["Kundennummer"]   =
                        TabKunden->FieldValues ["Kundennummer"];
}
//-------------------------------------------------------------------------

void __fastcall TFRmRechTabDialog::
                  QueRechnungspositionenAfterInsert(TDataSet *DataSet)
{
  QueRechnungspositionen->FieldValues["Rechnungsnummer"]  =
                                TabRechnungenRechnummer->Value;
}
//-------------------------------------------------------------------------

void TFRmRechTabDialog::Gesamtsumme  ()
{
//Gesamtnetto hier rechnen
    float sum =  0;
    float Summand = 0;
    QueRechnungspositionen->First();
    while (!QueRechnungspositionen->Eof)
    {
     Summand = QueRechnungspositionenGesamtpreis->Value;
     sum = sum + Summand;
     QueRechnungspositionen->Next();
    }
    TabRechnungen->FieldValues["Gesamtnetto"] = sum;
}

void __fastcall TFRmRechTabDialog::
                  QueRechnungspositionenCalcFields(TDataSet *DataSet)
{
    QueRechnungspositionenGesamtpreis->Value =
```

```
                          QueRechnungspositionenStueckzahl->Value *
                          QueRechnungspositionenVerkaufspreis->Value;
}
//------------------------------------------------------------------

void __fastcall TFRmRechTabDialog::
                    QueRechnungspositionenAfterEdit(TDataSet *DataSet)
{
//
}
//------------------------------------------------------------------

void __fastcall TFRmRechTabDialog::
                    TabRechnungenAfterEdit(TDataSet *DataSet)
{
//
}
//------------------------------------------------------------------

void __fastcall TFRmRechTabDialog::DBNavigator2Click
                    (TObject *Sender, TNavigateBtn Button)
{
  switch(Button)
  {
    case nbFirst: break;
    case nbPrior: break;
    case nbNext: break;
    case nbLast: break;
    case nbInsert: break;
    case nbDelete: break;
    case nbEdit: break;
    case nbPost:
      Gesamtsumme();
      break;
    case nbCancel: break;
    case nbRefresh: break;
    default:;
  }
}
//------------------------------------------------------------------
```

Formulardatei UFrmRechTabDialog.dfm (Auszüge)

```
object FRmRechTabDialog: TFRmRechTabDialog
  Left = 0
  Top = 0
  Caption = 'FRmRechTabDialog'
  ClientHeight = 410
  ClientWidth = 512
  Color = clBtnFace
  Font.Charset = DEFAULT_CHARSET
  Font.Color = clWindowText
  Font.Height = -11
  Font.Name = 'Tahoma'
  Font.Style = []
  OldCreateOrder = False
```

```
PixelsPerInch = 96
TextHeight = 13
object DBTVorname: TDBText
  Left = 104
  Top = 104
  Width = 65
  Height = 17
  DataField = 'Vorname'
  DataSource = DaSKunden
end
object DBTStraße: TDBText
  Left = 104
  Top = 136
  Width = 65
  Height = 17
  DataField = 'Strasse'
  DataSource = DaSKunden
end
object DBText3: TDBText
  Left = 336
  Top = 68
  Width = 65
  Height = 17
  DataField = 'Rechnungsdatum'
  DataSource = DaSRechnungen
end
object DBTKundennummer: TDBText
  Left = 104
  Top = 41
  Width = 65
  Height = 17
  DataField = 'Kundennummer'
  DataSource = DaSKunden
end
object Label1: TLabel
  Left = 16
  Top = 41
  Width = 74
  Height = 13
  Caption = 'Kundennummer'
end
object Label2: TLabel
  Left = 16
  Top = 64
  Width = 30
  Height = 13
  Caption = 'Kunde'
end
object LblVorname: TLabel
  Left = 16
  Top = 101
  Width = 42
  Height = 13
  Caption = 'Vorname'
end
```

```
object Straße: TLabel
  Left = 16
  Top = 136
  Width = 32
  Height = 13
  Caption = 'Stra'#223'e'
end
object Rechnungsdatum: TLabel
  Left = 224
  Top = 68
  Width = 83
  Height = 13
  Caption = 'Rechnungsdatum'
end
object LblZahlungsfrist: TLabel
  Left = 224
  Top = 101
  Width = 62
  Height = 13
  Caption = 'Zahlungsfrist'
end
object Label3: TLabel
  Left = 224
  Top = 41
  Width = 91
  Height = 13
  Caption = 'Rechnungsnummer'
end
object DBTRechnungsnummer: TDBText
  Left = 336
  Top = 41
  Width = 65
  Height = 17
  DataField = 'Rechnummer'
  DataSource = DaSRechnungen
end
object DBTHausnummer: TDBText
  Left = 184
  Top = 136
  Width = 25
  Height = 17
  DataField = 'Hausnummer'
  DataSource = DaSKunden
end
object Label4: TLabel
  Left = 224
  Top = 136
  Width = 62
  Height = 13
  Caption = 'Gesamtnetto'
end
object DBText1: TDBText
  Left = 336
  Top = 136
  Width = 65
  Height = 17
```

```
    DataField = 'Gesamtnetto'
    DataSource = DaSRechnungen
  end
  object DBLKunden: TDBLookupComboBox
    Left = 104
    Top = 64
    Width = 89
    Height = 21
    DataField = 'Kundennummer'
    DataSource = DaSRechnungen
    KeyField = 'Kundennummer'
    ListField = 'Name'
    ListSource = DaSKunden
    TabOrder = 0
  end
  object DBEZahlungsfrist: TDBEdit
    Left = 336
    Top = 101
    Width = 65
    Height = 21
    DataField = 'Zahlungsfrist'
    DataSource = DaSRechnungen
    TabOrder = 1
  end
  object DBNavigator1: TDBNavigator
    Left = 137
    Top = 178
    Width = 230
    Height = 25
    DataSource = DaSRechnungen
    TabOrder = 2
  end
  object DBGRechPos: TDBGrid
    Left = 16
    Top = 209
    Width = 481
    Height = 151
    DataSource = DaSRechnungspositionen
    TabOrder = 3
    TitleFont.Charset = DEFAULT_CHARSET
    TitleFont.Color = clWindowText
    TitleFont.Height = -11
    TitleFont.Name = 'Tahoma'
    TitleFont.Style = []
  end
  object DBNavigator2: TDBNavigator
    Left = 137
    Top = 366
    Width = 230
    Height = 25
    DataSource = DaSRechnungspositionen
    TabOrder = 4
    OnClick = DBNavigator2Click
  end
  object TabKunden: TTable
```

```
Active = True
DatabaseName = 'BUCH2DB'
FieldDefs = <
  item
    Name = 'Kundennummer'
    Attributes = [faRequired]
    DataType = ftInteger
  end
  item
    Name = 'Anrede'
    Attributes = [faRequired]
    DataType = ftString
    Size = 10
  end
  item
    Name = 'Vorname'
    Attributes = [faRequired]
    DataType = ftString
    Size = 20
  end
  item
    Name = 'Name'
    Attributes = [faRequired]
    DataType = ftString
    Size = 20
  end
  item
    Name = 'Strasse'
    Attributes = [faRequired]
    DataType = ftString
    Size = 30
  end
  item
    Name = 'Hausnummer'
    Attributes = [faRequired]
    DataType = ftString
    Size = 8
  end
  item
    Name = 'Postleitzahl'
    Attributes = [faRequired]
    DataType = ftString
    Size = 8
  end
  item
    Name = 'Ort'
    Attributes = [faRequired]
    DataType = ftString
    Size = 25
  end
  item
    Name = 'Land'
    Attributes = [faRequired]
    DataType = ftString
    Size = 25
  end>
```

```
  IndexDefs = <
    item
      Fields = 'Kundennummer'
      Options = [ixPrimary, ixUnique]
    end
    item
      Name = 'Si_Kundenname'
      Fields = 'Name'
      Options = [ixCaseInsensitive]
    end>
  StoreDefs = True
  TableName = 'Kunden.db'
  Left = 112
end
object TabRechnungen: TTable
  Active = True
  AfterInsert = TabRechnungenAfterInsert
  AfterEdit = TabRechnungenAfterEdit
  DatabaseName = 'BUCH2DB'
  FieldDefs = <
    item
      Name = 'Rechnummer'
      Attributes = [faReadonly]
      DataType = ftAutoInc
    end
    item
      Name = 'Rechnungsdatum'
      DataType = ftDateTime
    end
    item
      Name = 'Zahlungsfrist'
      DataType = ftDateTime
    end
    item
      Name = 'Kundennummer'
      DataType = ftInteger
    end
    item
      Name = 'Gesamtnetto'
      DataType = ftCurrency
    end>
  StoreDefs = True
  TableName = 'Rechnungen.DB'
  Left = 312
  object TabRechnungenRechnungsdatum: TDateTimeField
    FieldName = 'Rechnungsdatum'
    Origin = '"Rechnungsdaten.db".Verkaufspreis'
  end
  object TabRechnungenZahlungsfrist: TDateTimeField
    FieldName = 'Zahlungsfrist'
  end
  object TabRechnungenKundennummer: TIntegerField
    FieldName = 'Kundennummer'
  end
  object TabRechnungenGesamtnetto: TFloatField
```

```
      FieldName = 'Gesamtnetto'
    end
    object TabRechnungenRechnummer: TIntegerField
      FieldName = 'Rechnummer'
    end
  end
  object DaSKunden: TDataSource
    DataSet = TabKunden
    Left = 40
  end
  object DaSRechnungen: TDataSource
    DataSet = TabRechnungen
    Left = 208
  end
  object DaSRechnungspositionen: TDataSource
    DataSet = QueRechnungspositionen
    Left = 576
    Top = 56
  end
  object QueRechnungspositionen: TQuery
    Active = True
    AfterInsert = QueRechnungspositionenAfterInsert
    AfterEdit = QueRechnungspositionenAfterEdit
    OnCalcFields = QueRechnungspositionenCalcFields
    DatabaseName = 'BUCH2DB'
    DataSource = DaSRechnungen
    ParamCheck = False
    RequestLive = True
    SQL.Strings = (
        'SELECT * FROM Rechnungspositionen WHERE Rechnungsnummer = ' +
                                           ':Rechnummer')
    Left = 528
    ParamData = <
      item
        DataType = ftInteger
        Name = 'Rechnummer'
        ParamType = ptUnknown
        Size = 4
      end>
    object QueRechnungspositionenStueckzahl: TIntegerField
      DisplayWidth = 9
      FieldName = 'St'#252'ckzahl'
    end
    object QueRechnungspositionenWarennummer: TIntegerField
      DisplayWidth = 14
      FieldName = 'Warennummer'
      Origin = '"Rechnungsdaten.db".Warennummer'
    end
    object QueRechnungspositionenWarenbezeichnung: TStringField
      DisplayWidth = 36
      FieldKind = fkLookup
      FieldName = 'Warenbezeichnung'
      LookupDataSet = TabWaren
      LookupKeyFields = 'Warennummer'
      LookupResultField = 'Warenbezeichnung'
      KeyFields = 'Warennummer'
```

```
      Size = 30
      Lookup = True
    end
    object QueRechnungspositionenVerkaufspreis: TCurrencyField
      DisplayWidth = 13
      FieldKind = fkLookup
      FieldName = 'Verkaufspreis'
      LookupDataSet = TabWaren
      LookupKeyFields = 'Warennummer'
      LookupResultField = 'Verkaufspreis'
      KeyFields = 'Warennummer'
      ReadOnly = True
      Lookup = True
    end
    object QueRechnungspositionenGesamtpreis: TCurrencyField
      DisplayWidth = 12
      FieldKind = fkCalculated
      FieldName = 'Gesamtpreis'
      Calculated = True
    end
    object QueRechnungspositionenRechnungsnummer: TIntegerField
      FieldName = 'Rechnungsnummer'
      Visible = False
    end
  end
  object TabWaren: TTable
    Active = True
    DatabaseName = 'BUCH2DB'
    TableName = 'Waren.db'
    Left = 400
  end
end
```

10.5. Berichtserstellung mit Rave Reports

Zur Erstellung von Berichten steht Ihnen mit Rave Reports eine leistungsstarke Berichtssoftware zur Verfügung, deren Möglichkeiten mit der Anwendung zur Erstellung von Rechnungen auf der Basis von Datenbankinformationen hier nur angedeutet werden können.

Prinzipiell könnten die für die Berichtserstellung erforderlichen Ergänzungen im bestehenden Formular *FrmRechTabDialog* getroffen werden. Ein sauberes Softwareengineering gebietet es aber, die Berichtserstellung auf einen separaten Modul auszulagern. Öffnen Sie hierzu ein weiteres Formular *FrmBerichtRech* und legen Sie darauf die folgenden Komponenten aus dem Abschnitt Rave der Werkzeugpalette ab:

- Berichtsprojekt TRvProject

- 3 Verbindungskomponenten zu denDatenmengen TRvDataSetConnection

- 4 Renderkomponenten für die Aufbereitung des Berichts als Datei: `TRvRenderHTML, TRvRenderPDF, TRvRenderRTF` und `TrvRenderText`.

Das Formular *FrmBerichtRech* dient als Behälter (Container) für die Rave-Reports-Komponenten und ist somit lediglich eine Konstruktionshilfe. Es wird selbst nicht dargestellt, ermöglicht aber die interaktive Programmierung mit den visuellen Komponenten.

Das Programm für die Berichtserstellung erstellen Sie nun in drei Schritten:

- Gestaltung des Berichts

- Verbindung von Bericht und Datenmengen

- Programmierung der Berichtsausgabe

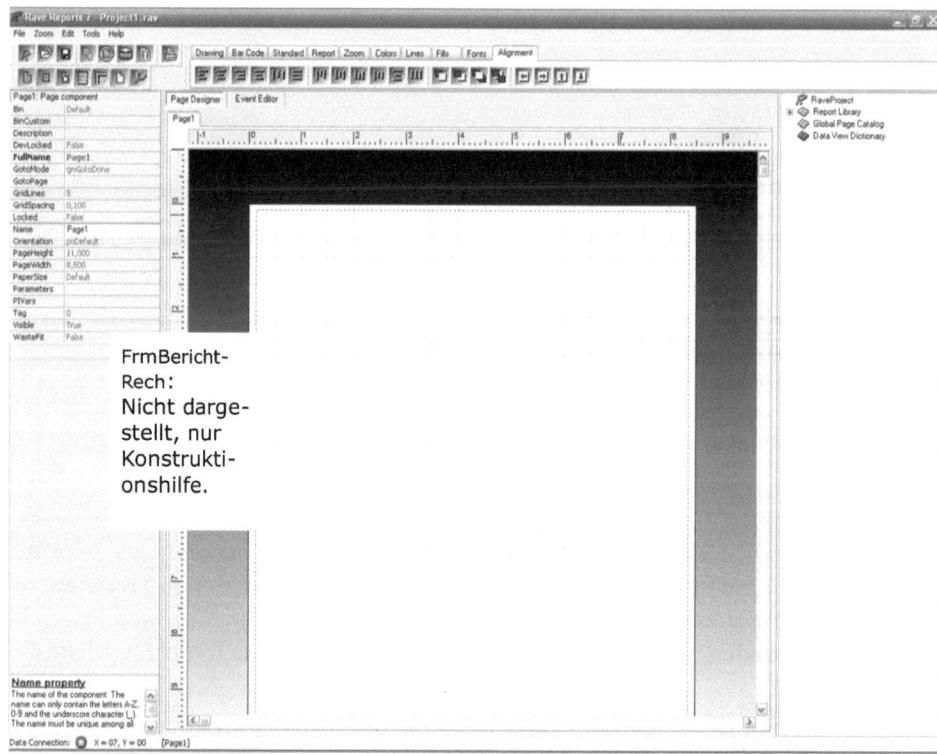

Abbildung 10.17: RaveReports Page Designer mit leerer Projektseite. Die Spalte links ist das Property Panel (vergleichbar dem Objektinspektor im RADS-Kern).

10.5.1. Gestaltung des Berichts

Wenn Sie auf die `TRvProject`-Komponente doppelklicken, dann öffnet sich Rave Reports Visual Designer mit dem zuletzt bearbeiteten Berichtsprojekt. Anfänglich ist die angebotene Seite natürlich leer (Abbildung 10.17). Es fällt Ihnen sofort auf, dass die Dialogsprache des Visual Designers wie bei anderen mit dem C++Builder 2010 angebotenen Rahmenwerken Englisch ist, obwohl Sie eigentlich eine Deutsche Version verwenden. Ob eine deutschsprachige Installation möglich ist, war mit vertretbarem Aufwand leider nicht in Erfahrung zu bringen.

Englischer Rave Report trotz deutschsprachiger IDE

10.5.1.1. Seiteneinrichtung

Wenn Sie den Page Designer erstmals öffnen wird eine Seite in angelsächsischen Dimensionen angelegt (Format Letter, 8,5 auf 11 Zoll) und auch die Randmaßstäbe zeigen eine Zoll-Skala. Da Sie aber wohl eher Rechnungsdrucke in DIN-Formaten benötigen, sollten Sie dies umgehend ändern.

Achtung ZOLL!!

Eine Möglichkeit hierzu bildet ein Eingriff im so genannten Property Panel (Abbildung 10.17, oben links) einem Dialogbereich ähnlich dem Objektinspektor auf der linken Seite des Page Designers. Hier können jedoch nicht alle relevanten Parameter

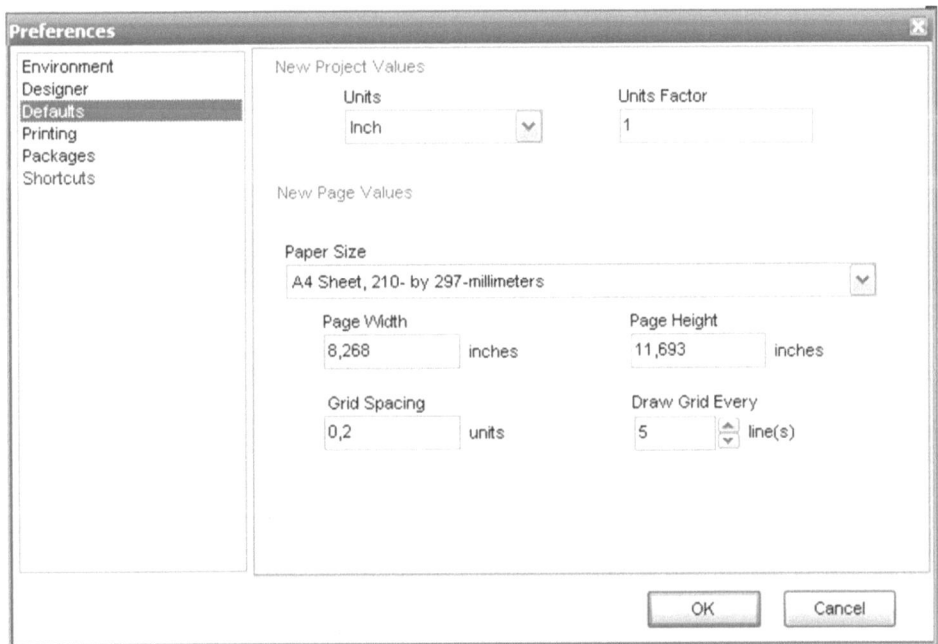

Abbildung 10.18: Formular zur Einstellung der Vorzugswerte, Unterfenster Defaults (Voreinstellungen)

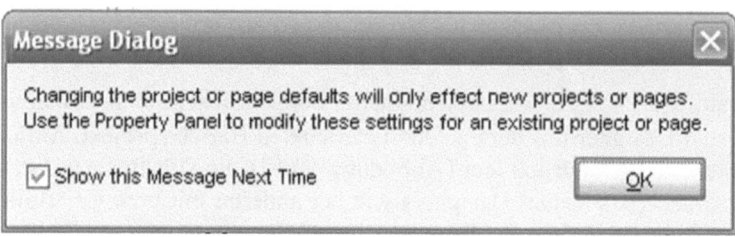

Abbildung 10.19: Achtung! Die Einstellung der Defaultwerte auf der Seite „Preferences" wirkt nur auf neue, nicht aber auf bereits begonnene Projekte.

manipuliert werden. So kann zwar das Seitenformat geändert werden, nicht aber die Maßeinheit.

Die vollen Änderungsmöglichkeiten haben Sie bei Wahl der Menüfunktion Edit|Preferences oder bei Betätigung der Schaltfläche 🛈 links oben auf dem Formular. Es erscheint das Formular für die Vorzugseinstellungen (Preferences). Hier wählen Sie im linken Bereich Defaults, worauf zunächst ein Warnhinweis erscheint (Abbildung 10.19). Anschließend können Sie die gewünschten Parameter eingeben (Abbildung 10.18). Änderungen, die hier vorgenommen wurden, werden nur in anschließend neu eröffnete Seiten oder Projekte übernommen. Sie haben keinen Einfluss auf die aktuelle Seite.

Änderungen wirken nicht auf die aktuelle Seite!

10.5.1.2. Fest positionierte Elemente

Fest positionierte Elemente sind z. B. das Datum, die Adresse und die Kundennummer. Dabei wird z. B. die Adresse genau wie die eigentliche Kundennummer vollständig der Datenbank entnommen, während die erläuternde Beschriftung *Kundennummer* natürlich unveränderlich ist.

Unveränderliche Elemente

Für die Wahl unveränderlicher Elemente verwenden Sie die Karteikarte Standard in der

DatKundenNr: DataText component	
Anchor	(Top / Left)
Color	▮ Black
DataField	Kundennummer
DataView	DataViewRechnungen
DevLocked	False
DisplayOn	doParent
Font	Arial, 10
FontJustify	pjLeft
FontMirror	
Left	6,200
Locked	False
LookupDataVie	
LookupDisplay	
LookupField	
LookupInvalid	
Mirror	
Name	DatKundenNr
Rotation	0
Tag	0
Top	0,900
Truncate	True
Visible	True
Width	1,000

Abbildung 10.20: Einstellmöglichkeiten im Property Panel für die Komponente DatKundenNr vom Typ DataText. Die Ähnlichkeit desProperty Panel zum Objektinspektor ist unverkennbar.

Werkzeugleiste des Page Designers (Abbildung 10.21). Durch Betätigen der Schaltfläche $\boxed{\text{T}}$ (Text component) und anschließendes Klicken auf die Berichtsseite, legen Sie dort wo Sie zuletzt geklickt haben eine Textkomponente an. Diese kann auch später noch nach einmaligem Anklicken (dann erscheinen zwei grüne Quadrate an den Seiten des Elements) verschoben werden. Die Textkomponente enthält eine Standardbezeichnung und -beschriftung, die Sie im Property Panel jederzeit leicht ändern können. Die Bezeichnung (`Name`) kann freihändig geändert werden. Die Beschriftung (DataView) ergibt sich aus der Verbindung zur Datenbank.

Abbildung 10.21: Karteikarte Standard in der Werkzeugleiste des PageDesigners.

DataText	
Eigenschaft	**Bedeutung**
DataField	Bezeichnung des Tabellenfeldes, das im Textelement angezeigt wird
DataView	Bezeichnung der Datensichtkomponenten mit der das Feld verbunden wird.
Font	Zeichensatz, Name und Größe
Left	Linker Rand des Elements in Zoll (default) oder Millimetern
Name	Bezeichner der Komponente
Top	Oberer Rand des Elements in Zoll (default) oder Millimetern
Width	Breite des Elements in Zoll (default) oder Millimetern

Tabelle 10.14: Wichtige Eigenschaften einer Rave-Reports-Komponente vom Typ DataText

Datensensitive Elemente

Datengesteuerte Textfelder (Typ `DataText`), das sind solche Textfelder, deren Werte unmittelbar aus der Datenbank belegt werden, werden mit der Schaltfläche $\boxed{\text{T}}$ der Karteikarte **Report** in sinngemäß gleicher Weise wie die konstanten Elemente vom Typ `Text` erzeugt.

Ein Beispiel hierfür ist `DatKundenNr`, der Bereich, in dem die Kundennummer auf dem Rechnungsausdruck erscheint. Im Property Panel, einem Bedienelement, das dem Objektinspektor sehr stark ähnelt, können Sie die Eigenschaften der DataText-Komponente einstellen. Die wesentlichen Eigenschaften von DataText sind in Tabelle 10.14 zusammengefasst.

DataField und Dataview können ggf. aus bereits im Projekt vorhandenen Elementen gewählt werden (Abbildung 10.22 und 10.23.).

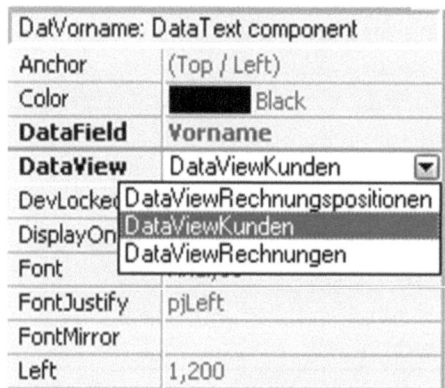

Abbildung 10.22: Eingabemöglichkeiten für die Eigenschaft DataView   *Abbildung 10.23: Eingabemöglichkeiten für die Eigenschaft DataField*

10.5.1.3. Flexible Berichtselemente

Tabellen

Tabellen werden aus so genannten Bändern aufgebaut. Diese werden nicht direkt auf ser Seite, sondern in einer Region untergebracht. Regionen erzeugen Sie durch Betätigen der Schaltfläche 🔲 auf der Karteikarte Report. Regionen (Typ Region) erscheinen zunächst als dunkelgraue Rechtecke.

In unserem Fall legen wir eine Region Namens *RegTabelle* an.

Überschriften

Für Überschriften verwenden Sie die Band-Komponente, die mit der Schaltfläche 🔳 auf der Karteikarte Report erzeugt wird. Auf dieser Komponente *BndUeberschrift* können Sie dann ähnlich wie auf der Grundfläche des Berichts weitere Komponenten anlegen. Üblicherweise wird es sich dabei um Komponenten vom Typ Text oder DataText handeln.

Tabellenrumpf

Der Tabellenrumpf wird in unserem Beispiel aus einer ggf. aber auch aus mehreren Komponenten vom Typ `DataBand` aufgebaut. Die Komponente `DataBandRechnungsposition` vom Typ `DataBand` steuert die Ausgabe einer Rechnungsposition. Für jede Rechnungsposition wird mittels der DataBand-Komponente eine Berichtszeile ausgegeben.

Flexibel positionierte Einzelzeilen

Die Tabelle wird mit drei Einzelzeilen (`Band`-Komponenten) erstellt. Die erste und die dritte stellen statische Komponenten (Trennlinien) dar. Zwischen diesen liegen die diversen Summendaten der Rechnung (Komponente `BndSumme`).

10.5.2. Verbindung von Datenbank (Datenmengen) und Bericht

In Abbildung 10.24 ist der Zusammenhang zwischen Datenbank und Bericht dargestellt. Damit der Bericht die Datenbanken verwenden kann, muss er die Zugriffsfunktionen auf die Datenbanken kennen. Das erreichen Sie durch die Direktive

```
#include "UFrmRechTabDialog.h"
```

in der Implementationsdatei **UFrmBerichtRech.cpp** des Berichts.

10.5.2.1. Bereitstellung von Datenmengen für das Rave-Projekt

Für jede Datenmenge, die Sie für den Bericht benötigen, das sind in unserem Fall die

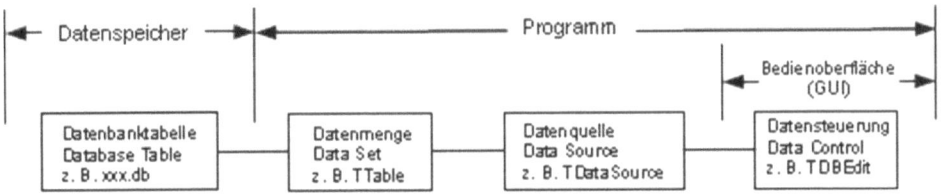

Abbildung 10.24: Informationskette bei der Berichtserstellung mit Rave-Reports-Komponenten

Datenmengen. `TabKunden`, `TabRechnungen` und `QueRechnungspositionen`, müssen Sie im Formular `FrmBerichtRech` eine entsprechende Komponente vom Typ `TrvDataSetConnection` anlegen.

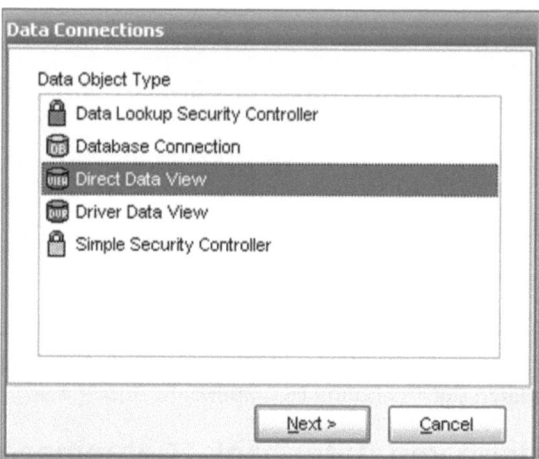

Abbildung 10.25: Fenster zur Auswahl der Da-
tenverbindung.

10.5.2.2. Nutzung der Datenmengen im Rave-Projekt

Für jede Komponente vom Typ `TRvDataSet` auf dem Formular
`FrmBerichtRech` müssen Sie im Rave Projekt eine Datensicht-Komponente
(`DataView` component) anlegen. Das geschieht entweder direkt mit der Schaltfläche
 oder mit der Menüanwahl File|New Data Object wobei im sich öffnenden Fens-
ter *Data Connections* Direct Data View zu wählen ist (Abbildung 10.25).

10.5.2.3. Datenanschluss der datensensitiven Komponenten im Rave-Report

Für die bereits in die Berichtsseite aufgenommenen datensensitiven Textelemente
kann jetzt die Verbindung zur Datenbank hergestellt werden. Das geschieht, indem
im Property Panel die Werte für *DataView* und *DataField* aus den jeweiligen
Kombinationsfeld übernommen werden (Abbildung 10.22 und Abbildung 10.23). Im
abgebildeten Fall wird zunächst *DataViewKunden* gewählt, also eine Verbindung
mit der Tabelle **Kunden.db** hergestellt. Danach stehen unter *DataField* genau die
Felder der Tabelle **Kunden.db** zur Verfügung. Hier wird nun der Aufgabenstellung
entsprechend *Vorname* gewählt.

10.5.2.4. Der Rave Reports Projektbaum

Im rechten Bereich des Rave Reports Visual Designer befindet sich der Projektbaum,
der den direkten Zugriff auf alle für das Rave-Report-Projekt maßgeblichen Komponenten bietet. Er bietet damit einerseits Orientierung und andererseits die Möglichkeit, bei Bedarf jede Komponente schnell und direkt zu modifizieren.

Beim Öffnen des Visual Designers bietet der Baum zunächst das Bild nach Abbil-

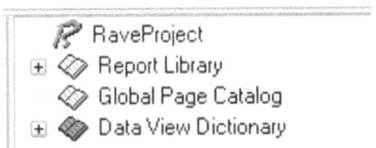

Abbildung 10.26: Rave Reports Projektbaum, Zustand beim Öffnen des Visual Designers

dung 10.26. Er zeigt den Wurzelknoten (RaveReport) und die drei Unterknoten *Report Library*, *Global Page Catalog* und *Data View Dictionary*.

Der Abschnitt Report Library beschreibt den Aufbau der Rave Reports Berichtsdokumente. In unserem Fall ist das lediglich die Seite 1 von Bericht 1.

Der Abschnitt *Global Page Catalog* enthält wiederverwendbare Berichtsbausteine. In unserem Fall ist er leer.

Der Abschnitt *Data View Dictionary* beschreibt die Anbindung des Berichtsprojekts an die Datenbank.

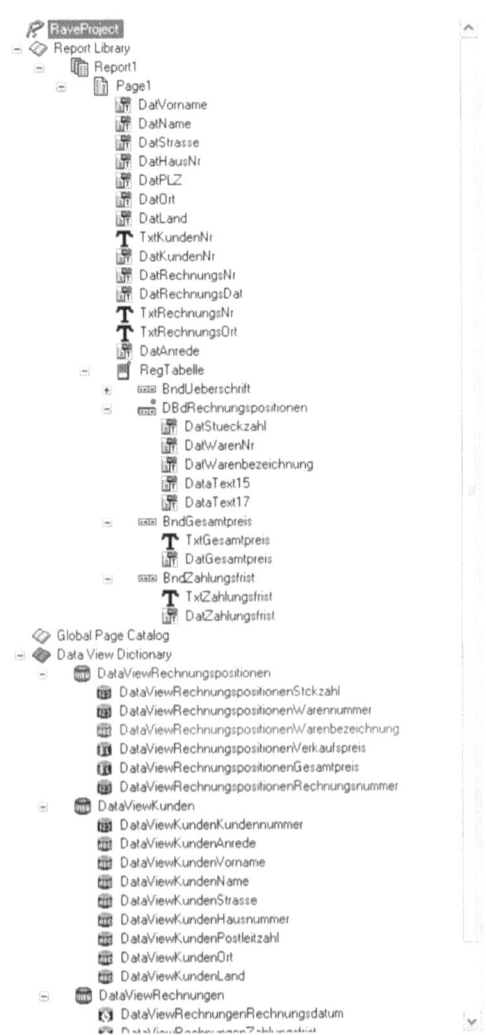

Abbildung 10.27: Rave Reports Projektbaum, vollständig entfaltet

Abbildung 10.27 zeigt den entfalteten Rave Reports Projektbaum. Jede Komponente kann im Baum angeklickt werden. Sie wird dann im Baum mit einem grünen Haken markiert und ihre Eigenschaften können im Property Panel geändert werden

Abbildung 10.28: Dialogfenster der Methode
Execute von TRvProject.

10.5.3. Programmierung der Berichtsausgabe

Für Druckvorschau, Drucken und Ausgabe auf Datei besitzt die Klasse `TRvProject` die Methode *Execute*. Diese wird ähnlich gehandhabt wie z. B. die *Execute*-Methode von `TOpenDialog` (Teil 1 S. 59).

Execute öffnet das in Abbildung 10.28 dargestellte Dialogfenster mittels dessen das Ausgabeziel des Berichts eingestellt werden kann. Ohne weiteres Zutun stehen für die Dateiausgabe folgende Formate zur Verfügung:

- Rave Snapshotfile (NDR = Nevrona Designs Report Format). Dieses Format ist ein proprietäres Format der Firma Nevrona, de Herstellers der Rave Reports Programmkomponenten. Dokumente im NDR-Format können mit verschiedenen z. T. kostenlosen Hilfsprogrammen (z. B. EsBRaveViewer) gelesen werden [ESBRAV].

- Native Printer Output (PRN)

Möchten Sie weitere Formate implementieren, dann müssen Sie dem Formular die entsprechenden Aufbereitungs- (Rendering-) Komponenten hinzufügen. Verfügbar sind:

- `TrvRenderHTML`

- `TRvRenderPDF`

- `TRvRenderRTF`

- `TRvRenderText`

Für jedes Druckformat wird eine spezielle Renderkomponente benötigt.

In unserem Fall wurden alle vier Komponenten hinzugefügt.

Jetzt müssen Sie nur noch die *Execute*-Methode von *RvProject1* starten. Sehen Sie hierfür die Schaltfläche *BtnDruck* im Formular *FrmRechTabDialog* vor. Bei Betätigung dieser Schaltfläche wird die Anweisung `RvProject1->Execute` ausgeführt. Da *RvProject1* in *FrmBerichtRech* vereinbart ist, müssen Sie diesen Modul in *FrmRechTabDialog* bekannt machen. Das geschieht mit der Direktive

```
#include "UFrmBerichtRech.h"
```

Diese muss zur Vermeidung eventueller Zirkularreferenzen in der Implementationsdatei **FrmRechTabDialog.cpp** untergebracht werden.

10.5.4. Programmcode: Ausdrucken von Datenbankberichten (Rechnungen)

10.5.4.1. Programmaufbau

Diese Programm erweitert das Programm *ProRechTabDialog* aus 10.4.3um das Ausdrucken der Rechnungen. Dafür sind folgende Änderungen und Ergänzungen erforderlich:

- Einführung des Formulars *FrmBerichtRech* um die dialogorientierte Programmierung des Berichts mit den Rave-Reports-Komponenten zu ermöglichen. *FrmBerichtRech* dient lediglich der Ablage der genannten Komponenten. Es ist nicht darstellbar.

- Einführung von Bedienelementen (Schaltflächen) auf dem Formular *FrmRechTabDialog* zur Ansteuerung der Berichte.

- Bekanntmachen der öffentlichen Bestandteile von **UFrmRechTabDialog.cpp** in **UFrmBerichtRech.cpp** Das geschieht mittels der Direktive `#include "UFrmRechTabDialog.cpp"`.

- Bekanntmachen der öffentlichen Bestandteile von **UFrmBerichtRech.cpp** in **UFrmRechTabDialog.cpp** Das geschieht mittels der Direktive `#include "UFrmBerichtRech.h"`.

10.5.4.2. Hauptformular FrmRechTabDialog

Das Hauptformular wird wie unten dargestellt geringfügig erweitert.

Schnittstellendatei UFrmRechTabDialog.h

Im Abschnitt __published der Deklaration der Klasse TFrmRechTabDialog kommen (interaktiv erzeugt) die Einträge

```
TButton *BtnDruck;
```

und

```
void __fastcall BtnDruckClick(TObject *Sender);
```

hinzu.

Implementationsdatei UFrmRechTabDialog.cpp

Hinter der bereits bestehenden Include-Direktive wird die folgende hinzugefügt:

```
#include "UFrmBerichtRech.h"
```

Die Click-Methode für die Schaltfläche BtnDruck wird folgendermaßen implementiert:

```
void __fastcall TFrmRechTabDialog::BtnDruckClick(TObject *Sender)
{
  FrmBerichtRech->RvProject1->Open();
  FrmBerichtRech->RvProject1->Execute();
  FrmBerichtRech->RvProject1->Close();
}
```

10.5.4.3. Berichtsformular FrmBerichtRech

Schnittstellendatei UFrmBerichtRech.h

```
//---------------------------------------------------------------------
#ifndef UFrmBerichtRechH
#define UFrmBerichtRechH
//---------------------------------------------------------------------
#include <Classes.hpp>
#include <Controls.hpp>
#include <StdCtrls.hpp>
#include <Forms.hpp>
#include "RpDefine.hpp"
#include "RpRave.hpp"
#include "RpCon.hpp"
#include "RpConDS.hpp"
#include "RpRender.hpp"
#include "RpRenderCanvas.hpp"
#include "RpRenderPreview.hpp"
#include "RpRenderRTF.hpp"
#include "RpRenderHTML.hpp"
#include "RpRenderText.hpp"
#include "RpRenderPDF.hpp"
//---------------------------------------------------------------------
```

```
class TFrmBerichtRech : public TForm
{
__published:    // IDE-verwaltete Komponenten
  TRvProject *RvProject1;
  TRvDataSetConnection *RvDSCKunden;
  TRvDataSetConnection *RvDSCRechnungen;
  TRvDataSetConnection *RvDSCRechnungspositionen;
  TRvRenderRTF *RvRenderRTF1;
  TRvRenderPreview *RvRenderPreview1;
  TRvRenderHTML *RvRenderHTML1;
  TRvRenderText *RvRenderText1;
  TRvRenderPDF *RvRenderPDF1;
private:        // Benutzer-Deklarationen
public:         // Benutzer-Deklarationen
    __fastcall TFrmBerichtRech(TComponent* Owner);
};
//---------------------------------------------------------------
extern PACKAGE TFrmBerichtRech *FrmBerichtRech;
//---------------------------------------------------------------
#endif
```

Implementationsdatei UFrmBerichtRech.cpp

```
//---------------------------------------------------------------

#include <vcl.h>
#pragma hdrstop

#include "UFrmBerichtRech.h"
#include "UFrmRechTabDialog.h"
//---------------------------------------------------------------
#pragma package(smart_init)
#pragma link "RpDefine"
#pragma link "RpRave"
#pragma link "RpCon"
#pragma link "RpConDS"
#pragma link "RpRender"
#pragma link "RpRenderCanvas"
#pragma link "RpRenderPreview"
#pragma link "RpRenderRTF"
#pragma link "RpRenderHTML"
#pragma link "RpRenderText"
#pragma link "RpRenderPDF"
#pragma resource "*.dfm"
TFrmBerichtRech *FrmBerichtRech;
//---------------------------------------------------------------
  __fastcall TFrmBerichtRech::TFrmBerichtRech(TComponent* Owner)
    : TForm(Owner)
{
}
//---------------------------------------------------------------
```

Formulardatei UFrmBerichtRech.dfm

```
object FrmBerichtRech: TFrmBerichtRech
  Left = 0
  Top = 0
  Caption = 'FrmBerichtRech'
  ClientHeight = 232
  ClientWidth = 294
  Color = clBtnFace
  Font.Charset = DEFAULT_CHARSET
  Font.Color = clWindowText
  Font.Height = -11
  Font.Name = 'Tahoma'
  Font.Style = []
  OldCreateOrder = False
  PixelsPerInch = 96
  TextHeight = 13
  object RvProject1: TRvProject
    LoadDesigner = True
    ProjectFile =
      'Y:\BCBRezeptbuch_2\Kap10Datenbank_1\Beispiel_Roh\CPPB2010\Rechnu' +
      'ngTabellenDialog_3\Project1a.rav'
    Left = 40
    Top = 8
  end
  object RvDSCKunden: TRvDataSetConnection
    RuntimeVisibility = rtDeveloper
    DisableDataSource = False
    DataSet = FrmRechTabDialog.TabKunden
    Left = 40
    Top = 64
  end
  object RvDSCRechnungen: TRvDataSetConnection
    RuntimeVisibility = rtDeveloper
    DisableDataSource = False
    DataSet = FrmRechTabDialog.TabRechnungen
    Left = 40
    Top = 120
  end
  object RvDSCRechnungspositionen: TRvDataSetConnection
    RuntimeVisibility = rtDeveloper
    DisableDataSource = False
    DataSet = FrmRechTabDialog.QueRechnungspositionen
    Left = 40
    Top = 176
  end
  object RvRenderRTF1: TRvRenderRTF
    DisplayName = 'Rich Text Format (RTF)'
    FileExtension = '*.rtf'
    Left = 232
    Top = 72
  end
  object RvRenderPreview1: TRvRenderPreview
    ZoomFactor = 100.000000000000000000
    ShadowDepth = 0
    Left = 144
```

```
   Top = 8
  end
  object RvRenderHTML1: TRvRenderHTML
    DisplayName = 'Web Page (HTML)'
    FileExtension = '*.html;*.htm'
    ServerMode = False
    UseBreakingSpaces = False
    Left = 232
    Top = 16
  end
  object RvRenderText1: TRvRenderText
    DisplayName = 'Plain Text (TXT)'
    FileExtension = '*.txt'
    CPI = 10.000000000000000000
    LPI = 6.000000000000000000
    Left = 232
    Top = 120
  end
  object RvRenderPDF1: TRvRenderPDF
    DisplayName = 'Adobe Acrobat (PDF)'
    FileExtension = '*.pdf'
    DocInfo.Creator = 'Rave Reports (http://www.nevrona.com/rave)'
    DocInfo.Producer = 'Nevrona Designs'
    Left = 232
    Top = 184
  end
end
```

10.6. Datenbanktabellen und Textdateien

Bisweilen liegen Informationen, die sich für die Verarbeitung in Datenbanken eignen in ASCII-Form vor. Für diesen Fall müssen Möglichkeiten geschaffen werden, um solche Daten in Datenbanktabellen zu importieren und sie daraus zu exportieren. Ein typisches Beispiel hierfür sind die CSV[18]-Dateien, die mit Tabellenkalkulationsprogrammen erzeugt werden können.

10.6.1. Aufgabenstellung

Erstellen Sie ein Programm, das Kundendaten (Tabellenformat siehe Tabelle 10.1) von einer CSV - Datei einliest bzw. in diese ausgibt. Der Name der Kundendatentabelle sei **Kunden.db**. Sie sei unter dem Datenbankalias *BUCH2DB* zu finden. Der Export und Import wird über je eine dafür vorgesehene Schaltfläche gesteuert. Sowohl beim Ex- als auch beim Import können Quell- bzw. Zieldatei über ein Dialogfenster gewählt werden. Die Bedienoberfläche dieses Programms ist in Abbildung 10.29 auf Seite 130 dargestellt.

Eine CSV-Datei besteht üblicherweise aus einer Überschriftszeile in der die Namen der Datenbankfelder aufgelistet sind, gefolgt von mehreren Datenzeilen. Die Über-

18 CSV = Comma Separated Value

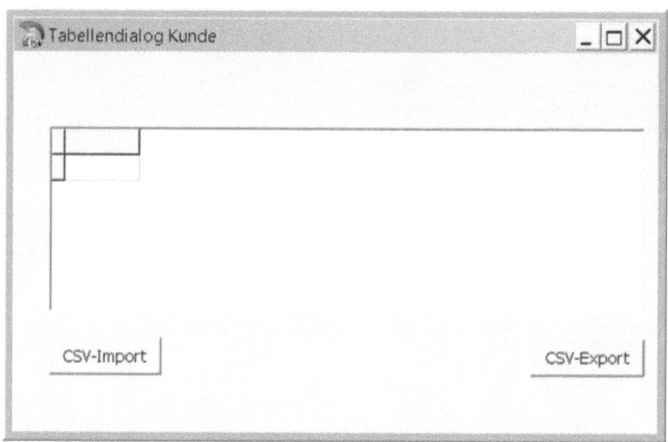

Abbildung 10.29: Bedienoberfläche des Programms zur
Umwandlung einer Datenbanktabelle in CSV-Daten

Statt des Se-
mikolons ist
auch ein an-
deres Trenn-
zeichen (oder
eine Zeichen-
gruppe) mög-
lich.

schriftszeile enthält die jeweils durch ein Trennzeichen getrennten Feldbezeichner. Standard-Trennzeichen ist von der Dateibezeichnung (CSV) her ein Komma. In vielen Fällen – so auch in unserem Beispiel – wird jedoch wegen der deutlicheren optischen Trennwirkung ein Semikolon als Trennzeichen verwendet. Ggf. könnte das Programm auch so gestaltet werden, dass das Trennzeichen vom Anwender vorgegeben werden kann.

An die Überschriftszeile schließt pro Tabelleneintrag eine Datenzeile an. In jeweils einer Datenzeile ist ein Datensatz untergebracht.

Stellen Sie zur Kontrolle die Datenbanktabelle Kunden.db in einem Element vom Typ TDBGrid und die exportierte Datei in einem Feld vom Typ *TMemo* dar.

10.6.2. Lösungsweg

Öffnen Sie ein neues C++Builder VCL-Projekt bezeichnen Sie das Hauptfenster mit *FrmMainKundCSVImpExp* Legen Sie auf dem Hauptfenster zwei Schaltflächen vom Typ TButton und je ein Element vom Typ TTable, TDataSource, TDBGrid und TMemo an.

TTable wird mit der Datenbanktabelle **Kunden.db** und dem Element *DSKunden* vom Typ TDataSource verbunden.

Bezeichnen Sie die beiden Schaltflächen mit *BtnExport* und *BtnImport*.

10.6.2.1. CSV-Export

Für den CSV-Export wird die Methode *BtnExportClick* (beantwortet das *On-Click*-Ereignis der Schaltfläche *BtnExport*) erstellt, die wiederum die Methode *TableToCSV* des Formulars aufruft.

Zunächst wird die Überschriftszeile erstellt. Die dafür erforderlichen Informationen finden Sie in *TTable->FieldDefs*. Die Anzahl der Felder finden Sie in *TTable->FieldsCount*, die einzelnen Feldelemente in *TTable->FieldDefs->Fields[]*.

Die Eigenschaft *DisplayName* von TFields (*TTable->FieldDefs->Fields[]->DisplayName*) stellt Ihnen den jeweiligen Feldnamen als AnsiString zur Verfügung.

Die einzelnen Feldnamen werden jeweils durch ein Semikolon voneinander getrennt der Variablen *Kopfzeile* zugewiesen, die anschließend in die Datei *OutFile* geschrieben wird.

In ähnlicher Weise wie die Kopfzeile werden die Datenzeilen aufbereitet und ausgegeben. Wesentliche Informationen, die hierfür benötigt werden sind die Anzahl der Datensätze (*TTable->RecordCount*). Der Inhalt des jeweiligen Datenfeldes wird als String benötigt. Dies leistet die Eigenschaft *AsString* von TField.

Am Ende des Exportvorgangs müssem Sie, ehe Sie die Datei *OutFile* schließen, deren Schreibpuffer mit der Methode *Flush* leeren. Andernfalls besteht die Gefahr, dass Teile der Datenbanktabelle nicht auf dem Datenträger gespeichert werden.

10.6.2.2. CSV-Import

Der CSV-Import stellt die Umkehrung des CSV-Exports dar und genau unter diesem Gesichtspunkt sollten Sie ihn auch programmieren. An die Stelle des Einfügens von Trennzeichen (Semikola) und das Verbinden von Teilstrings tritt jetzt das Erkennen von Semikola und das Aufteilen der ganzen Zeilen in Substrings.

Für den CSV-Export wird die Methode *BtnImportClick* (beantwortet das *OnClick*-Ereignis der Schaltfläche *BtnImport*) erstellt, die wiederum die Methode *CSVToTable* des Formulars aufruft.

Eingelesen werden die Dateizeilen in ein Zeichenfeld *cHilfsfeld*, das mit dem Fassungsvermögen von 500 Zeichen ausreichend groß dimensioniert wurde. Da das Durchsuchen und Zerteilen der Textketten sehr bequem mit Methoden der Klasse *AnsiString* möglich ist wird *cHilfsfeld* mit der Anweisung

```
Kopfzeile = (AnsiString) cHilfszeile;
```

in den Typ *AnsiString* umgewandelt. Mit der Methode Pos wird dann die Position des ersten Semikolons im String identifiziert. Enthält der String ein Semikolon, dann ist das Resultat des Methodenaufrufs die Position des ersten Semikolons (Zählung ab 1!!). Enthält der String kein Semikolon (mehr), so ist das Resultat 0. Mit der Anweisung

```
FeldName = Kopfzeile.SubString (1, CommaPos-1);
```

wird dann der Teil vor dem Semikolon vom String abgetrennt. Dieser Substring entspricht einem Feldnamen. Der Teil nach dem Semikolon wird durch

```
Kopfzeile= Kopfzeile.SubString (CommaPos+1, 500);
```

dargestellt. Er enthält entweder noch mehrere Feldnamen , die durch Semikola getrennt sind oder den letzten Feldnamen. Die Methode $S.Substring$ (i, j) liefert die Zeichen des Strings S ab der Position i bis maximal zur Position $i+j-1$ (je einschließlich) als Resultat. *Substring* liefert nur Zeichen, die tatsächlich zu S gehören, nichts darüber hinaus.

Bei AnsiString S gilt: S.Substring nicht S->Substring!

Jeder Feldnamen, der aus der Datei *InFile* eingelesen wurde wird mit dem an gleicher Position stehenden Feldnamen der Tabelle verglichen. Bei Gleichheit behält die Variable *bOK* den bisherigen Wert bei, bei Ungleichheit (= Fehler) wird ihr der Wert *false* zugewiesen.

```
bOK = bOK &&
      (FeldName == TKunden->FieldDefs->Items[FelderIndex]->DisplayName);
```

Das Einlesen der Daten erfolgt sinngemäß wie das Einlesen der Kopfzeile. Zu Beginn wird der Dateizeiger der Datenbanktabelle mit

```
TKunden->First();
```

auf das erste Datenelement gesetzt. Da die Zahl der Datensätze (Records) nicht bekannt ist, wird *InFile* mit

```
while (!InFile.eof())
   {..........}
```

bis zur Dateiende-Marke gelesen. Damit ein Wert in die Datenbanktabelle eingetragen werden kann, muss diese in den Editiermodus gebracht werden:

```
TKunden->Edit();
```

Nach der erfolgreichen Aufbereitung in der inneren Schleife

```
TKunden->Fields->Fields[FelderIndex]->AsString = FeldName;
```

wird der Datensatz mit

```
TKunden->Post();
```

physikalisch in die Datenbank geschrieben.

Nach dem Schreiben des kompletten Datensatzes wird der Satzzeiger mit

```
TKunden->Next();
```
um eine Position weitergeschaltet.

10.6.3. Programmcode: Verbindung von Textdateien (CSV) und Datenbanken

10.6.3.1. Hauptformular FrmMainKunCSVImpExp

Schnittstellendatei UFrmMainKunCSVImpExp.h

```cpp
//---------------------------------------------------------------------------

#ifndef UFrmMainKunCSVImpExpH
#define UFrmMainKunCSVImpExpH
//---------------------------------------------------------------------------
#include <Classes.hpp>
#include <Controls.hpp>
#include <StdCtrls.hpp>
#include <Forms.hpp>
#include <DB.hpp>
#include <DBTables.hpp>
#include <DBGrids.hpp>
#include <Grids.hpp>
#include <DBCtrls.hpp>
#include <ExtCtrls.hpp>
#include <Mask.hpp>
#include <Dialogs.hpp>
#include <ExtDlgs.hpp>
//---------------------------------------------------------------------------
class TFrmMainTabDiaKund : public TForm
{
__published:    // IDE-verwaltete Komponenten
  TDataSource *DSKunden;
  TTable *TKunden;
  TDBGrid *DBGrid1;
  TButton *BtnImport;
  TButton *BtnExport;
  TOpenTextFileDialog *OTxtDiaCSV;
  TSaveTextFileDialog *STxtDiaCSV;
        TMemo *Memo1;
  void __fastcall FormClose(TObject *Sender, TCloseAction &Action);
  void __fastcall BtnExportClick(TObject *Sender);
  void __fastcall BtnImportClick(TObject *Sender);
private:        // Benutzer-Deklarationen
public:         // Benutzer-Deklarationen
  __fastcall TFrmMainTabDiaKund(TComponent* Owner);
  void TableToCSV (AnsiString FileName);
  void CSVToTable (AnsiString FileName);
};
//---------------------------------------------------------------------------
extern PACKAGE TFrmMainTabDiaKund *FrmMainTabDiaKund;
//---------------------------------------------------------------------------
#endif
```

Implementationsdatei UFrmMainKunCSVImpExp.cpp

```cpp
//-------------------------------------------------------------------------
#include <iostream.h>
#include <fstream.h>
#pragma hdrstop

#include "UFrmMainKundCSVImpExp.h"
//-------------------------------------------------------------------------
#pragma package(smart_init)
#pragma resource "*.dfm"
TFrmMainTabDiaKund *FrmMainTabDiaKund;
//-------------------------------------------------------------------------
__fastcall TFrmMainTabDiaKund::TFrmMainTabDiaKund(TComponent* Owner)
  : TForm(Owner)
{

//
}
//-------------------------------------------------------------------------

void __fastcall TFrmMainTabDiaKund::FormClose(TObject *Sender,
                                              TCloseAction &Action)

{
  TKunden->Close();
}
//-------------------------------------------------------------------------

void __fastcall TFrmMainTabDiaKund::BtnExportClick(TObject *Sender)
{
  if (STxtDiaCSV->Execute())
  {
    TableToCSV(STxtDiaCSV->FileName);
  }

}
//-------------------------------------------------------------------------

void TFrmMainTabDiaKund::TableToCSV (AnsiString FileName)
{
//Memofeld löschen
  Memo1->Clear();
//Datei öffen.
  ofstream OutFile(FileName.c_str(),ios_base::out|ios_base::trunc);
//Anzahl der Felder ermitteln.
  int FelderZahl = TKunden->Fields->Count;
//Feldbezeichner ermitteln und CSV-kodieren.
  AnsiString Kopfzeile;
  Kopfzeile = TKunden->FieldDefs->Items[0]->DisplayName;
  for (int iZaehl = 1; iZaehl < FelderZahl; iZaehl++)
  {
    Kopfzeile = Kopfzeile + ";" +
                        TKunden->FieldDefs->Items[iZaehl]->DisplayName;
  }
    OutFile<<Kopfzeile<<endl;
//Datenzeilen
```

```
  int EintragsZahl = TKunden->RecordCount;
  AnsiString Datenzeile;
  TKunden->First();
  for (int jZaehl = 0; jZaehl < EintragsZahl; jZaehl++)
  {
    Datenzeile = TKunden->Fields->Fields[0]->AsString;
    for (int iZaehl = 1; iZaehl < FelderZahl; iZaehl++)
    {
      Datenzeile = Datenzeile + ";" +
                      TKunden->Fields->Fields[iZaehl]->AsString;
    }
//Zeile schreiben
    OutFile << Datenzeile.c_str()<<endl;
    if (jZaehl+1 < EintragsZahl)
    {
      TKunden->Next();
    }
  }
//
  Memo1->Lines->LoadFromFile(FileName);
  OutFile.flush();
  OutFile.close();
}
//-------------------------------------------------------------------
void TFrmMainTabDiaKund::CSVToTable (AnsiString FileName)
{
  AnsiString Datenzeile;
  AnsiString FeldName;
  AnsiString Kopfzeile;
  bool bAbbruch;
  bool bOK;
  char cHilfszeile [500];
//Datei öffen.
  ifstream InFile(FileName.c_str(),ios_base::in);
  unsigned int CommaPos;
//Anzahl der Felder ermitteln.
//Überschriftszeile lesen
  InFile >>cHilfszeile;
  Kopfzeile = (AnsiString) cHilfszeile;
  CommaPos = Kopfzeile.Pos(";");
  int FelderIndex = 0;
  bOK = true;
//Überschriftszeile prüfen
  while (CommaPos > 0)
  {
    FeldName = Kopfzeile.SubString (1, CommaPos-1);
    Kopfzeile= Kopfzeile.SubString (CommaPos+1, 500);
    bOK = bOK &&
        (FeldName == TKunden->FieldDefs->Items[FelderIndex]->DisplayName);
    CommaPos = Kopfzeile.Pos(";");
    FelderIndex = FelderIndex + 1;
  }
//Tabellenzeiger auf Anfang stellen
//  TKunden->Active = false;
  TKunden->First();
```

```
//Solange nicht Dateiende
  while (!InFile.eof())
  {
    InFile >>cHilfszeile;
    Datenzeile = (AnsiString) cHilfszeile;
    CommaPos = Datenzeile.Pos(";");
    FelderIndex = 0;
  //Solange nicht Dateiende
    while (CommaPos > 0)
    {
      FeldName = Datenzeile.SubString (1, CommaPos-1);
      Datenzeile= Datenzeile.SubString (CommaPos+1, 500);
      TKunden->Edit();
      TKunden->Fields->Fields[FelderIndex]->AsString = FeldName;
      TKunden->Post();
      CommaPos = Datenzeile.Pos(";");
      FelderIndex = FelderIndex + 1;
    }
//Datenzeile ins Feld schreiben
    TKunden->Next();
  }

  InFile.close();
}
//-----------------------------------------------------------------
void __fastcall TFrmMainTabDiaKund::BtnImportClick(TObject *Sender)
{
  if (OTxtDiaCSV->Execute())
  {
    CSVToTable(OTxtDiaCSV->FileName);
  }
}
//-----------------------------------------------------------------
```

11. Nutzen Sie die Möglichkeiten Dynamischer Link-Bibliotheken (DLLs)

11.1. Ein bisschen Theorie

Eine DLL (Dynamic Link Library, Dynamische Link Bibliothek) ist eine Bibliothek, die dynamisch an das jeweilige Hauptmodul (z. B. ein Hauptprogramm) angebunden werden kann. Sie wird ihrem Nutzer also erst zur Laufzeit zugeordnet.

Man unterscheidet - und das klingt fast ein bisschen paradox - die statische Anbindung und die dynamische Anbindung. Die statische Anbindung erfolgt zu Beginn des Prozesses, also zur Beginn der Laufzeit. In diesem Fall muss die benötigte DLL bereits zu Beginn der Laufzeit vorhanden sein. Der Arbeitsspeicherplatz zur Aufnahme der DLL muss während der gesamten Dauer des Prozesses bereit gestellt werden.

Wird die DLL dynamisch angebunden, so kann dies vollkommen bedarfsorientiert geschehen. Die DLL wird dann ausschließlich für den Zeitraum, in dem sie benötigt wird angebunden, unmittelbar danach kann sie wieder abgetrennt werden. Der Ressourcenbedarf für die DLL muss also nur in dem Zeitraum befriedigt werden, wo er tatsächlich auch benötigt wird. Mehrere nicht zeitgleich benötigte DLLs können sich denselben Speicherplatz teilen. *Eine DLL spart oft Ressourcen*

11.1.1. Möglichkeiten der DLL

DLLs sind ein wesentliches Element des professionellen Softwareengineering. Sie bieten die folgenden Vorteile:

- Es gibt ein extrem breites Angebot vorgefertigter professioneller Lösungen.

- Da die Bibliotheksmodule erst zur Laufzeit gebunden werden, ist die EXE-Datei selbst meist wesentlich kleiner als bei statischer Bindung.

- Das Hauptprogramm (EXE-Datei) und die einzelnen DLLs können in unterschiedlichen Programmiersprachen erstellt werden.

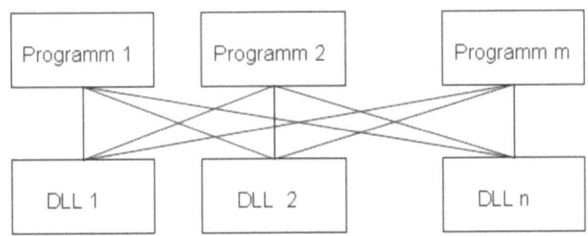

Abbildung 11.1: Eine DLL kann von mehreren Programmen genutzt werden.

- Wartungsarbeiten reduzieren sich auf einfaches Kopieren an Stelle von Binden und Installieren.

11.1.1.1. Nutzung einer DLL durch mehrere Programme

Wenn eine Aufgabe von mehreren Programmen auszuführen ist, dann kann diese Aufgabe von ein und derselben DLL erledigt werden (Abbildung 11.1). Das kann den Umfang von EXE-Dateien extrem reduzieren. Üblich ist dies z. B. bei der Implementation von Betriebssystem-Funktionen.

11.1.1.2. Realisierung hybrider Programmkonzepte

DLLs können in den unterschiedlichsten Programmiersprachen erstellt werden. Bekanntlich ist es so, dass für eine gegebene Aufgabenstellung nicht jede Programmiersprache gleich gut geeignet ist. Verwendet man für grafische Bedienoberflächen oder arithmetische Berechnungen vorteilhaft C++, Pascal oder auch Java, so wird man für die Lösung logischer Aufgabenstellungen eher Prolog verwenden. Mit dem DLL-Konzept kann jeder Programmteil in der für ihn angemessenen Programmiersprache erstellt werden. Hiervon ist eine deutliche Rationalisierung der Programmentwicklung zu erwarten.

Im Abschnitt 11.5.3.1wird gezeigt, wie Delphi-DLLs durch C++Builder-Programme genutzt werden können. Weitere Sprachkombinationen werden in einem Folgeband behandelt.

11.1.1.3. Skalierung von Programmen

Versionierung mit DLLs: Ein Name verschiedene Inhalte

Unterschiedliche Programmversionen können durch unterschiedliche DLLs bzw. unterschiedliche Ausführungen gleichnamiger DLLs realisiert werden. Dabei werden einfach die erforderlichen Dateien zusammengestellt. Ein Bindevorgang (Linkvorgang) ist nicht erforderlich. So können durch einfaches Zusammenstellen von Dateien verschiedene Programmversionen (Light, Standard, Professional, ...) generiert werden.

11.1.1.4. Verbesserung der Wartbarkeit

Updates ohne Bindevorgang

Im Gegensatz zur Verwendung statischer Bibliotheken, kann bei Verwendung von DLLs das Programm dadurch geändert werden, dass einzelne DLLs ausgewechselt werden. Ein Binde- (Link-) Vorgang, der in der Regel nur vom Entwickler durchgeführt werden kann, entfällt damit und die EXE-Datei bleibt unverändert. Dieser Wartungsvorgang kann in verschiedenen Graden automatisiert werden. Das reicht von der Information des Benutzers über Neuerungen mit anschließendem manuellem Dateiersatz bis zum vollautomatischen Ersatz veralteter DLLs durch das Programm selbst (z. B. beim Programmstart). Letzteres setzt voraus, dass die DLLs dynamisch angebunden werden (11.2.8).

11.2. Sie erstellen eine DLL

Im folgenden wird die DLL-Technologie anhand eines einfachen Anwendungsbeispiels darstellt. Es wird eine DLL entwickelt, die eine Funktion und eine Variable bereit stellt.

11.2.1. Aufgabenstellung

In der DLL soll die Funktion sin (a·x) implementiert werden. Die Schnittstelle beinhaltet die Variable *amult* vom Typ *double* mittels derer der Faktor *a* vorgegeben wird sowie die Funktion `double sina (double x)`, die den Wert sin(a·x) liefert. sina basiert auf sin. Der Zusammenhang lautet: sina = sin(a·x).

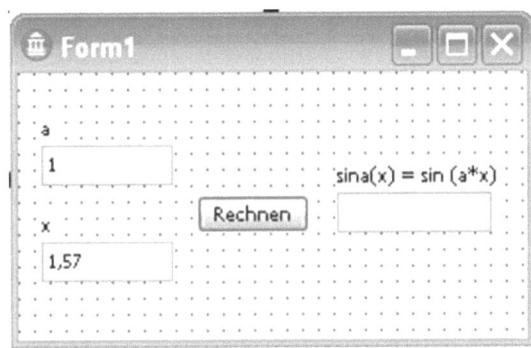

Abbildung 11.2: Bedienoberfläche des Testprogramms für die DLL

11.2.2. Die Lösung

11.2.2.1. Die DLL – ein C++Builder-Projekt

Die Erstellung einer DLL beginnt fast wie die eines Programms. Wählen Sie Datei|Neu...|Weitere...   Es öffnet sich die Objektgalerie. Wenn Sie dort im linken Fenster auf C++Builder-Projekte klicken, nimmt sie das in Abbildung 11.3 gezeigte Bild an. Nach Doppelklick auf das Symbol dynamische Link-Bibliothek erscheint das in Abbildung 11.4 dargestellte Fenster.

Wenn Sie in der DLL keine Komponenten aus der Visual Components Library (VCL) verwenden möchten – was in diesem Beispiel der Fall ist - entfernen Sie bitte das Häkchen bei VCL verwenden. Bei den Komponenten aus der VCL handelt es sich im wesentlichen um Formulare und Steuerelemente. Wie DLLs in Verbindung mit Elementen aus der VCL erstellt werden erfahren Sie in 11.3

DLLs und VCL: Siehe 11.3 auf Seite 152

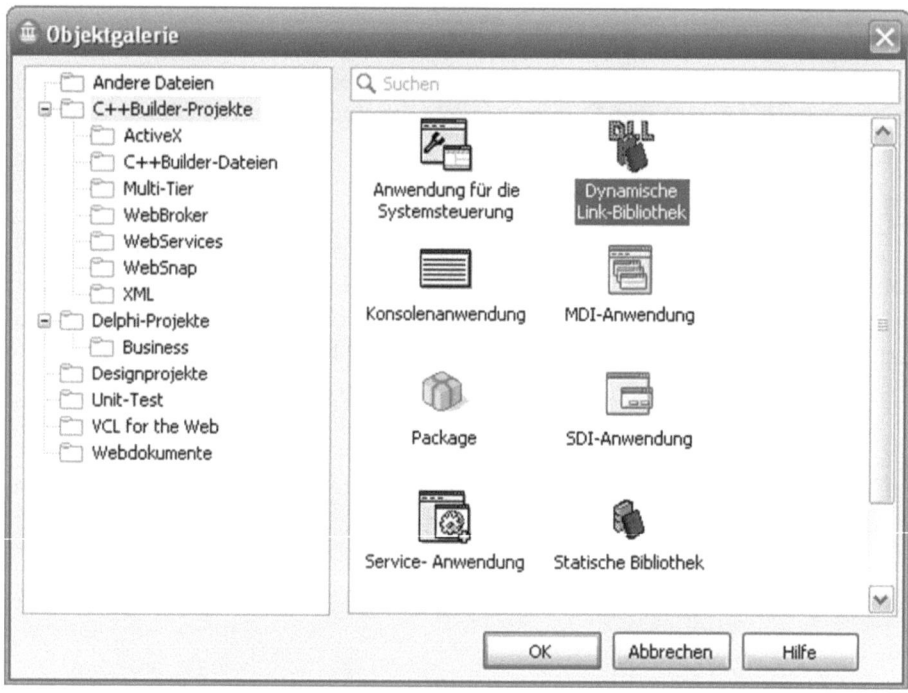

Abbildung 11.3: Objektgalerie, Auswahlmöglichkeit für die Erstellung einer DLL

Abbildung 11.4: Fenster zur Auswahl des DLL-Projekttyps

Als Quelltyp geben Sie üblicherweise C++ an. Wenn Sie jetzt OK drücken wird der Kern der DLL automatisch generiert. Diesen Teil müssen Sie jetzt wie nachstehend beschrieben ergänzen.

Ohne Haupt-programm geht es nicht   Da eine DLL nicht alleine ausführbar ist, benötigen Sie zu deren Ausführung immer ein Hauptprogramm. Deshalb sollten Sie parallel zu jeder DLL sofort ein einfaches Testprogramm erstellen, mittels dessen die DLL überprüft werden kann. In unserem

Fall muss das Testprogramm die Vorgabe des Wertes von a und den Aufruf von sina (mit Parameterübergabe) ermöglichen. Außerdem muss der Funktionswert angezeigt werden können. Abbildung 11.2 zeigt die Bedienoberfläche für ein solches Testprogramm. Das Listing finden Sie unter 11.2.5.2 Grundsätzliches zur Erstellung vergleichbarer Programme erfahren Sie in Teil 1 des C++Builder Rezeptbuchs[19].

11.2.2.2. Schnittstellen der DLL

Die Fähigkeiten einer DLL werden durch Schnittstellen beschrieben. Das können Variable oder Funktionen, aber auch Objekte sein. Zunächst beschränken wir uns auf Variable und Funktionen

In jeder DLL muss angegeben werden, welche Elemente sie ihren Nutzern zur Verfügung stellt. Diese Angaben bezeichnet man als Exportschnittstelle. Desgleichen müssen Sie im Programmbaustein der die DLL nutzt in der Importschnittstelle angeben, wie die importierten Elemente aufgebaut sein müssen.

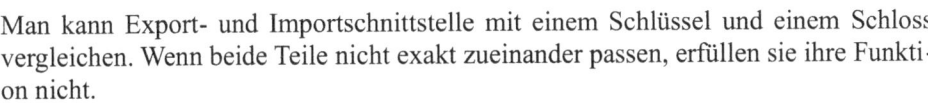

Man kann Export- und Importschnittstelle mit einem Schlüssel und einem Schloss vergleichen. Wenn beide Teile nicht exakt zueinander passen, erfüllen sie ihre Funktion nicht.

Bitte beachten Sie, dass gerade die Schnittstellenbeschreibung in hohem Grade für (Flüchtigkeits-) Fehler anfällig ist. Aus eigener leidvoller Erfahrung muss ich betonen, dass man in diesem Bereich nicht sorgfältig genug arbeiten kann!

Ex- und Import-Schnittstelle ähneln Schloss und Schlüssel.

Exportschnittstellen müssen Sie in jedem Falle angeben, Importschnittstellen nur bei statischer Bindung.

Die Schnittstellendefinition kann in zahlreichen Varianten vorgenommen, was natürlich auch die Möglichkeiten, Fehler zu machen erheblich erhöht. Mein Vorschlag lautet deshalb: Erarbeiten Sie sich ein bis zwei gut funktionierende Muster für die Schnittstellen und versuchen Sie dann, ausschließlich mit diesen zu arbeiten.

Wenig fehleranfällige Variante wählen.

11.2.3. Monolithische DLL

In der ersten Variante ist die DLL monolithisch aufgebaut. Die Hauptfunktion der DLL, die Exportschnittstelle und die Implementation der exportierten Funktionen sind in einem Programmodul untergebracht. Diese Lösung ist wenig flexibel. Bei umfangreichen DLLs müssen sehr große Dateien manipuliert werden. Bei DLLs kleinen Umfangs habe ich dagegen die Erfahrung gemacht, dass mit dieser Variante sehr schnell funktionierende DLL-EXE-Kombinationen erstellt werden können. Das hat wohl seine Ursache darin, dass bei dieser Struktur der Programmierer vergleichsweise wenig Gelegenheiten findet, Fehler zu machen.

19 Koch, W., Das C++Builder Rezeptbuch, Teil 1, Einführung, Bedienoberfläche – Grafik-Grundlagen, ISBN 978-3-83703592-6. Erhältlich im Buchhandel oder über www.informatik-ganz-einfach.de (versandkostenfrei in Deutschland)..

In unserem Fall lautet die Exportschnittstelle in der einfachsten Form:

```
__declspec (dllexport) double sina (double);
__declspec (dllexport) double amult;
```

In dieser Form schließt die Schnittstellendefinition von *amult* die Variablendeklaration ein.

11.2.3.1. Programmcode für die monolithische DLL

```
//---------------------------------------------------------------------

#include <vcl.h>
#include <windows.h>
#include <math.h>
#pragma hdrstop
//---------------------------------------------------------------------
// Wichtiger Hinweis zur DLL-Speicherverwaltung, falls die DLL die
// statische Version der Laufzeitbibliothek (RTL) verwendet:
//
//...............................................
//...............................................
//---------------------------------------------------------------------

#pragma argsused

int WINAPI DllEntryPoint(HINSTANCE hinst, unsigned long reason,
                                                  void* lpReserved)
{
        return 1;
}
__declspec (dllexport) double sina (double);
__declspec (dllexport) double amult;

//double amult;

double sina (double x)
{
        return sin (amult*x);
}

//---------------------------------------------------------------------
```

11.2.4. Modulare DLL

Bei der modularen Variante wird im Hauptmodul der DLL nur deren Hauptfunktion untergebracht. Weiterhin werden die Exportschnittstellen über Schnittstellen- (Header-) Dateien eingebunden. Die Implementation der exportierten Funktionen erfolgt in separaten Implementationsdateien.

Für unser Beispiel heißt das:

In die DLL-Quelldatei **ProDLLBeispiel2.cpp** wird über `#include` die Schnittstellendatei **USinax.h** eingebunden. Die Funktion `double sina(double x)` wird in

der Datei **USinax.cpp** implementiert. Der Modul *USinax* ist damit separat übersetz-
bar.

11.2.4.1. Programmcode für die modulare DLL

Hauptmodul der DLL

```
//---------------------------------------------------------------

#include <vcl.h>
#include <windows.h>
#pragma hdrstop
//---------------------------------------------------------------
// Wichtiger Hinweis zur DLL-Speicherverwaltung, falls die DLL die
// statische Version der Laufzeitbibliothek (RTL) verwendet:
//
//.................................
//.................................
//---------------------------------------------------------------

#pragma argsused


#include "USinax.h"

int WINAPI DllEntryPoint(HINSTANCE hinst, unsigned long reason, void*
lpReserved)
{
        return 1;
}


//---------------------------------------------------------------
```

Modul für die Realisierung der Fachaufgabe

Schnittstellendatei USinax.h

```
//---------------------------------------------------------------
#ifndef USinaxH
#define USinaxH
//---------------------------------------------------------------
extern "C" __declspec (dllexport) double sina (double);
extern "C" __declspec (dllexport) double amult;
#endif
```

Implementationsmodul USinax.cpp

```
//---------------------------------------------------------------

#pragma hdrstop
#include <math.h>
#include "USinax.h"


//---------------------------------------------------------------

#pragma package(smart_init)
```

```
double amult;

double sina (double x)
{
        return sin (amult *x);
}
//--------------------------------------------------------------------
```

11.2.5. Statische Bindung der DLL

Sowohl bei statischer Bindung als auch bei dynamischer Bindung müssen Exportschnittstellen definiert werden. Vergleichbare Importschnittstellen sind jedoch nur bei
statischer Bindung erforderlich.

Im importierenden Programm können Importschnittstellen entweder dezentral nahe
dem Nutzungsort oder zentral untergebracht werden.

11.2.5.1. Projekt ProMainStat_D

Das Projekt für das Hauptprogramm besteht aus den Dateien des Hauptprogramms,
den Dateien des Hauptformulars und der Bibliotheksdatei **ProDLLBeispiel.lib** für
die DLL *ProBeispiel*. **ProDLLBeispiel.lib** wird beim Übersetzen der DLL *Pro-
Beispiel* **automatisch erzeugt.**

Wenn Sie eine DLL statisch einbinden möchten,
müssen sie die zugehörige LIB-Datei dem Projekt
hinzufügen (Schaltfläche 🖾 oder Tastenkombina-
tion Umsch + F11). Abbildung 11.5 zeigt den
Projektbaum nach Einfügen der Bibliotheksdatei
ProDLLBeispiel.lib.

11.2.5.2. Hauptprogramm ProMainStatDLL_D

Das Hauptprogramm wird vollständig per Dialog
erstellt. Es ist für bei dezentraler und zentraler Importschnittstelle identisch. Da es keinerlei Besonderheiten aufweist, wird hier auf seine Darstellung verzichtet.

11.2.5.3. Probleme beim Verbinden von EXE-Datei und DLL

Überraschend kann beim Übersetzen und Binden
die Fehlermeldung lt. Abbildung 11.6 auftreten.
Dies passiert, wenn beim Binden der Datei **Pro-
MainStatDLL_D.exe** nicht die zutreffende Bi-

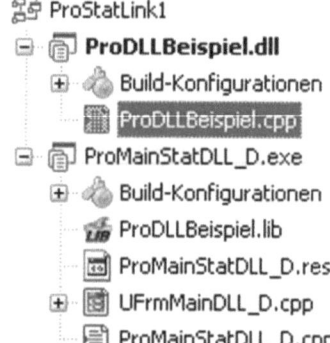

*Abbildung 11.5: Projektbaum
für die Monolithische DLL
und das Hauptprogramm
mit statischer Bindung und
dezentraler Importschnittstelle*

bliothek zur Verfügung steht. Zuverlässig entgehen Sie diesem Problem, wenn Sie lib- und exe-Datei im selben Verzeichnis unterbringen

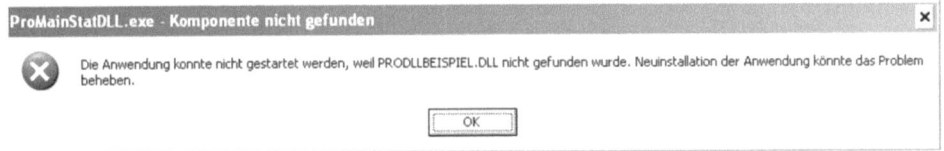

Abbildung 11.6: Diese Meldung erscheint, wenn die DLL beimProgrammstart nicht im richtigen Pfad bzw. Verzeichnis zur Verfügung steht

11.2.5.4. Hauptformular UFrmMain_D - Direkteinbau der Importschnittstelle

Das Erscheinungsbild des Hauptformulars ist in Abbildung 11.2 dargestellt.

Schnittstellendatei UFrmMain_D.h

Der nachfolgende Code wird beim interaktiven Zusammenstellen der Formularelemente automatisch erstellt. Sie müssen keine Ergänzungen vornehmen.

```
//---------------------------------------------------------------
#ifndef UFrmMainDLL_DH
#define UFrmMainDLL_DH
//---------------------------------------------------------------
#include <Classes.hpp>
#include <Controls.hpp>
#include <StdCtrls.hpp>
#include <Forms.hpp>
#include <ExtCtrls.hpp>
//---------------------------------------------------------------
class TForm1 : public TForm
{
__published:    // IDE-verwaltete Komponenten
        TLabeledEdit *LEda;
        TLabeledEdit *LEdx;
  TButton *BtnRechnen;
        TLabeledEdit *LEdSinax;
        void __fastcall BtnRechnenClick(TObject *Sender);
  void __fastcall FormCreate(TObject *Sender);
private:        // Benutzer Deklarationen
  double x;
public:         // Benutzer Deklarationen
        __fastcall TForm1(TComponent* Owner);
};
//---------------------------------------------------------------
extern PACKAGE TForm1 *Form1;
//---------------------------------------------------------------
#endif
```

Implementationsdatei UFrmMain_D.cpp

Die Importschnittstellen werden möglichst nahe an dem Ort untergebracht, wo die importierten Einheiten benutzt werden. Importschnittstellen für im jeweiligen Programm nicht genutzte Einheiten der DLL sollten nicht angegeben werden.

```cpp
//-----------------------------------------------------------------
#include <vcl.h>
#include <SysUtils.hpp>
#pragma hdrstop
#include "UFrmMainDLL_D.h"
//-----------------------------------------------------------------
#pragma package(smart_init)
#pragma resource "*.dfm"
//Importschnittstelle der DLL(s)
//Nur tatsächlich benutzte Elemente werden aufgeführt
__declspec (dllimport) double sina (double);
__declspec (dllimport) double amult;

TForm1 *Form1;
//-----------------------------------------------------------------
__fastcall TForm1::TForm1(TComponent* Owner)
        : TForm(Owner)
{
  //
}
//-----------------------------------------------------------------
void __fastcall TForm1::BtnRechnenClick(TObject *Sender)
{
  amult = StrToFloat(LEda->Text);
      x = StrToFloat(LEdx->Text);
      LEdSinax->Text = FloatToStr(sina(x));
}
//-----------------------------------------------------------------
void __fastcall TForm1::FormCreate(TObject *Sender)
{
  amult = StrToFloat(LEda->Text);
      x = StrToFloat(LEdx->Text);
      LEdSinax->Text = FloatToStr(sina(x));
}
//-----------------------------------------------------------------
```

11.2.5.5. Hauptformular UFrmMain_Z - Zentrale Anordnung der Importschnittstelle in einer Schnittstellendatei

Das Erscheinungsbild des Hauptformulars ist mit dem von *FrmMain_D* identisch (Abbildung 11.2).

Importschnittstellendatei ProDLLBeispiel.h

Alle Importschnittstellen für die DLL *ProDLLBeispiel* werden in **ProDLLBeispiel.h** zusammengefasst. Der Code ergibt sich demnach zu

```
//Import-Schnittstelle der DLL
extern "C" __declspec (dllimport) double sina (double);
extern "C" __declspec (dllimport) double amult;
```

Diese Datei kann in allen Modulen verwendet werden, die ProDLLBeispiel statisch einbinden.

Schnittstellendatei UFrmMain_Z.h

UFrmMain_Z.h ist mit **UFrmMain_D.h** identisch.

Implementationsdatei UFrmMain.cpp

In *UFrmMain_Z* entfällt – verglichen mit *UFrmMain_D* – die Schnittstellendefinition. Stattdessen wird die Importschnittstellendatei **ProDLLBeispiel.h** über

```
#include "ProDLLBeispiel.h"
```

eingebunden. Verwendet eine Programmeinheit (Formular, Unit) mehrere DLLs so sind die Import-Schnittstellendateien genau derjenigen DLLs einzubinden, die in der jeweiligen Programmeinheit benutzt werden. Das Einbinden der Importschnittstellendateien aller DLLs ist überflüssig. In unserem Fall wird **eine** DLL benutzt, deswegen wird genau **eine** Importschnittstellendatei eingebunden.

11.2.6. Testen von DLL-Funktionen

Wenn das Testen von DLLs – z. B. was das Arbeiten mit dem Debugger angeht – unerwartete Probleme bereitet, dann kann oft die Auflösung der DLL und die statische Einbindnug des Fachmoduls weiterhelfen. Das ermöglicht den Test der Fachlösung(en) der DLL, nicht aber den Test der Original-DLL-Schnittstelle.

Um aus den bis jetzt erstellten Bausteinen das Programm für den Test zu erstellen entfernen Sie die Datei **ProDLLBeispiel.lib** aus dem Projekt (Abbildung 11.5) und fügen stattdessen die Datei **ProDLLBeispiel.cpp** hinzu (Abbildung 11.7). Weitere Maßnahmen sind in diesem Fall nicht zu beachten.

Generell kommt es darauf an, dass die Schnittstelleninformation zur Anbindung an die DLL vorhanden und zutreffend ist.

Hier wurde die Schnittstelleninformation mit

```
__declspec (dllimport) double sina
(double);
__declspec (dllimport) double amult;
```

angegeben.

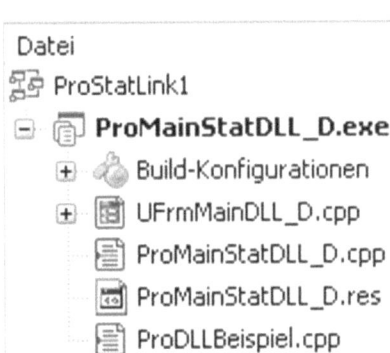

Abbildung 11.7: Programm ProMainStat_D nach der Änderung für den Testbetrieb

Schnittstelle-
ninfo ggf. aus
hpp-Header-
Datei neh-
men.

Eine andere, im allgemeinen Fall oft rascher zum Ziel führende Möglichkeit ist die Verwendung der C-/C++-Schnittstellendatei, die bei der Übersetzung eines Delphi-Moduls auf Wunsch mit erzeugt werden kann. In diesem Fall ist **UFrmMainDLL_D.cpp** wie folgt zu ändern:

```
#include "ProDLLBeispiel.hpp"
...
...
...
//__declspec (dllimport) double sina (double);
//__declspec (dllimport) double amult;
```

11.2.7. Trennung der Datenbereiche

Wenn zwei Hauptprogramme auf die selbe DLL zugreifen, so stellt die DLL jedem der beiden Hauptprogramme einen eigenen Datenbereich zur Verfügung. In unserem Beispiel heißt das, dass die Variable *amult* für jedes die DLL *ProDLLBeispiel* nutzende Programm an einem anderen Ort im Arbeitsspeicher untergebracht ist. Sie können dies leicht prüfen, in dem Sie das Programm *ProMainStatDLL* geringfügig modifizieren.

Fügen Sie eine weitere Schaltfläche hinzu, die Sie mit *BtnAktualisieren* bezeichnen und schreiben sie folgende Methode *BtnAktualisierenClick* für deren OnClick-Ereignis:

```
void __fastcall TForm1::BtnAktualisierenClick(TObject *Sender)
{
   LEda->Text = FloatToStr(amult);
}
```

Diese Methode bewirkt dass der aktuelle Wert von *amult* auf dem Formular *FrmMainDLL_Z* angezeigt wird.

Gehen Sie nun bitte folgendermaßen vor:

- Starten Sie zwei Instanzen von *ProMainStatDLL*. In beiden Instanzen wird amult = 1,57 und x = 1,0 angezeigt

Unterschiedli-
che Werte von
amult → für
die Program-
me existieren
getrennte Da-
tenbereiche.

- Setzen Sie in Instanz 1 *amult* auf 3,14 und betätigen Sie die Schaltfläche Rechnen. *x* erhält ungefähr den Wert 0.

- Betätigen Sie in Instanz 2 die Schaltfläche Aktualisieren. Der Wert von *amult* beträgt unverändert 1,57!

Damit ist nachgewiesen, dass für jedes Programm eine eigene Instanz von *amult* existiert, die Datenbereiche der DLLs also nach Programmen getrennt sind.

11.2.8. Dynamische Bindung

Die bisherige Aufgabenstellung wird beibehalten, jedoch wird die DLL erst zur Laufzeit hinzugebunden und gleichfalls zur Laufzeit wieder freigegeben.

11.2.8.1. Aufbau des Hauptprogramms (DLL-benutzendes Programm)

Das Programm ist ähnlich wie *ProMainStatDLL* aufgebaut. Es besitzt neben der Hauptprogrammdatei ein Formularmodul *UFormMainDLL_Dyn,* das im Kern denjenigen aus den Beispielen für die statische Bindung gleicht und einem Schnittstellenmodul *UDLLImp*, das die dynamische Anbindung der DLL und der von ihr bereit gestellten Schnittstelle vornimmt.

11.2.8.2. Aufbau des Schnittstellenmoduls UDLLImp

Das Schnittstellenmodul stellt eine Variable *amult* und eine Funktion *sina* zur Verfügung.

amult unterstützt den Zugriff auf die gleichnamige Variable in der DLL. *sina* kapselt den Zugriff auf die gleichnamige Funktionder DLL. Dabei enthält die Funktion im Schnittstellenmodul auch den Mechanismus für den dynamischen Zugriff auf die DLL .

Weiterhin werden die Datentypen *Tsina* und *Tamult* definiert, der einem Zeiger auf eine Funktion vom Typ double mit einer double Variablen als (Wert-) Übergabeparameter entspricht.

Funktion sina im Schnittstellenmodul

Kern des Schnittstellenmoduls ist die Funktion *sina*. In dieser Funktion gelten die folgenden lokalen Vereinbarungen:

- *Tsina* sina; sina* ist ein Zeiger auf eine Funktion vom Typ double mit einem Wertparameter vom Typ double. *sina* wird später die Adresse der Funktion *sina* in der DLL zugewiesen.

- *Tamult Pamult;Pamult* ist ein Zeiger auf eine Variable vom Typ *double.* *Pamult* wird später die Adresse der Variablen *amult* in der DLL zugewiesen.

- *double Erg; Erg* dient zur Zwischenspeicherung des Ergebnisses. Dieses wird ermittelt, solange die DLL geladen ist, aber erst nach deren Freigabe an die aufrufende Funktion übergeben.

Im Schnittstellenmodul übernimmt die Funktion *sina* die nachstehenden Aufgaben:

- Laden der DLL. Ein Handle *h* vom Typ HINSTANCE, das auf die DLL ProDLL-Beispiel verweist wirt instanziiert.

```
HINSTANCE h = LoadLibrary("ProDLLBeispiel.dll");
```
- Ermittlung der Adresse der Variablen *amult* in der DLL. Datentypumwandlung in den speziellen Typ ist erforderlich

```
Pamult = (Tamult)GetProcAddress(h, "_amult");
```
- Speicherung des im Dialog eingegebenen Werts von amult in der DLL.

```
*Pamult = amult;
```
- Ermittlung der Adresse der Variablen *sina* in der DLL.

```
sina = (Tsina*)GetProcAddress(h, "_sina");
```
- Berechnung von sina(x) in der DLL. Dabei wird auf den zuvor eingegebenen und in die DLL übertragenen Wert von amult zugegriffen.

```
Erg = sina(x);
```
- Freigeben der DLL.

```
FreeLibrary(h);
```
- Übergabe des Resultats ins aufrufende Programm.

```
return Erg;
```

Fehlerbehandlung

Beim dynamischen Binden von DLLs ist mit dem Auftreten verschiedener Fehler zu rechnen.

- Die Datei **ProDLLBeispiel.dll** existiert nicht.

  In diesem Fall hat das Instanz-Handle *h* den Wert 0. Alle Anweisungen, die voraussetzen, dass die DLL korrekt geladen wurde (z. B. `Pamult = (Tamult)Get-ProcAddress(h, "_amult");`) dürfen nur ausgeführt werden, wenn der Wert von *h* ungleich 0 ist.

- In der Datei **ProDLLBeispiel.dll** findet die Funktion `GetProcAddress` entweder die Variable `amult` oder die Funktion `sina` oder beide nicht.

  In einem solchen Fall gibt `GetProcAddress` einen Nullzeiger (`NULL`) zurück. Nur wenn kein Nullzeiger zurückgegeben wurde, darf auf die Elemente der DLL (hier `amult` und `sina`) zugegriffen werden.

11.2.8.3. ProgrammCode für die Dynamische Einbindung von DLLs

Importdatei

Schnittstellendatei UDLLImp.h

```
//-------------------------------------------------------------------------

#ifndef UDLLImpH
#define UDLLImpH
//-------------------------------------------------------------------------

//Definiert die Schnittstelle der Import-unit.

typedef double Tsina(double); //Funktionstyp.
extern double sina(double); //Funktionsvariable
typedef double* Tamult;
extern double amult;
#endif
//-------------------------------------------------------------------------
```

Implementationsdatei UDLLImp.cpp

```
//-------------------------------------------------------------------------

#include <vcl.h>
#pragma hdrstop

#include "UDLLImp.h"

double amult;

double sina(double x)
{
  Tsina* sina; //Variable des Funktionszeiger-Typs erstellen.
  Tamult Pamult;
  double Erg;
//DLL, die die Funktion sina enthält dynamisch laden.
  HINSTANCE h = LoadLibrary("ProDLLBeispiel.dll"); //DLL laden.
//Verbindung zur Variablen in der DLL herstellen
  if (h != 0)
//Verbindung zur DLL existiert
  {
//Adresse der Variablen in der DLL ermitteln
    Pamult = (Tamult)GetProcAddress(h, "_amult");
//amult und unten auch sina müssen mit vorangestelltem Unterstrich gesucht
//werden. Dies ist notwendig da die DLL-Funktion / - Variable mit extern
"C"
//deklariert wurde. Wäre das extern "C" weggelassen worden, so müßte man
//nach "@amult$qii" suchen.
  }
  if (Pamult != NULL)
//Variable amult in der DLL vorhanden
  {
    *Pamult = amult;
```

```
   }
//Funktionszeigervariable setzen
        if (h != 0)
     sina = (Tsina*)GetProcAddress(h, "_sina"); //Funktionszeiger setzen.
//DLL löschen
   if (sina != NULL)
      Erg = sina(x);
   FreeLibrary(h); //DLL freigeben.
   return Erg;
}
//------------------------------------------------------------------------
```

11.3. Auch das geht: DLLs und VCL

Es gibt durchaus die Möglichkeit, ganze VCL-basierte Formulare in einer DLL zu verpacken.

11.3.1. Aufgabenstellung

11.3.1.1. Realisierung eines Formulars mittels einer DLL

Ihre Aufgabe besteht darin, eine Formularklasse innerhalb einer DLL zu realisieren. Mittels dieser Klasse soll es möglich sein, zwei Gleitkommazahlen einzugeben und auf diese die 4 Grundrechenarten anzuwenden.

Die DLL soll die Rechenergebnisse den anderen, sie nutzenden Programmeinheiten verfügbar machen. Für den Fall der Division gilt, dass diese nur ausgeführt werden darf, wenn der Nenner größer als ein anwendungsspezifischer sehr kleiner Betrag ist. Dieser wird hier mit 10^{-10} angenommen. Wenn diese Grenze unterschritten wird, wird als Ergebnis -999 übergeben und auf dem in der DLL implementierten Formular erscheint ein Hinweistext. Diese einfache Fehlerbehandlung reicht zwar für die Prinzipdarstellung, muss aber natürlich in professionellen Anwendungen noch ausgebaut werden.

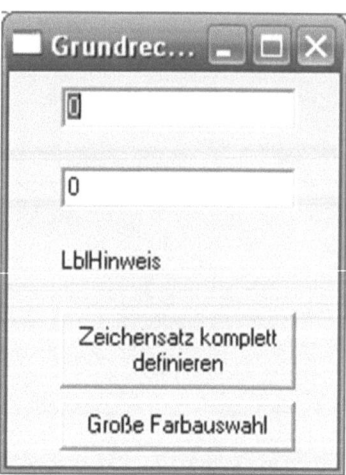

Abbildung 11.8: Das in der DLL realisierte Formular

Mittels zweier Schaltflächen soll der in den Dialogelementen verwendete Zeichensatz freizügig geändert werden können. Eine Schaltfläche dient dabei der Auswahl des Zeichensatzes und der Einstellung der Parameter (Größe, Schriftattribute, elementare Farbwahl...), die andere Schaltfläche soll die freie Farbwahl ermöglichen.

11.3.1.2. Hauptprogramm ProDLLVCL

Die Bedienoberfläche des Hauptprogramms *ProDLLVCL* (Abbildung 11.9) besitzt je eine Schaltfläche zum Öffnen und Schließen des in der DLL implementierten Formulars. Weitere vier Schaltflächen dienen dazu, die vier Grundrechenarten auf die beiden Eingabewerte im DLL-Formular (Abbildung 11.8) anzuwenden. Diese Schaltflächen dürfen nur aktiv sein, wenn das Formular in der DLL geöffnet ist, da nur in diesem Fall die Operationen ausgeführt werden können.

11.3.2. Lösungsweg

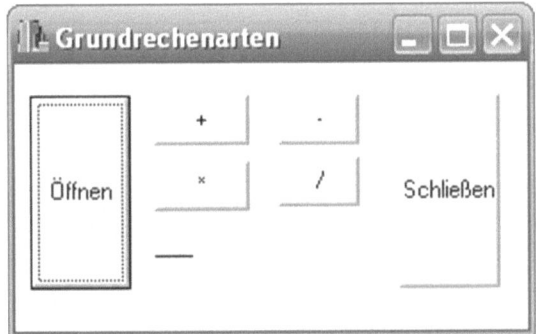

Abbildung 11.9: Bedienoberfläche des Hauptprogramms zur Nutzung der Rechenfunktionen und Anzeige der Ergebnisse

11.3.2.1. Die DLL VCLFormDLL zur Realisierung des Formulars

Das DLL-Projekt

Legen Sie wie schon in den vorangegangenen Beispielen ein DLL-Projekt an. Gemäß Abbildung 11.4 auf Seite 140 müssen Sie bei der Festlegung des Projekttyps VCL verwenden markieren. VCL-Verwendung ist nur im Zusammenhang mit dem Quelltyp C++ möglich. In diesem Fall ist außerdem auch Multi-Threads zu markieren.

VCL bedingt C++ und Multi-Threads (s.a. S. 140).

Die Hauptdatei der DLL

Die Hauptdatei der DLL enthält

- die Hauptfunktion der DLL.

- die Schnittstellenmethoden der DLL und die Exportschnittstellen.

Die Hauptfunktion der DLL wird beim Anlegen des Projekts automatisch generiert. Die Schnittstellenfunktionen hingegen müssen Sie individuell erstellen. Im wesentlichen wird die DLL so strukturiert dass eine Schnittstellenfunktion mit einer möglichst gleichnamigen Methode der Formularklasse korrespondiert. Beim Öffnen und Schließen wird von dieser Regel geringfügig abgewichen, da einerseits die Methodenbezeicher *Show* und *Close* bereits vergeben sind und andererseits über den einfachen Methodenaufruf hinaus auch die Konstruktion und Destruktion der Formularklasse *VCLForm* vorzunehmen ist (*new* bzw. *delete*). Für die Grundrechenarten Definieren Sie demnach die Funktionen Addieren, Subtrahieren, Multiplizieren und Dividieren vom Typ *double*. Für das Öffnen mit Anzeigen und das Schließen entstehen die Funktionen *FormShow* und *FormCreate* vom Typ *void*. Die Exportschnittstelle der DLL wird der Einfachheit halber direkt in den Funktionskopf integriert, wie es nachstehend für die Funktion Addieren dargestellt ist.

```
__declspec(dllexport) double Addieren ()
```

Die Formularunit UVCLForm in der DLL VCLFormDLL

Legen Sie gemäß 11.3.1.1 ein Formular mit zwei Textfeldern (*EdWert1* und *EdWert2*), zwei Schaltflächen (*BtnFont* und *BtnFarbe*) und einem Beschriftungsfeld (*LblHinweis*) an. Weiterhin benötigen Sie zwei Dialogklassen. Die Klasse *TFontDialog* unterstützt die Festlegung der Eigenschaften des Zeichensatzes, wobei allerdings nur 16 Farben zur Wahl stehen. Die Klasse *TColorDialog* unterstützt die Auswahl aus 2^{24} (gut 16 Millionen) Farben.

Das Klicken auf die Schaltfläche *BtnFont* startet die Methode *BtnFont* und öffnet den Dialog für die Definition des Zeichensatzes. Beim Schließen des Zeichensatzdialogs mit OK werden die eingegebenen Daten in die Zeichensatz-Eigenschaft von *EdWert1*, *EdWert2* und *LbLHinweis* übernommen. Schließen mit Abbruch oder ☒ läßt die Zeichensatzeigenschaft unverändert.

In ähnlicher Weise startet das Klicken auf die Schaltfläche *BtnFarbe* die Methode *BtnFarbe* und öffnet den Dialog für die Definition der Farbe des Zeichensatzes.

Sehen Sie außerdem vier öffentliche Methoden für die Implementation der vier Grundrechenarten vor. Addition, Subtraktion und Multiplikation fordern dabei keinerlei Besonderheiten, lediglich bei der Division müssen Sie die in 11.3.3.1 geforderte Sonderbehandlung für den Fall eines sehr kleinen Divisors vorsehen.

11.3.2.2. Hauptprogramm

Hauptformular

Das Hauptformular entwickeln Sie nach der Vorlage von Abbildung 11.12. Für jede der sechs Schaltflächen besitzt er eine „Klick-Methode". Im Falle der Grundrechenarten wird die jeweilige Schnittstellenfunktion der DLL aufgerufen. Das Ergebnis wird an die Eigenschaft *Caption* des Beschriftungsfelds *LblResultat* zugewiesen. Zur Formatierung kommt dabei die aus Teil 1 bekannte Funktion *FloatToStr* zum Einsatz.

Die Schaltflächen für die Grundrechenarten sollen passiv sein, wenn das Formular *VCLForm* nicht geöffnet ist. Zu diesem Zweck setzen Sie die Eigenschafft *Enabled* dieser Schaltflächen anfänglich auf *false*. In der Methode *OeffnenClick* können sie dann auf *true* und in der Methode *SchliessenClick* wieder auf *false* gesetzt werden.

11.3.3. Programmcode: Verwendung von VCL-Komponenten in DLLs

11.3.3.1. DLL VCLFormDLL.dll

Hauptdatei DLLVCLMain.cpp

```
//---------------------------------------------------------------------
#include <vcl.h>
#include <windows.h>
#include "UVCLForm.h""
#pragma hdrstop
//---------------------------------------------------------------------
//   Wichtiger Hinweis über die DLL-Speicherverwaltung, falls die DLL die
statische
//   Version der Laufzeitbibliothek (RTL) verwendet:
//
//......................
//......................
//---------------------------------------------------------------------

#pragma argsused
int WINAPI DllEntryPoint(HINSTANCE hinst, unsigned long reason, void*
lpReserved)
{
        return 1;
}
//---------------------------------------------------------------------
__declspec(dllexport) void FormShow(TComponent* Owner)
{
  VCLForm = new TVCLForm(Owner);
  VCLForm->Show();
}
//---------------------------------------------------------------------
__declspec(dllexport) void FormClose(TComponent* Owner)
{
  VCLForm->Close();
  delete VCLForm; //auf jedes new muss ein delete kommen
}
//---------------------------------------------------------------------
__declspec(dllexport) double Addieren ()
```

```
{
        return VCLForm->Addieren();
}
//----------------------------------------------------------------
__declspec(dllexport) double Subtrahieren ()
{
        return VCLForm->Subtrahieren();
}
//----------------------------------------------------------------
__declspec(dllexport) double Multiplizieren ()
{
        return VCLForm->Multiplizieren();
}
//----------------------------------------------------------------
__declspec(dllexport) double Dividieren ()
{
        return VCLForm->Dividieren();
}
```

Formular VCLForm

Schnittstellendatei für den Formularmodul UVCLForm.h

```
//----------------------------------------------------------------
#ifndef UVCLFormH
#define UVCLFormH
//----------------------------------------------------------------
#include <Classes.hpp>
#include <Controls.hpp>
#include <StdCtrls.hpp>
#include <Forms.hpp>
#include <Dialogs.hpp>
//----------------------------------------------------------------
class TDLLForm : public TForm
{
   __published: // Von der IDE verwaltete Komponenten
      TEdit *EdWert1;
      TLabel *LblHinweis;
      TEdit *EdWert2;
      TButton *BtnArt;
      TFontDialog *FontDialog;
      TButton *BtnFarbe;
      TColorDialog *ColorDialog;
      void __fastcall BtnArtClick(TObject *Sender);
      void __fastcall BtnFarbeClick(TObject *Sender);
   private:      // Anwender-Deklarationen
   public:                  // Anwender-Deklarationen
      double Addieren();
      double Subtrahieren();
      double Multiplizieren();
      double Dividieren();
      __fastcall TDLLForm(TComponent* Owner);
};
//----------------------------------------------------------------
extern PACKAGE TDLLForm *DLLForm;
//----------------------------------------------------------------
#endif
```

Implementationsdatei für den Formularmodul UVCLForm.cpp

```cpp
//-------------------------------------------------------------------------

#include <vcl.h>
#include <Sysutils.hpp>
#include <math.h> wg. fabs
#pragma hdrstop

#include "UVCLForm.h"
//-------------------------------------------------------------------------
#pragma package(smart_init)
#pragma resource "*.dfm"
TVCLForm *VCLForm;   //Ort ganz wichtig
//-------------------------------------------------------------------------
__fastcall TVCLForm::TVCLForm(TComponent* Owner)
        : TForm(Owner)
{
}
//-------------------------------------------------------------------------
double TVCLForm::Addieren()
{
  return (StrToFloat (EdWert1->Text)+StrToFloat (EdWert2->Text));
}
//-------------------------------------------------------------------------
double TVCLForm::Subtrahieren()
{
  return (StrToFloat (EdWert1->Text)-StrToFloat (EdWert2->Text));
}
//-------------------------------------------------------------------------
double TVCLForm::Multiplizieren()
{
  return (StrToFloat (EdWert1->Text)*StrToFloat (EdWert2->Text));
}
//-------------------------------------------------------------------------
double TVCLForm::Dividieren()
{
  if (fabs(StrToFloat (EdWert2->Text)>1e-10))
  {
    return (StrToFloat (EdWert1->Text)/StrToFloat (EdWert2->Text));
  }
  else
  {
    LblHinweis->Caption =
      "Division durch extrem kleine Werte (ca. 0) ist nicht zulässig";
    return -999;
  }
}
//-------------------------------------------------------------------------
void __fastcall TVCLForm::BtnArtClick(TObject *Sender)
{
  if (FontDialog->Execute())
  {
//Schriftart und -größe festlegen
    TFont * AuxFont =  new TFont;
    AuxFont = FontDialog->Font;
    EdWert1->Font = AuxFont;
```

```
    EdWert2->Font = AuxFont;
    LblHinweis->Font = AuxFont;
  }
}
//--------------------------------------------------------------

void __fastcall TVCLForm::BtnFarbeClick(TObject *Sender)
{
  if (ColorDialog->Execute())
  {
//Schriftfarbe festlegen
    TColor AuxColor =  ColorDialog->Color;
    EdWert1->Font->Color = AuxColor;
    EdWert2->Font->Color = AuxColor;
    LblHinweis->Font->Color = AuxColor;
  }
}
//--------------------------------------------------------------
```

11.3.3.2. Hauptprogramm

Hauptformular MainDLLVCL

Schnittstellendatei UMainDLLVCL.h für das Hauptformular

```
//--------------------------------------------------------------

#ifndef UMainDLLVCLH
#define UMainDLLVCLH
//--------------------------------------------------------------
#include <Classes.hpp>
#include <Controls.hpp>
#include <StdCtrls.hpp>
#include <Forms.hpp>
//--------------------------------------------------------------
class TForm1 : public TForm
{
__published:    // Von der IDE verwaltete Komponenten
  TButton *BtnDiv;
  TButton *BtnMult;
  TButton *BtnSub;
  TButton *BtnAdd;
  TLabel *LblResultat;
  TButton *BtnClose;
  TButton *BtnOeffnen;
  void __fastcall BtnAddClick(TObject *Sender);
  void __fastcall BtnSubClick(TObject *Sender);
  void __fastcall BtnDivClick(TObject *Sender);
  void __fastcall BtnMultClick(TObject *Sender);
  void __fastcall BtnOeffnenClick(TObject *Sender);
  void __fastcall BtnCloseClick(TObject *Sender);
private:         // Anwender-Deklarationen
public:          // Anwender-Deklarationen
      __fastcall TForm1(TComponent* Owner);
};
//--------------------------------------------------------------
```

```
extern PACKAGE TForm1 *Form1;
//---------------------------------------------------------------------

__declspec(dllimport) void FormShow(TComponent* Owner);
__declspec(dllimport) void FormClose(TComponent* Owner);
__declspec(dllimport) double Addieren ();
__declspec(dllimport) double Subtrahieren ();
__declspec(dllimport) double Multiplizieren ();
__declspec(dllimport) double Dividieren ();

#endif
```

Implementationsdatei UMainDLLVCL.cpp für das Hauptformular

```
//---------------------------------------------------------------------

#include <vcl.h>
#pragma hdrstop

#include "UMainDLLVCL.h"
//---------------------------------------------------------------------
#pragma package(smart_init)
#pragma resource "*.dfm"
TForm1 *Form1;
//---------------------------------------------------------------------
__fastcall TForm1::TForm1(TComponent* Owner)
      : TForm(Owner)
{
}
//---------------------------------------------------------------------
void __fastcall TForm1::BtnAddClick(TObject *Sender)
{
  LblResultat->Caption = FloatToStr (Addieren());
}
//---------------------------------------------------------------------
void __fastcall TForm1::BtnSubClick(TObject *Sender)
{
  LblResultat->Caption = FloatToStr (Subtrahieren());
}
//---------------------------------------------------------------------

void __fastcall TForm1::BtnMultClick(TObject *Sender)
{
  LblResultat->Caption = FloatToStr (Multiplizieren());
}
//---------------------------------------------------------------------
void __fastcall TForm1::BtnDivClick(TObject *Sender)
{
  LblResultat->Caption = FloatToStr (Dividieren());
}
//---------------------------------------------------------------------
void __fastcall TForm1::BtnOeffnenClick(TObject *Sender)
{
  FormShow((TComponent*)Sender);
  BtnAdd->Enabled = true;
  BtnSub->Enabled = true;
  BtnMult->Enabled = true;
```

```
  BtnDiv->Enabled = true;
}
//-----------------------------------------------------------------
void __fastcall TFrmMainDLLVCL::BtnSchliessenClick(TObject *Sender)
{
  BtnAdd->Enabled = false;
  BtnSub->Enabled = false;
  BtnMult->Enabled = false;
  BtnDiv->Enabled = false;
  FormClose((TComponent*)Sender);
}
//-----------------------------------------------------------------
```

11.4. Noch ein Beispiel: DLL mit Objektschnittstelle

DLLs können nicht nur einfache Schnittstellen (Interfaces) also Funktionen und Variable implementieren, sondern auch Klassen. Das allerdings erfordert einige Vorbereitungsmaßnahmen und unkonventionelle „Kniffe". Ich beschränke mich hier darauf, das Vorgehen als „Rezept" darzustellen. Etwas tiefer gehende Informationen finden Sie in [FIDLL].

11.4.1. Aufgabenstellung

Erstellen Sie ein Programm, das bei Vorgabe von Bruttobetrag und Art des Mehrwertsteuersatzes (allgemein oder ermäßigt) den Nettowarenwert ermittelt. Für die Behandlung der gesamten Mehrwertsteuerproblematik soll eine Klasse TMWSt entwickelt werden, die

• Zwei Mehrwertsteuersätze aufnimmt (es gibt den allgemeinen und für bestimmte Waren den reduzierten Mehrwertsteuersatz).

• Das Setzen der Mehrwertsteuersätze in ganzzahligen Prozentwerten ermöglicht.

• Bei Vorgabe der Kennung für den Mehrwertsteuersatz und eines Bruttobetrags den Nettowarenwert ermittelt. Die Wertangabe soll automatisch in der jeweiligen Landeswährung erfolgen.

11.4.2. Lösung

Grundsätzlich muss die (abstrakte) Basisklasse derjenigen Klasse, die Sie in der DLL implementieren im Hauptprogramm bekannt sein. Ebenso muss in dieser Basisklasse die Schnittstelle (öffentliche Attribute und Methoden) voll bekannt sein. Wenn Sie die Klasse für die DLL ausarbeiten, können Sie aber durchaus noch Interna der jeweiligen Methoden gestalten.

11.4.2.1. Basisklasse TMWSt0

Gemäß obiger Vorgaben entwickeln Sie eine Klasse *TMWSt0*. Diese besitzt die öffentlichen rein virtuellen Methoden

```
virtual void virtual SetMWStSatz (const int Satz, const int Prozent)= 0;
```

und

```
virtual Currency CalcNetto (const int Satz, const Currency Wert)=0.
```

Diese Methoden werden zwar definiert, aber nur als leere Methoden implementiert.

Die Methode *CalcNetto* ist vom Typ Currency. Currency ist eine Klasse zur Aufnahme von Währungswerten. Sie besitzt eine Eigenschaft *Val* vom Typ *int64* die den Geldbetrag repräsentiert. *Val* enthält den Betrag im 10000-fachen der durch die Ländereinstellung des Rechners vorgegebenen Währungseinheit (€ in Deutschland, $ in den USA usw.). Besitzt *Val* intern den Wert 15000 so entspricht das 1,50€.

TMWSt0 wird in der Unit *UObjUnit* (Dateien **UObjUnit.cpp** und **UObjUnit.h**) implementiert. Wobei **UObjUnit.cpp** hier lediglich aus Gründen der Systematik[20] aufgeführt wird. Tatsächlich ist diese Datei funktionslos und damit verzichtbar. **UObjUnit.h** muss sowohl in die DLL als auch in das Hauptprogramm eingebunden werden.

11.4.2.2. DLL ProDLLObjBeispiel

Klasse TMWSt zur Mehrwertsteuerbehandlung

In der DLL wird eine Klasse *TMWSt* implementiert, die auf der oben beschriebenen Klasse *TMWSt0* aufbaut. *TMWSt* besitzt – was die Bezeichner angeht - dieselben öffentlichen Methoden wie *TMWSt0*. Allerdings ist deren Implementation nicht identisch. Während die Methoden von *TMWSt0* leer sind, sind die von *TMWSt* wie in 11.4.1beschrieben ausgearbeitet.

TMWSt besitzt außerdem das private Attribut *MWStSatz*. Dies ist ein aus zwei Integer-Werten bestehendes Array. Auf dessen Position 0 steht der Prozentsatz für den allgemeinen, auf Position 1 der für den ermäßigten Mehrwertsteuersatz.

Konstruktorfunktion CreateMWStInstanz

TMWSt ist im Hauptprogramm nicht bekannt. Deswegen wird eine Konstruktorfunktion *CreateMWStInstanz* geschaffen, die ein Element der Klasse *TMWSt* anlegt. In den Kopf dieser Funktion werden gleichzeitig die Informationen für die Exports-

---

20 Eine Klasse sollte in der Regel in einer Unit *Ua* definiert werden. Dabei sollte die Schnittstellendefinition in **Ua.h** und die Implementation der Methoden in **Ua.cpp** erfolgen.

chnittstelle integriert. Was bei Import und Nutzung dieser Funktion zu beachten ist, geht aus 11.4.3 hervor.

11.4.2.3. Hauptprogramm ProMainObjDLL

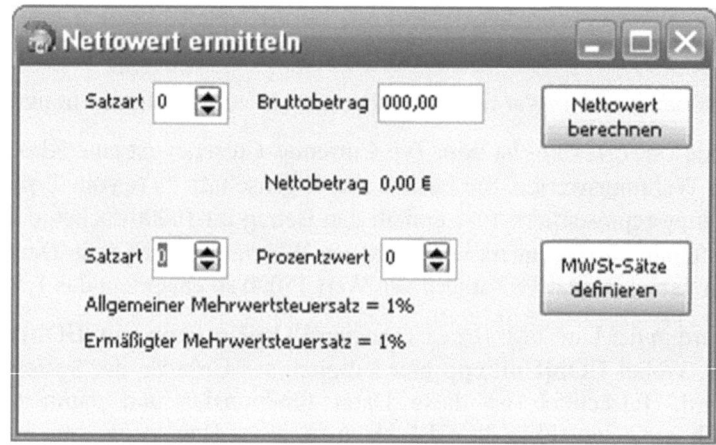

Abbildung 11.10: Hauptformular FrmMainObjDLL

Importschnittstelle

Die Imports-chnittstelle wird aus der Exportschnitt-stelle herge-leitet

Die Importschnittstelle wird weitgehend dadurch erzeugt, dass man die Exports-chnittstelle aus der DLL in die Datei des Hauptformulars kopiert. Dann ändert man `dllexport` in `dllimport` und den Typenbezeichner von `TMWSt` in `TMWSt0`. Während die erste Änderung sofort einleuchtet, wirft die zweite vielleicht Fragen auf.

Der Typ muss von `TMWSt` in `TMWSt0` geändert werden weil `TMWSt` in der Unit *UFrmMainObjDLL* nicht bekannt ist. Stattdessen wird der Typ der Basisklasse - nämlich `TMWSt0` - eingesetzt. Beim Aufruf von *CreateMWStInstanz* wird eine Klasse vom Typ `TMWSt` angelegt. Nach Ausführen der Anweisung

```
mwst = CreateMWStInstanz();
```

zeigt *mwst* also auf eine Instanz des von `TMWSt0` abgeleiteten Typs `TMWSt`. Das ist nach den Regeln der Polymorphie zulässig. Da die Methoden von `TMWSt0` virtuell sind, werden diese überschrieben. Rufen Sie `mwst->CalcNetto` auf, so wird trotz der Vereinbarung `TMWSt0 *mwst` die Methode *CalcNetto* der Klasse `TMWSt` ausgeführt.

Bitte beachten Sie folgendes:

Sie legen auf diese Weise eine Instanz der Klasse `TMWSt` an und führen deren Methoden aus. Sie dürfen aber nur solche Methoden nutzen, die sowohl in `TMWSt` als auch in `TMWSt0` vorhanden sind.

Hauptformular FrmMainObjDLL

Abbildung 11.10 zeigt die Bedienoberfläche des Programms *ProMainObjDLL*. Für die Eingabe der Mehrwertsteuersatzart (0 = Allgemeiner Satz, 1 = Ermäßigter Satz) sind zwei Drehfelder vom Typ `TSpinEdit` vorgesehen. Deren Eigenschaften wurden mit `Min = 0` und `Max = 1` so gewählt, dass nur die beiden zulässigen Steuersätze vorgegeben werden können.

Ein weiteres Drehfeld dient der Festlegung des jeweiligen Mehrwertsteuersatzes.

Weiterhin werden

- der Nettobetrag,

- der allgemeine Mehrwertsteuersatz und

- der ermäßigte Mehrwertsteuersatz

in Beschriftungsfeldern angezeigt.

Textfeld vom Typ TMaskEdit zur Eingabe des Bruttobetrags

Der Bruttobetrag wird in ein Textfeld vom Typ `TMaskEdit` eingegeben. Ergänzend zum Typ `TEdit` können hier die zulässigen Eingabezeichenfolgen mittels einer Eingabemaske festgelegt werden. Die Maske wird in der Eigenschaft EditMask (Typ `TEditMask` von `TMaskEdit`) vorgegeben. In unserem Fall gibt die Maske (99999;1) vor, dass der Preis durch 5 Ziffern ohne Komma eingegeben wird. Die beiden zuletzt eingegebenen Ziffern stehen dabei für den Centbetrag (Nachkommastellen).

Methoden der Klasse FrmMainObjDLL

Im Konstruktor wird eine Instanz der Mehrwetsteuerklasse geschaffen. Weiterhin wird ein Bruttobetrag definiert und im Textfeld *MEdBrutto* angezeigt, sowie der zugehörige Nettobetrag ermittelt

Durch Betätigung zweier Schaltflächen (*BtnMWStDef* und *BtnNettoRech*) ist die Übernahme der Mehrwertsteuersätze und die Berechnung des Nettowarenwerts möglich. Die entsprechenden Methoden sind *BtnMWStDefClick* und *BtnNettoRechClick*

11.4.3. Programmcode: DLL zur Kapselung von Klassen

11.4.3.1. Basisklasse TMWSt0

Schnittstellendatei

```
//----------------------------------------------------------------
#ifndef UObjUnitH
#define UObjUnitH
#include <SysUtils.hpp>

class TMWSt0 : public TObject
{
  public:
    virtual void SetMWStSatz (const int Satz, const int Prozent)=0;
    virtual Currency CalcNetto (const int Satz, const Currency Wert)=0;
};
//----------------------------------------------------------------
#endif
```

Implementationsdatei

Wie oben bereits beschrieben ist die Implemenationsdatei funktionslos, sie besteht lediglich aus automatisch generierten Steuer- und Kommentarzeilen.

```
//----------------------------------------------------------------
#pragma hdrstop
#include "UObjUnit.h"
//----------------------------------------------------------------
#pragma package(smart_init)
```

11.4.3.2. DLL ProDLLObjBeispiel

```
//----------------------------------------------------------------
#include <vcl.h>
#include <windows.h>
#include "UObjUnit.h"
#pragma hdrstop
//----------------------------------------------------------------
// Wichtiger Hinweis zur DLL-Speicherverwaltung, falls die DLL die
statische
//.............................
//.............................
//----------------------------------------------------------------

#pragma argsused

int WINAPI DllEntryPoint(HINSTANCE hinst, unsigned long reason,
                                                    void* lpReserved)
{
  return 1;
}

class TMWSt : public TMWSt0
{
```

```
  private:
    int  MWStSatz[2];
  public:
    void SetMWStSatz (const int Satz, const int Prozent);
    Currency CalcNetto (const int Satz, const Currency Wert);

};

void TMWSt:: SetMWStSatz (const int Satz, const int Prozent)
{
  MWStSatz[Satz] = Prozent;
}

Currency TMWSt:: CalcNetto (int Satz, const Currency Wert)
{
  return Wert /(1+(double)MWStSatz[Satz]/100);
}

//Die Exportschnittstelle wurde in die Funktionsvereinbarung integriert
__declspec(dllexport) TMWSt* __stdcall CreateMWStInstanz()
{
  return new TMWSt;
}

//-------------------------------------------------------------------
```

11.4.3.3. Hauptprogramm ProMainObjDLL

Die Datei des Hauptprogramms *ProMainObjDLL* weist keine Besonderheiten auf. Deshalb wird auf eine Darstellung hier verzichtet.

11.4.3.4. Hauptformular FrmMainObjDLL

Schnittstellendatei UFrmMainObjDLL.h

```
//-------------------------------------------------------------------

#ifndef UFrmMainObjDLLH
#define UFrmMainObjDLLH
//-------------------------------------------------------------------
#include <Classes.hpp>
#include <Controls.hpp>
#include <StdCtrls.hpp>
#include <Forms.hpp>
#include <ExtCtrls.hpp>
#include "Spin.hpp"
#include <Mask.hpp>
#include "UObjUnit.h"
//-------------------------------------------------------------------
class TFrmMainObjDLL : public TForm
{
__published:   // IDE-verwaltete Komponenten
  TLabel *LblTxtSatzA;
  TSpinEdit *SpESatzA;
  TLabel *LblTxtProzent;
```

```
  TButton *BtnMWStDef;
  TLabel *LblTxtSatzB;
  TSpinEdit *SpESatzB;
  TLabel *LblTxtBrutto;
  TButton *BtnNettoRech;
  TMaskEdit *MEdBrutto;
  TLabel *LblNetto;
  TLabel *LblTxtNetto;
  TSpinEdit *SpEProzent;
  TLabel *LblErm;
  TLabel *LblAllg;
  void __fastcall BtnMWStDefClick(TObject *Sender);
  void __fastcall BtnNettoRechClick(TObject *Sender);
private:        // Benutzer Deklarationen
  TMWSt0* mwst;
public:         // Benutzer Deklarationen
        __fastcall TFrmMainObjDLL(TComponent* Owner);
};
//---------------------------------------------------------------
extern PACKAGE TFrmMainObjDLL *FrmMainObjDLL;
//---------------------------------------------------------------
__declspec(dllimport) TMWSt0* __stdcall CreateMWStInstanz();
#endif
```

Implementationsdateidatei UFrmMainObjDLL.h

```
//---------------------------------------------------------------

#include <vcl.h>
#include <SysUtils.hpp>
//#include "UObjUnit.h"
#pragma hdrstop

#include "UFrmMainObjDLL.h"

//---------------------------------------------------------------
#pragma package(smart_init)
#pragma link "Spin"
#pragma resource "*.dfm"

//TMWSt0* __declspec(dllimport) __stdcall CreateMWStInstanz();

TFrmMainObjDLL *FrmMainObjDLL;
//---------------------------------------------------------------
__fastcall TFrmMainObjDLL::TFrmMainObjDLL(TComponent* Owner)
        : TForm(Owner)
{
  mwst = CreateMWStInstanz();
  MEdBrutto->Text = "000,00";
  LblNetto->Caption =
    CurrToStrF
        (mwst->CalcNetto(SpESatzB->Value, StrToCurr (MEdBrutto->Text))
                ,ffCurrency,2);
}
//---------------------------------------------------------------
```

```
void __fastcall TFrmMainObjDLL::BtnMWStDefClick(TObject *Sender)
{
  mwst->SetMWStSatz(SpESatzA->Value, SpEProzent->Value);
  switch (SpESatzA->Value)
  {
    case 0:
      LblAllg->Caption = "Allgemeiner Mehrwertsteuersatz =" +
                         IntToStr(SpEProzent->Value)+"%";
      break;
    case 1:
      LblErm->Caption = "Ermäßigter Mehrwertsteuersatz =" +
                         IntToStr(SpEProzent->Value)+"%";
      break;
    default:
      ;
  }

}
//----------------------------------------------------------------------
void __fastcall TFrmMainObjDLL::BtnNettoRechClick(TObject *Sender)
{
  LblNetto->Caption =
      CurrToStrF
        (mwst->CalcNetto(SpESatzB->Value, StrToCurr (MEdBrutto->Text))
             ,ffCurrency,2);

}
//----------------------------------------------------------------------
```

11.5. Zugang zu fremden Sprachwelten: Verwendung von Delphi-DLLs in C++Builder-Programmen

Vielfach liegen für die Aufgabe, die Sie mit dem C++Builder lösen sollen, schon Lösungen in anderen Programmiersprachen vor. So sind z. B. Delphi-Programmierer deutlich zahlreicher und aktiver im Internet vertreten als die Anwender des C++Builders. Das bedeutet, dass dort leicht zugänglich sehr viele Delphi-Lösungen präsentiert werden, während man nach deren C++Builder-Entsprechung oft vergeblich sucht.

Sie finden deutlich mehr Lösungen mit Delphi- als mit C+Builder-basierten DLLs

Während C++Builder und Delphi dem selben Programmierparadigma folgen, gibt es für die DLL-Anbindung anderer Programmiersprachen noch weitere Argumente. Prolog z. B. erlaubt es, viele Anwendungen aus dem Bereich der Künstlichen Intelligenz mit wesentlich weniger Aufwand zu programmieren, als das mit dem C++Builder oder Delphi der Fall ist. So können Sie ggf. innerhalb einer Gesamtanwendung jede Teilaufgabe mit der dafür besonders geeigneten Programmiersprache lösen.

Im nachstehenden Beispiel wird gezeigt, wie eine Delphi-VCL-DLL mit einem C++-Builder-Programm verbunden wird. Auf die Verbindung C++Builder - Prolog wird in einem Folgeband eingegangen.

11.5.1. Aufgabenstellung

Diese Beispiel wurde mit freundlicher Genehmigung des Steinbeis-Transferzentrums Software- und Systemtechnik, 73447 Oberkochen aus dem Programm CineVid, einer kommerziellen Anwendung für den Film-Video-Transfer übernommen.

Im Hauptprogramm werden zwei Bilder dargestellt. Ein Original und dessen Kopie (Abbildung 11.11).

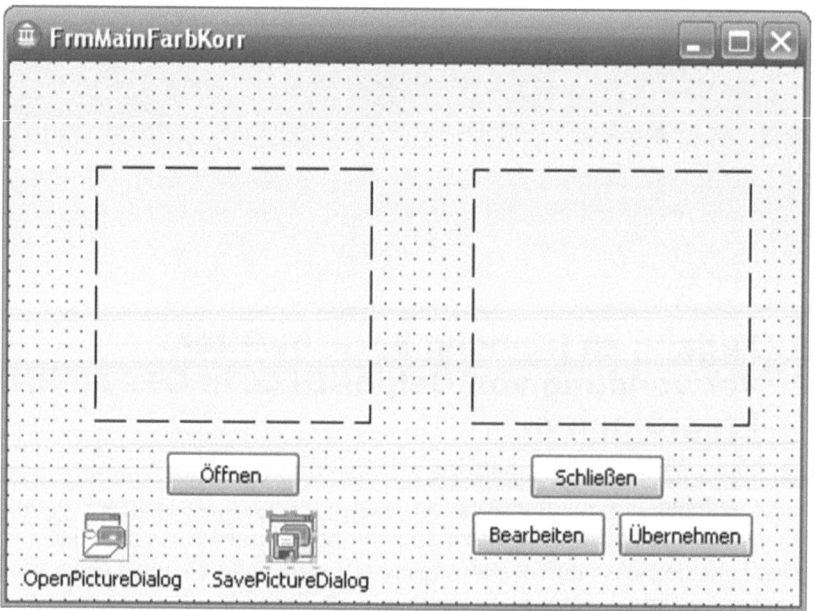

Abbildung 11.11: Bedienoberfläche des Testprogramms für die Bildbearbeitung

Das Original wird mittels eines Dateiauswahldialogs geladen. Unmittelbar nach dem Laden wird davon eine Mittels der Methode *Assign* eine Kopie erstellt. Während des gesamten Rechenprozesses bleibt das Original unverändert.

Die Kopie kann mittels eines Dialogformulars, das die DLL zur Verfügung stellt (Abbildung 11.12) verändert werden. Die Betätigung der Schaltfläche Default versetzt

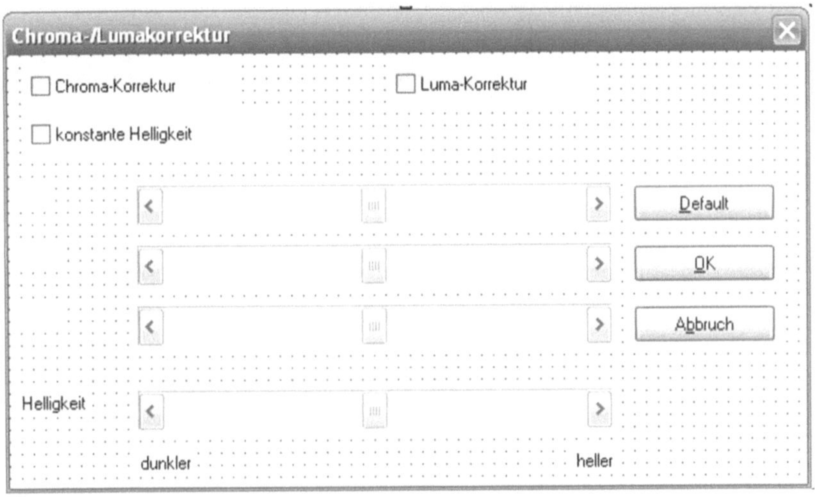

Abbildung 11.12: Bedienoberfläche der DLL für die Helligkeits- und Farbkorrektur.

die Kopie in den Ausgangszustand. Die Schaltfläche OK schließt das Formular und führt zur Übergabe der maßgeblichen Werte an das Hauptprogramm.

Das resultierende Bild wird durch Betätigung der Schaltfläche Sichern in einer per Dialog vorgegebenen Datei abgespeichert.

11.5.2. Lösungsweg

11.5.2.1. Funktion

Die Bedienoberfläche des Hauptprogramms ist in (Abbildung 11.11) dargestellt. Die DLL stellt zur Manipulation des Bildes die folgende Schnittstelle zur Verfügung[21]:

```
extern "C" __declspec (dllimport) bool __stdcall chrom_lum_execute
    (int *kfak, Extctrls::TImage* aOriginal,
                          Extctrls::TImage* aBearbeitet);
```

Nach dem Aufruf der Funktion *chrom_lum_execute* erscheint das Dialogformular der DLL (Abbildung 11.12) mittels dessen Sie Helligkeit und Farbe des Originalbilds beeinflussen können. In der Methode *Farbwerte_korrigieren* der DLL wird die Auswirkung der Einstellung errechnet und im Hauptformular unmittelbar angezeigt. Dabei wird direkt auf das in der Regel stark verkleinerte Bild auf der Formularoberfläche zugegriffen.

21 Wie Sie sich diese Schnittstelle erschließen können erfahren Sie in 11.5.2.2

Nach Betätigung der Schaltfläche OK stehen die Farbeinstellungen im Hauptprogramm zur Verfügung. Hier wird in der Methode *BtnBearbeitenClick* das gesamte Bild manipuliert.

11.5.2.2. Schnittstelleninformation

In der DLL

Die genaue Implementation der Exportschnittstelle in der Pascal-/Delphi-DLL ist für den C++-Programmiere, der diese DLL lediglich nutzen will belanglos.

Für die in Delphi / Pascal erstellte DLL können Sie die Exportschnittstelle in der Regel der Dokumentation oder dem Quellcode entnehmen. Allerdings finden Sie dort in der Regel keine C++-Version dieser Schnittstelle. Sie müssen diese wie auf Seite 171 dargestellt aus der Pascal Version herleiten bzw. generieren.

Im Hauptprogramm

Wenn wir eine statische Einbindung der DLL annehmen, dann muss wie schon in 11.2.5dargestellt eine Importschnittstelle definiert werden. Außerdem müssen Sie die zur DLL gehörige Importbibliothek ins Projekt aufnehmen.

IMPLIB ist bei jeder Änderung der DLL erneut auszuführen.

Wenn keine Importbibliothek vorhanden ist, müssen Sie diese mittels des Hilfsprogramms IMPLIB erstellen und in das Projekt importieren.

Die Erstellung erfolgt mit dem folgenden Kommando[22]:

```
IMPLIB LibFarbkorrektur.lib LibFarbkorrektur.dll
```

Diese Anweisung erzeugt auf der Grundlage der bestehenden DLL **LibFarbkorrektur.dll** die Importbibliothek **LibFarbkorrektur.lib**.

Zweckmäßigerweise legen Sie die DLL im Projektverzeichnis des Hauptprogramms ab. Außerdem empfiehlt es sich, eine Stapeldatei **ImplibPas.bat** anzulegen, die obiges Kommando enthält.

Für die Entwicklungszeit gilt:
Die DLL steht in der Regel im Debug-Verzeichnis

Diese Stapeldatei erspart Ihnen zeitraubende und fehleranfällige Pfadeinstellungen. Sie ist jedesmal auszuführen, wenn die Schnittstelle der DLL geändert wurde.

Zur Entwicklungszeit erstellen Sie das Programm üblicherweise im Debug-Modus. Wenn **x** das Arbeitsverzeichnis Ihres Projekts ist, dann werden die Debug-Versionen der Objektdateien und die Programmdatei (EXE) im Verzeichnis **x\Debug** abgelegt. Die DLL wird standardmäßig ebenfalls dort erwartet und muss ggf. dorthin kopiert werden.

---

22 In den meisten Fällen ausreichende Grundversion des Befehls. Details finden Sie z. B. in [IMPLIB].

Sie kennen die Delphi-Schnittstelle der von der DLL bereitgestellten Funktion, haben aber Probleme, diese in C++ umzusetzen

Dieses Problem lösen Sie ganz einfach, indem Sie mit der problembehafteten Schnittstelle eine leere Prozedur oder Funktion erstellen und diese übersetzen. Nun erlaubt der C++Builder zwar das Übersetzen und Editieren, nicht aber das Erstellen von Delphi-Units.

Geschicktes Vorgehen erspart den Erwerb einer Delphi-Lizenz

Beispiel für chrom_lum_execute

Um nicht extra eine Delphi-Lizenz erwerben zu müssen gehen Sie folgendermaßen vor:

- Erstellen Sie die untenstehende Datei **Interfacetest.pas** mit einem beliebigen Editor.

```
Unit Interfacetest;

Interface

  uses
    ExtCtrls, //wg. TImage
    LumachroTypen; //Spezielle Datentypen z. B. korarray

//Pascal-Schnittstelle, export-Direktive ggf. weglassen!!
  function chrom_lum_execute(VAR kfak:korarray; aOriginal: TImage;
                        aBearbeitet: TImage):boolean;  stdcall;

Implementation
  function chrom_lum_execute(VAR kfak:korarray; aOriginal: TImage;
                        aBearbeitet: TImage):boolean;  stdcall;

  begin
  end;
end.
```

- Erstellen Sie eine neue C++Builder-VCL-Formularanwendung und speichern Sie sie unter dem Namen *ProInterfaceTest*.

- Fügen Sie Ihrem Projekt *ProInterfaceTest* die Datei **Interfacetest.pas** hinzu.

- Achten Sie darauf, dass Sie alle Elemente, die in der Schnittstelle auftreten einbinden (hier *korarray* und TImage).

- Erstellen Sie das Programm. Bei diesem Vorgang wird automatisch die C++-Schnittstellendatei **Interfacetest.hpp** zum Pascal-Modul *Interfacetest* erstellt.

- Entnehmen Sie die gesuchte C++-Schnittstelle der Datei **Interfacetest.hpp.**

Die Schnittstelle lautet:

```
extern PACKAGE bool __stdcall chrom_lum_execute(int *kfak,
        Extctrls::TImage* aOriginal, Extctrls::TImage* aBearbeitet);
```

11.5.3. Programmcode: Verbindung eines C++-Hauptprogramms mit einer Delphi-DLL

11.5.3.1. Hauptformular

Schnittstellendatei UFrmMainFarbkorr.h

```
//--------------------------------------------------------------------------

#ifndef UFrmMainFarbkorrH
#define UFrmMainFarbkorrH
//--------------------------------------------------------------------------
#include <Classes.hpp>
#include <Controls.hpp>
#include <StdCtrls.hpp>
#include <Forms.hpp>
#include <Dialogs.hpp>
#include <ExtCtrls.hpp>
#include <ExtDlgs.hpp>
//--------------------------------------------------------------------------
class TFrmMainFarbkorr : public TForm
{
__published:    // IDE-verwaltete Komponenten
  TImage *ImOriginal;
  TImage *ImBearb;
  TButton *BtnSchließen;
  TButton *BtnOeffnen;
  TOpenPictureDialog *OpenPictureDialog;
  TSavePictureDialog *SavePictureDialog;
        TButton *BtnUebernehmen;
        TButton *BtnBearbeiten;
        TButton *Button1;
  void __fastcall BtnOeffnenClick(TObject *Sender);
  void __fastcall BtnUebernehmenClick(TObject *Sender);
  void __fastcall BtnBearbeitenClick(TObject *Sender);
        void __fastcall Button1Click(TObject *Sender);
private:        // Benutzer-Deklarationen
  int Farbvektor [3];
public:         // Benutzer-Deklarationen
  __fastcall TFrmMainFarbkorr(TComponent* Owner);
};
//--------------------------------------------------------------------------
extern PACKAGE TFrmMainFarbkorr *FrmMainFarbkorr;
//--------------------------------------------------------------------------
#endif
```

Implementationsdatei UFrmMainFarbkorr.cpp

```
//--------------------------------------------------------------------------
#include <vcl.h>
#pragma hdrstop

#include "UFrmMainFarbkorr.h"
extern "C" __declspec (dllimport)
```

```
  bool __stdcall chrom_lum_execute
    (int *kfak, Extctrls::TImage* aOriginal, Extctrls::TImage* aBearbeitet);
//------------------------------------------------------------------------
#pragma package(smart_init)
#pragma resource "*.dfm"
TFrmMainFarbkorr *FrmMainFarbkorr;
//------------------------------------------------------------------------
__fastcall TFrmMainFarbkorr::TFrmMainFarbkorr(TComponent* Owner)
  : TForm(Owner)
{
  Farbvektor[0] = 0;
  Farbvektor[1] = 0;
  Farbvektor[2] = 0;
}
//------------------------------------------------------------------------
void __fastcall TFrmMainFarbkorr::BtnOeffnenClick(TObject *Sender)
{
  if (OpenPictureDialog->Execute())
  {
    ImOriginal->Picture->LoadFromFile(OpenPictureDialog->FileName);
    ImBearb->Picture->Assign(ImOriginal->Picture);
    ImBearb->AutoSize(),
  }
}
//------------------------------------------------------------------------
void __fastcall TFrmMainFarbkorr::BtnUebernehmenClick(TObject *Sender)
{
//
}
//------------------------------------------------------------------------

void __fastcall TFrmMainFarbkorr::BtnBearbeitenClick(TObject *Sender)
{
  chrom_lum_execute(Farbvektor, ImOriginal, ImBearb);
}
//------------------------------------------------------------------------

void __fastcall TFrmMainFarbkorr::Button1Click(TObject *Sender)
{
  Repaint();
}
//------------------------------------------------------------------------
```

12. Internetanwendungen

12.1. Das (Open-Source-) Projekt Indy

Indy[23] (Internet Direct, früher Winshoes) ist ein Open Source Projekt das von Freiwilligen mit Hilfe industrieller Sponsoren bearbeitet wird [INDY]. Seit den ersten Anfängen von Chad Z. Hower im Jahre 1993 hat sich Indy stark entwickelt und ist heute eine umfassende Socket-Bibliothek, die auf verschiedenen Plattform verfügbar ist. Anwendungsprogrammierern stellt Indy einen einfachen und zuverlässigen Zugriff auf die Dienste des Internets zur Verfügung zu stellen. Mehr als 100 Hochebenen-Protokolle sind leicht zugänglich implementiert, darunter SMTP, POP3, HTTP und NNTP

Schon 2001 hat Borland Indy im Rahmen seiner Softwareentwicklungsumgebungen C++Builder und Delphi lizenziert. Heute sind die Indy-Komponenten fester Bestandteil des Embarcadero RAD-Studios. Darüber hinaus werden Kylix, C#, Visual Basic .NET und Delphi .NET unterstützt. Die Unterstützung von Free Pascal und Lazarus[24] ist in Vorbereitung.

Das Indy-Handbuch umfasst mehr als 4500 Seiten! Bisher ist es nur für Delphi verfügbar.

Das Indy-Rahmenwerk implementiert ca. 600 Klassen. Das Handbuch umfasst mehr als 4500 Seiten. Es liegt derzeit ebenso wie auch die Hilfeseiten leider nur für Delphi vor. Die Vorgehen für C++ muss aus den existierenden Unterlagen durch Analogschluss abgeleitet werden. Die Klasse TIdSMTP besitzt 32 Methoden, bei den anderen verwendeten Klassen sind die Verhältnisse ähnlich.

Nur Lösungsprinzip, keine Details!

Schon aus diesen Zahlen geht hervor, dass weder das gesamte Indy-Projekt noch einzelne wichtige Klassen desselben im Rahmen dieses Buches erschöpfend behandelt werden können. Dementsprechend können die Beispiele auch nur das Prinzip nicht aber universelle Lösungen aufzeigen.

Wer tiefer in Indy einsteigen will oder muss, dem bleibt das Studium der o. e. Dokumentation nicht erspart. Hierfür gilt folgende Empfehlung:

Die grundsätzlichen Details zu Indy finden Sie in der (Delphi-) Dokumentation und in der Online-Hilfe. Die dortigen Angaben gelten sinngemäß auch für die Programmierung in C++. Was evtl. Schwierigkeiten bereitet sind die Einzelheiten der Metho-

---

23 Der Einfachheit halber wird hier allein das Wort Indy sowohl als Bezeichnung für das Projekt wie auch des Rahmenwerks verwendet.

24 Lazarus (www.lazarus.freepascal.org) ist ein Open Source Project. Es ergänzt Free Pascal um eine grafische Entwicklungsumgebung, die der von älteren Delphi-Versionen stark ähnelt. Ähnliches gilt für die verwendeten Klassenbibliotheken. In der Reihe Informatik-ganz-einfach ist für Sommer 2011 als Band 3 der Titel *Lazarus - professionell programmieren von Anfang an* geplant.

denschnittstellen. Für die Methode *Get* der Klasse TIdFTP (FTP-Client) finden Sie
z. B. in der Delphi-Dokumentation die folgende Schnittstelle:

```
procedure Get(
  const ASourceFile: string;
  const ADestFile: string;
  const ACanOverwrite: boolean = false;
  AResume: Boolean = false
); overload;
```

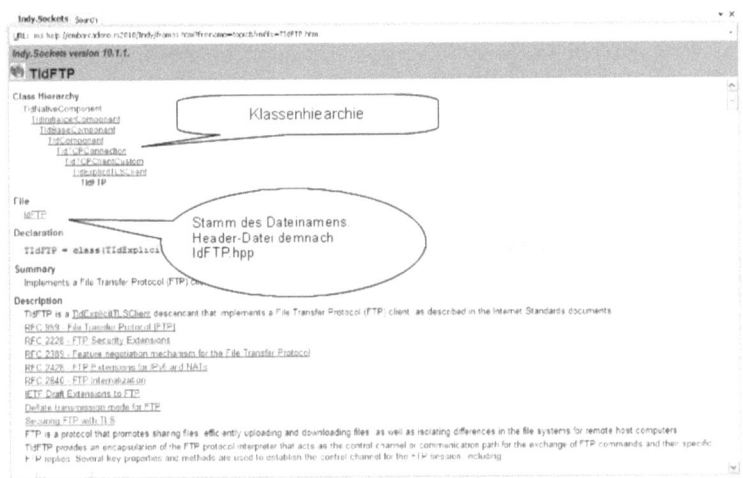

Abbildung 12.1: Hilfe-Seite mit Informationen zu Klassenhierar-
chie und (Header-) Datei

Die zu gehörige C++-Schnittstelle finden Sie in der Schnittstellen- (Header-) Datei
zur Klasse TIdFTP. Den Namen der Schnittstellendatei wiederum können Sie aus
Angaben der Hilfeseite herleiten. Wenn Sie die Hilfe-Seite zu TIdFTP öffnen (Abbildung 12.1) finden Sie dort zu Datei (File) die Angabe *IdFTP*. Das ist der Namens-
stamm der Schnittstellendatei. Da diese aus einem Pascal- (Delphi-) Programm generiert wurde lautet ihr voller Name **IdFTP.hpp**. Dort finden Sie die Methoden-
schnittstelle

Schnittstellen-
bestimmung
im Zweifelsfall-
über die Hea-
der-Datei.

```
void __fastcall Get (
    const System::UnicodeString AsourceFile,
    const System::UnicodeString AdestFile,
    const bool ACanOverwrite = false,
    bool AResume = false);
```

Finden Sie eine Methode oder auch Eigenschaft nicht in dieser Schnittstellendatei so
können Sie annehmen, dass sie vererbt wurde. Somit muss die Suche in der Schnitt-

stellendatei einer Vorgängerklasse (unter Nutzung der Hilfefunktion für diese Klasse) fortgesetzt werden.

12.2. Spezielle Indy-Datentypen

Zahlreiche der im Indy-Rahmenwerk definierten Datentypen werden dort an verschiedenen Stellen verwendet. Soweit sie in diesem Kapitel zur Anwendung kommen, werden sie vorab hier vorgestellt.

TIdEMailAddressItem dient der Darstellung von einzelnen E-Mail-Adressen. Die Klasse wird sowohl im E-Mail-Verkehr als auch im Zusammenhang mit Nachrichtendiensten benutzt.

TIdEMailAddressItem	
Eigenschaft	**Bedeutung**
Address	Für den Postverkehr relevanter Teil der E-Mail-Adresse (z. B. irgendjemand@gmx.de)
Domain	Name der Host-Domäne für die E-Mail-Adresse (hier gmx.de)
Name	Namensangabe in der E-Mail-Adresse (nur Information) z. B. Unbekannt
Text	Vollständige Angabe der E-Mail-Adresse "Unbekannt"< irgendjemand@gmx.de>
User	Benutzerangabe in der E-Mail-Adresse

Tabelle 12.1: Wichtige Eigenschaften der Klasse TIdEMailAddressItem für die Darstellung einer E-Mail-Adresse

TIdMessageParts	
Eigenschaft	Bedeutung
int AttachmentCount	Zahl der Anhänge in der Message Part Collection.
String AttachmentEncoding	Legt den Standard Enkodiermechanismus fest, der für einen Nachrichtenteil verwendet wird.
TIdMessagePart* Items [int Index]	Message Parts in der collection.
Tobject* MessageEncoderInfo	Enkoderinformation für die Message Parts Collection.
int RelatedPartCount	Zahl der abhängigen Anhänge in der Message Part Collection.
Int TextPartCount	Zahl der Textanhänge in der Message Part Collection.

Tabelle 12.2: Wichtige Eigenschaften der Klasse TIdMessagParts für die Aufnahme der E-Mail-Nachrichten.

TIdMessageParts	
Methode	**Eigenschaft**
TIdMessagePart* Add ( )	Fügt der Collection einen Nachrichtenabschnitt hinzu
void CountParts ( )	Bestimmt die Zahl der Abschnitte in der MessageParts Collection. Aktualisiert AttachmentCount, RelatedPartCount und TextPartCount.

Tabelle 12.3: Wichtige Methoden der Klasse TIdMessagParts für die Aufnahme der E-Mail-Nachrichten.

TIdEMailAddressList	
Eigenschaft	**Bedeutung**
String EMailAddresses	Liste der E-Mail-Adressen, durch Kommata getrennt
TListItem* Items [int Index]	Listenelemente
Methode	**Bedeutung**
TIdEMailAddressItem* Add()	Erstelle ein neues Listenelement und fügt es am Ende von Items hinzu.
void AddItems (TIdEMailAddressList* AList)	Fügt eine Adressliste an die Listenelement an die bestehende Liste an.
AddressesByDomain (TIdEMailAddressList* AList, const String ADomain)	Erstellt eine Liste Alist derjenigen E-Mail-Adressen, die die Domänennamen ADomain besitzen.
void FillTStrings (TIdStrings AStrings)	Füllt eine Instanz vom Typ TstringList mit den E-Mail-Adressen
void GetDomains (TIdStrings AStrings)	Erstellt eine Liste der Domänennamen. Die Domänen treten der Liste eindeutig auf.
void SortByDomain()	Sortiert die Einträge in Items alphabetisch nach dem Domänennamen.

Tabelle 12.4: Wichtige Eigenschaften und Methoden der Klasse TIdEMailAddressList für die Darstellung einer E-Mail-Adresse.

TIdEMailAddressList dient der Darstellung von Listen von E-Mail-Adressen. Die Listenelemente sind vom Typ TIdEMailAddressItem.

TIdMessageParts fasst die einzelnen Teile einer E-Mail-Nachricht zusammen (Tabelle 12.2, Datei **IdMessageParts.hpp**).

TIdMessagePart	
Eigenschaft	**Bedeutung**
String Boundary	Zeichenfolge, die einen MessagePart begrenzt.
bool BoundaryBegin	Zeigt an, dass ein Grenzmarker am Beginn des Nachrichtenteils steht
bool BoundaryEnd	Zeigt an, dass ein Grenzmarker am Ende des Nachrichtenteils steht
String ContentDescription	Beschreibungsinformation zu einem bestimmten Nachrichtenrumpf
String ContentID	Bezeichner für den Nachrichtenteil
String ContentLocation	Spezifiziert eine URI auf der der Nachrichtenteil untergebracht ist.
String ContentTransfer	Identifiziert das Codierschema für den Nachrichtenteil. Zulässige Werte: "7bit", "8bit", "binary", "quoted-printable", "base64"
String ContentType	Identifiziert den MIME Medientyp für die Nachricht.
TIdHeaderList* ExtraHeaders	Zusätzliche Informationen für Nachrichtenköpfe
TIdHeaderList* Headers	Nachrichtenköpfe in Standardform
bool IsEncoded	Zeigt an, dass der Rumpf des Nachrichtenteils MIME-encodiert ist.
Methode	**Bedeutung**
TIdMessagePartType* PartType()	Gibt an, welcher Klasse der aktuelle Textteil oder Anhang angehört

Tabelle 12.5: Wichtige Eigenschaften der Klasse TIdMessagePart für die Aufnahme der E-Mail-Nachrichten.

TIdMessagePart beschreibt einen Teil einer E-Mail-Nachricht (Tabelle 12.5, Datei **IdMessageParts.hpp**).

TIdPort beschreibt eine Schnittstellennummer zur Abwicklung des Internetverkehrs. TIdPort ist in **IdGlobal.hpp** vereinbart und stellt letztlich eine ganzzahlige Größe (int) dar.

TIdSMTPAuthenticationType ist in **IdSMTP.hpp** definiert. Es handelt sich dabei um einen Datentyp, der verwendet wird um die Art der Authentizierung zu beschreiben.

`TIdStrings` (definiert in der Datei **IdObjs.hpp**) entspricht sachlich der Embarcadero-Klasse `TStrings`. Sie wurde eingeführt um das Indy-Framework unabhängig von der Embarcadero- VCL bzw. -RTL zu machen.

12.3. E-Mail aus einer Anwendung senden (Entwicklung eines SMTP-Clients)

12.3.1. Aufgabenstellung

Das Simple Mail Transfer Protocol (SMTP, deutsch etwa *Einfaches E-Mail-Übertragungsprotokoll*, das zum Austausch von E-Mails in Computernetzen dient. Vorrangiger Einsatzzweck ist das Absenden und Weiterleiten der Nachrichten. Für den Empfang kommen andere Protokolle (z. B. POP3, siehe Kapitel 12.4) zum Einsatz.

Aus einer praktisch beliebigen Anwendung heraus soll eine E-Mail bekannten Inhalts an einen oder mehrere Empfänger versandt werden. Diese Aufgabenstellung kann zum Beispiel im Rahmen eine automatischen Kundeninformation oder im Rahmen

TIdSMTP	
Eigenschaft	**Bedeutung**
TIdSMTPAuthenticationType AuthType	Authentifizierungstyp, der für die Verbindung mit dem SMTP Host erforderlich ist.
String Host	IP-Adresse oder Hostname (z. B. mail.gmx.de) des SMTP-Servers
String Password	Authentifizierungsinformation für den SMTP-Server (Passwort)
TidPort * Port	Port-Nummer für die Verbindung zum SMTP-Server
String Username	In der Regel E-Mail-Adesse des Absenders
Methode	**Bedeutung**
void Connect()	Öffnet eine Verbindung zum SMTP-Server unter Benutzung der Eigenschaftn Host, Port und Password
bool Connected()	Nimmt den Wert true an, wenn die Verbindung geöffnet und aktiviert wurde
Disconnect (bool AImmediate)	Schließt die SMTP-Sitzung. AImmediate = true: Server wird umgehend über das Schließen der Sitzung informiert.
Send(TIdMessage AMsg)	Sendet eine Instanz vom Typ TIdMessage (=eine E-Mail-Nachricht) an den Server

Tabelle 12.6: Wichtige Eigenschaften und Methoden der Klasse TIdSMTP für die E-Mail-Übertragung

Der Sende-
zeitpunkt
kann beliebig
festgelegt
werden
unterschiedlichster Telematikanwendungen (z. B. bei der Ferndiagnose) auftreten. Die Empfängerdaten können in diesem Fall vorab im Rechner gespeichert werden. Das Senden erfolgt programmgesteuert. Dabei ergibt sich der Sendezeitpunkt im allgemeinen aus dem Verlauf des Rechenprozesses. Im Beispiel wird der Sendezeitpunkt durch eine Schaltflächenbetätigung zu einem willkürlich gewählten Zeitpunkt bestimmt. Er könnte jedoch auch durch eine bestimmte Uhrzeit oder durch das zeitlich nicht vorhersagbare Erreichen eines Grenzwertes während eines Rechenvorgangs bestimmt sein.

12.3.2. Lösungsweg

Zur Unterstützung Ihrer Programmierarbeiten stellt Indy die Komponenten TIdSMTP und TIdMessage zur Verfügung.

TIdSMTP implementiert den SMTP-Mail Client (Postsendefunktion) und TIdMessage die übertragene Nachricht einschließlich der erforderlichen Adress- und Zusatzinformationen.

Legen Sie ein Projekt *ProSMTPClient* an und bezeichnen Sie das Hauptformular mit *FrmMainSMTPClient*. Gestalten Sie dann das Hauptformular nach Abbildung 12.2 .

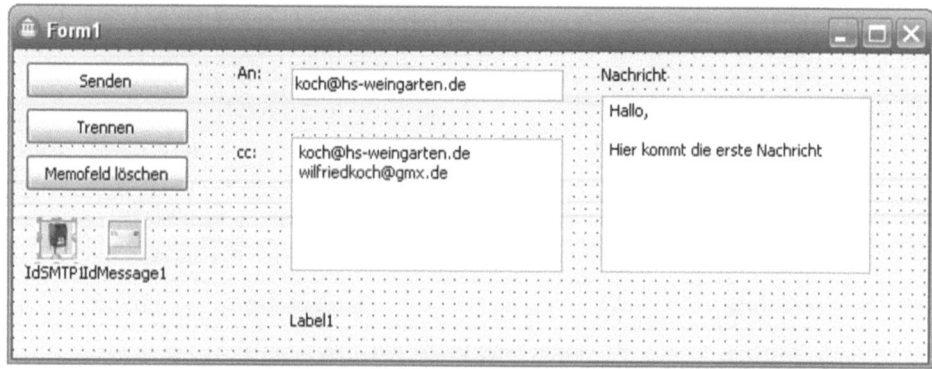

Abbildung 12.2: Hauptformular FrmMainSMTPClient für das Programm
ProSMTPClient zum Senden von E-Mail-Nachrichten (Ansicht zur Entwurfszeit)

Ziehen Sie zunächst je eine Komponente vom Typ TIdSMTP und TIdMessage auf die Clientfläche des Hauptformulars und bezeichnen Sie diese mit *SMTP* und *MsgSenden*. Anschließend folgen drei Schaltflächen, zwei Memofelder, ein Textfeld, drei Beschriftungsfelder zur Beschriftung der Text- und Memofelder, ein beschriftetes Textfeld zur Eingabe des Anhangs und ein Beschriftungsfeld für Zustandsmeldungen.

TIdMessage	
Eigenschaft	**Bedeutung**
TIdEMailAddressList * BCCList	Für Dritte unsichtbare Empfänger einer Kopie der E-Mail-Nachricht
TIdStrings * Body	Body ist eine TIdStrings-Eigenschaft die die Textdaten enthält, die den Rumpf der Nachricht bilden. Wenn der ContentType der Nachricht ein Mitglied der "text/*" MIME Familie ist, enthält Body normalerweise den Nachrichtentext. Wenn IsEncoded true ist, dann enthält Body Werte, die unter Benutzung des Codierschemas, das in ContentTransferEncoding festgelegt wurde, codiert sind. Wenn IsEncoded den Wert false besitzt, enthält Body ASCII text, der den gesamten Inhalt der Nachricht repräsentiert.
TIdEMailAddressList * CCList	Empfänger einer Kopie der E-Mail-Nachricht
String ContentType	Text, image, audio, video, application, message oder multipart
bool ConvertPreamble	Umwandlung eines falsch platzierten Nachrichtenrumpfes vor dem Senden
TIdDateTime Date	Sendezeitpunkt der Nachricht
TIdMessageEncoding Encoding	Bestimmt den Codieralgorithmus für den Anhang
TIdEMailAddressItem * From	E-Mail-Adresse des Absenders
bool IsEncoded	true falls die Nachricht MIME-codiert ist
TIdMessageParts* MessageParts	MessageParts ist vom Typ TIdMessagePartsList und dient zur Speicherung der TIdMessagePart -Komponenten aus denen die Nachricht besteht. MessageParts kann zwei verschiedene TIdMessagePart-Nachfolger enthalten: TIdText und TIdAttachment.
TIdEMailAddressItem* ReceiptRecipient	Empfangsadresse für die Empfangsbestätigung
TIdEMailAddressList* Recipients	Empfängerliste

Tabelle 12.7: Wichtige Eigenschaften der Klasse TIdMessage für die Aufnahme der E-Mail-Nachrichten.

Machen Sie zu den Komponenten TIdSMTP und TIdMessage die in Tabelle 12.11 und Tabelle 12.12 dargestellten Einträge im Objektinspektor.

TIdMessage	
Methode	**Bedeutung**
void LoadFromFile (const String AfileName, const bool AHeadersOnly)	Nachricht von Datei laden. AFileName ist die Quelldatei, AHeadersOnly = true besagt, dass nur die Nachrichtenköpfe übertragen werden
void SaveToFile (const String AFileName, const bool AHeadersOnly)	Nachricht in Datei speichern. AFileName ist die Zieldatei, AHeadersOnly = true besagt, dass nur die Nachrichtenköpfe übertragen werden

Tabelle 12.8: Wichtige Methoden der Klasse TIdMessage für die Aufnahme der E-Mail-Nachrichten.

enum TIdSMTPAuthenticationType	
Wert	**Bedeutung**
satNone	Keine Authentizierung erforderlich
satSASL	Einfache Authentizierung ist erforderlich

Tabelle 12.9: Wertebereich von TidSMTPAuthenticationType

enum TIdMessageEncoding	
Wert	**Bedeutung**
meDefault	Von Indy entdeckte Nachrichtendecodierung benutzen
meMIME	MIME Codierungsregeln für den Nachrichteninhalt benutzen
meUU	UU-Codierung für den Nachrichteninhalt benutzen
meXX	XX-Codierungfür den Nachrichteninhalt benutzen

Tabelle 12.10: Wertebereich von TIdMessageEncoding

Außerdem legen Sie zunächst „auf Vorrat" sämtliche in der Klasse TIdSMTP vorgesehen Ereignisroutinen durch Eintrag im Objektinspektor (zunächst) leer an. Damit diese leer erhalten bleiben, müssen Sie in deren Rumpf mindestetens eine Kommentarzeile vorsehen.

Die drei Schaltflächen sind für folgende Aufgaben vorgesehen:

• Senden: Sendevorgang starten

• Trennen: Verbindung mit dem SMTP-Server unterbrechen.

• Nachricht löschen: Memofeld für die Nachricht löschen.

IdSMTP		
Eigenschaft	**Wert**	
AuthType	satDefault	
Host	mail.gmx.de	Für Host, Password und User müssen Sie hier die Daten Ihrer E-Mail-Verbindung einsetzen!
Password	MeinPasswort	
Username	MeinKonto@gmx.de	

Tabelle 12.11: Objektinspektoreinträge für SMPTP-Client-Instanz IdSMTP vom Typ TIdSMTP.

IdMsgSend	
Eigenschaft	**Wert**
AttachmentEncoding	UUE
From	Meine_E-Mail_Adresse@irgendwo.de
Recipients	mail@informatik-ganz-einfach.de; koch@hs-weingarten.de; Detrails s. u.

Tabelle 12.12: Objektinspektoreinträge im SMTP-Client für IdMsgSend vom Typ TIdMessage.

- cc-Verteiler löschen: Memofeld für den cc-Verteiler löschen.
- Anhang löschen: (Beschriftetes) Textfeld für den Anhang löschen.

Hierfür müssen Sie die geeigneten Methoden realisieren.

Den Kern der drei letztgenannten "Klick"-Methoden können Sie jeweils sehr einfach als Einzeiler realisieren. Die entscheidende Methode ist die Methode `BtnSMTPSendenClick` mittels derer der Sendevorgang durchgeführt wird.

12.3.2.1. Sendemethode BtnSMTPSendenClick

Die Methode `BtnSMTPSendenClick` besteht aus zwei Abschnitten. Im ersten Abschnitt wird die Nachricht aufbereitet, im zweiten wird die Übertragung zum Server vorgenommen.

Aufbereitung der Nachricht

Die Aufbereitung der Nachricht erfolgt für unsere Minimalversion eines SMTP-Clients in folgenden Schritten:

- Eintragen der Absender-Adresse

- Erstellen der Empfängerliste

- Eintragen der Adresse, an die die Empfangsbestätigung gesandt wird.

- Erstellen der Liste der cc-Adressen.

- Eintragen der Nachricht

- Definieren des Anhangs

Eintragen der Absender-Adresse

Die E-Mail-Adresse des Absenders müssen Sie der Eigenschaft *From->Address* zuweisen. Das kann zur Entwurfszeit oder wie im Programmbeispiel zur Laufzeit erfolgen.

```
IMsgSend->From->Address = "kochTest0@gmx.de";
```

Erstellen der Empfängerliste

Die Empfängerliste *IMsgSend->Recipients* kann zur Laufzeit, zur Entwurfszeit oder auf beide Phasen verteilt erstellt werden. Im Programmbeispiel erfolgt die Belegung zur Laufzeit. Obwohl die Eintragung mehrerer Empfänger möglich ist, wird im Beispiel nur ein Empfänger eingetragen. Falls die Empfängerliste vorbelegt ist, wird sie zunächst gelöscht.

```
if (IMsgSend->Recipients->Count>0)
   IMsgSend->Recipients->Clear();
```

Dann wird ein neues Element zur Empfängerliste *Recipients* hinzugefügt. Anschließend wird der Eigenschaft *Address* des neuen Elements dieser Liste *Recipients* die Empfängeradresse zugewiesen. Diese sollten Sie zu diesem Zeitpunkt in der Eigenschaft *Text* des Textfeldes *EdtEmpfaenger* finden.

```
IMsgSend->Recipients->Add();
IMsgSend->Recipients->Items[0]->Address = EdtEmpfaenger->Text;
```

Eintragen der Adresse, an die die Empfangsbestätigung gesandt wird

In gleicher Weise wie Sie die Absenderadresse der Eigenschaft *From->Address* zuweisen, weisen Sie die Adresse für die Empfangsbestätigung der Eigenschaft *ReceiptRecipient->Address* zu.

Programmgesteuertes Erstellen der Liste der cc-Adressen[25]

Beim Erstellen der Liste für die cc-Adressen gehen Sie sinngemäß wie bei der Festlegung der Empfängeradresse(n) vor. Sie haben auch hier die Wahl zwischen der Eingabe zur Entwurfszeit und zur Laufzeit. Im Programm ist die Eingabe mehrerer

---

25 Dieses Vorgehen gilt sinngemäß für sämtliche Eigenschaften von IdMsgSend, die den Typ TIdAdressList* besitzen.

Adressen zur Laufzeit vorgesehen. Mit nachstehendem Programmcode werden die cc-Adressen aus dem Memofeld *Memo2* übernommen.

```
IMsgSend->CCList->Clear();
for (int i=0; i < Memo2->Lines->Count; i++)
{
  ii->Address = Memo2->Lines->Strings[i];
  IMsgSend->CCList->Add();
  IMsgSend->CCList->Items[i]->Address = ii->Address;
}
```

Dialoggesteuertes Erstellen der Liste der cc-Adressen[26]

Beim Dialoggesteuerten Erstellen wird in zwei Schritten vorgegangen. Im ersten Schritt werden die Elemente der Adressliste angelegt im zweiten werden sie mit Werten belegt.

Wenn Sie im Objektinspektor bei *IdMsgSend* auf die Eigenschaft *CCList* doppllelklicken

Eintragen der Nachricht

Die Nachricht wird mit folgender Anweisung aus dem Memofeld übernommen.

```
IMsgSend->Body = MemoNachricht->Lines;
```

Definieren des Anhangs

Die Datei **TIdAttachmentFile.hpp** muss eingebunden werden, damit Sie mittels des Konstruktors *TIdAttachmentFile* einen Anhang hinzufügen können,

```
new TIdAttachmentFile (IMsgSend->MessageParts, OpenDialogAnhang->FileName);
```

Diese Konstruktion dürfte nicht ganz leicht verständlich sein. Was passiert hier?

Es wird eine Instanz des Typs *TIdAttachmentFile* erschaffen und mit *IMsgSend->MessageParts* verbunden. Die Initialisierung erfolgt mit dem per Dialog eingegebenen Dateinamen.

Steuerung des Sendevorgangs

Zunächst müssen Sie sicherstellen, dass keine Verbindung zum Server existiert. Das erreichen Sie, mit der Trennanweisung

```
IdSMTP->Disconnect( );
```

Wenn eine Verbindung besteht, wird diese getrennt. Besteht keine Verbindung so ist die Anweisung ohne Wirkung.

Danach wird die Herstellung der Verbindung eingeleitet

---

26 Dieses Vorgehen gilt sinngemäß für sämtliche Eigenschaften von IdMsgSend, die den Typ TIdAdressList* besitzen.

Wenn die Verbindung hergestellt ist, wird die Nachricht mit der Methode `Send` gesendet. Anschließend wird die Verbindung getrennt.

12.3.3. Programmcode: Senden von E-Mail-Nachrichten (SMTP-Client)

12.3.3.1. Hauptprogramm ProSMTPClient

Das Hauptprogramm wird in bekannter Weise ausschließlich durch Funktionen der Integrierten Entwicklungsumgebung erstellt. Eine individuelle Codierung erfolgt nicht.

12.3.3.2. Formularunit UFrmMainSMTPClient

Schnittstellendatei UFrmMainSMTPClient.h

```
//-------------------------------------------------------------------

#ifndef UFrmMainSMTPClientH
#define UFrmMainSMTPClientH
//-------------------------------------------------------------------
#include <Classes.hpp>
#include <Controls.hpp>
#include <StdCtrls.hpp>
#include <Forms.hpp>
#include "IdExplicitTLSClientServerBase.hpp"
#include "IdBaseComponent.hpp"
#include "IdComponent.hpp"
#include "IdMessage.hpp"
#include "IdMessageClient.hpp"
#include "IdSMTP.hpp"
#include "IdSMTPBase.hpp"
#include "IdTCPClient.hpp"
#include "IdTCPConnection.hpp"


//-------------------------------------------------------------------
class TForm1 : public TForm
{
    __published: // IDE-verwaltete Komponenten
    TButton *BtnSMTPSenden;
    TButton *BtnDisconn;
    TButton *BtnMemoLoeschen;
    TEdit *Edit1;
    TLabel *Label1;
    TLabel *Label2;
    TLabel *Label3;
    TLabel *Label4;
    TMemo *Memo1;
    TMemo *Memo2;
    TIdSMTP *IdSMTP1;
    TIdMessage *IMsgSend;
    void __fastcall BtnSMTPSendenClick(TObject *Sender);
    void __fastcall IdSMTP1FailedRecipient(TObject *Sender,
```

```
        const AnsiString AAddress, const AnsiString ACode,
        const AnsiString AText, bool &Vcontinue);
        void __fastcall IdSMTP1Status(TObject *ASender,
                        const TIdStatus AStatus, const AnsiString AStatusText);
        void __fastcall IdSMTP1Disconnected(TObject *Sender);
        void __fastcall IdSMTP1Work(TObject *ASender, TWorkMode AWorkMode,
                                                    __int64 AWorkCount);
        void __fastcall BtnDisconnClick(TObject *Sender);
        void __fastcall BtnMemoLoeschenClick(TObject *Sender);
        void __fastcall IdSMTP1Connected(TObject *Sender);
        void __fastcall IdSMTP1WorkBegin(TObject *Asender,
                                TWorkMode AWorkMode, __int64 AWorkCountMax);
        void __fastcall IdSMTP1WorkEnd(TObject *ASender, TWorkMode AWorkMode);
        void __fastcall IdSMTP1TLSNotAvailable(TObject *Asender,
                                                    bool &VContinue);
    private:      // Benutzer Deklarationen
    public:                 // Benutzer Deklarationen
        __fastcall TForm1(TComponent* Owner);
};
//-----------------------------------------------------------------------
extern PACKAGE TForm1 *Form1;
//-----------------------------------------------------------------------
#endif
```

Implementationsdatei UFrmMainSMTPClient.cpp

```
//-----------------------------------------------------------------------
#include <vcl.h>
#pragma hdrstop

#include "UFrmMainSMTPClient.h"
#include "IdAttachmentFile.hpp"
#include "IdEMailAddress.hpp"
//-----------------------------------------------------------------------
#pragma package(smart_init)
#pragma link "IdExplicitTLSClientServerBase"
#pragma link "IdSMTPBase"
#pragma link "IdBaseComponent"
#pragma link "IdComponent"
#pragma link "IdMessage"
#pragma link "IdMessageClient"
#pragma link "IdSMTP"
#pragma link "IdSMTPBase"
#pragma link "IdTCPClient"
#pragma link "IdTCPConnection"
#pragma resource "*.dfm"
TFrmMainSMPTClient *FrmMainSMPTClient;
//-----------------------------------------------------------------------
__fastcall TFrmMainSMPTClient::TFrmMainSMPTClient(TComponent* Owner)
        : TForm(Owner)
{
}
//-----------------------------------------------------------------------
void __fastcall TFrmMainSMPTClient::BtnSMTPSendenClick(TObject *Sender)
{
//Senderadresse
```

```
   IMsgSend->From->Address = "kochTest0@gmx.de";
//Adresse für Empfangsbestätigung
   if (IMsgSend->Recipients->Count>0)
     IMsgSend->Recipients->Clear();
   IMsgSend->Recipients->Add();
   IMsgSend->Recipients->Items[0]->Address = EdiAn->Text;
   IMsgSend->ReceiptRecipient->Address = "kochTest0@gmx.de";
//Referenz auf Nachricht eintragen.
   IMsgSend->Body = MemoNachricht->Lines;
   TIdE-MailAddressItem * ii = new TIdE-MailAddressItem;
//Falls in Nachricht cc-Empfänger eingetragen sind, dann diese löschen.
   if (IMsgSend->CCList->Count>0)
       IMsgSend->CCList->Clear();
//ggf. neue cc-Empfänger eintragen.
   for (int i=0; i < MemoccVerteiler->Lines->Count; i++)
   {
       ii->Address = MemoccVerteiler->Lines->Strings[i];
     IMsgSend->CCList->Add();
       IMsgSend->CCList->Items[i]->Address = ii->Address;
       IMsgSend->CCList->Items[i]->Address = MemoccVerteiler->Lines-
>Strings[i];
   }
   IdSMTP1->Disconnect( );
   IdSMTP1->Connect(IdSMTP1->Host,1000 );
   if (IdSMTP1->Connected())
   {
     IdSMTP1->Send(IdMessage1);
       IdSMTP1->Disconnect( );
   }
}
//---------------------------------------------------------------------
void __fastcall TFrmMainSMPTClient::IdSMTP1FailedRecipient(TObject *Sender,
     const AnsiString AAddress, const AnsiString ACode,
     const AnsiString AText, bool &VContinue)
{
  LblStatus->Caption = AAddress+"  "+ACode+"  "+AText;
}
//---------------------------------------------------------------------
void __fastcall TFrmMainSMPTClient::IdSMTP1Status(TObject *ASender,
     const TIdStatus AStatus,
     const AnsiString AStatusText)
{
   LblStatus->Caption = AStatusText;
}
//---------------------------------------------------------------------
void __fastcall TFrmMainSMPTClient::IdSMTP1Disconnected(TObject *Sender)
{
  LblStatus->Caption = "SMTP abgehängt";
}
//---------------------------------------------------------------------
void __fastcall TFrmMainSMPTClient::IdSMTP1Work(TObject *ASender, TWorkMode
AWorkMode,
     __int64 AWorkCount)
{
//
}
```

```
//-------------------------------------------------------------------
void __fastcall TFrmMainSMPTClient::BtnDisconnClick(TObject *Sender)
{
        IdSMTP1->Disconnect( );
}
//-------------------------------------------------------------------
void __fastcall TFrmMainSMPTClient::BtnNachrichtLoeschenClick(TObject
*Sender)
{
  MemoNachricht->Lines->Clear();
}
//-------------------------------------------------------------------
void __fastcall TFrmMainSMPTClient::IdSMTP1Connected(TObject *Sender)
{
//
}
//-------------------------------------------------------------------
void __fastcall TFrmMainSMPTClient::IdSMTP1WorkBegin(TObject *ASender,
                          TWorkMode AWorkMode, __int64 AWorkCountMax)
{
//
}
//-------------------------------------------------------------------
void __fastcall TFrmMainSMPTClient::IdSMTP1WorkEnd(TObject *ASender,
                                         TWorkMode AWorkMode)


{
//
}
//-------------------------------------------------------------------
void __fastcall TFrmMainSMPTClient::IdSMTP1TLSNotAvailable(TObject
*Asender,
                                             bool &VContinue)
{
//
}
//-------------------------------------------------------------------

void __fastcall TFrmMainSMPTClient::BtnccVertLoeschenClick(TObject *Sender)
{
  MemoccVerteiler->Lines->Clear();
}
//-------------------------------------------------------------------

void __fastcall TFrmMainSMPTClient::BBtAnhangClick(TObject *Sender)
{
  if (OpenDialogAnhang->Execute())
  {
 //Anhang-Objekt erschaffen und initialisieren.
        new TIdAttachmentFile (IdMessage1->MessageParts,

        OpenDialogAnhang->FileName);
        LEdAnhang->Text = OpenDialogAnhang->FileName;
  }
}
```

12.4. E-Mail in einer Anwendung empfangen (Entwicklung eines POP3-Clients)

Das Post Office Protocol (POP) ist ein Übertragungsprotokoll, über das ein Client E-Mails von einem E-Mail-Server abholen kann. Aktuell ist die Version 3 (POP3). POP3 ist ein ASCII-Protokoll. Die Steuerung der Datenübertragung erfolgt durch Kommandos die standardmäßig an den Port 110 geschickt werden.

Eine ständige Verbindung zum Mailserver ist bei POP3 nicht notwendig. Die Verbindung zum Server wird bei Bedarf vom Client aufgebaut und danach wieder beendet.- Bei der Erstellung des E-Mail-Clients können Sie einen großen Teil der Informationen aus Kapitel 12.3 direkt oder sinngemäß übernehmen. Insbesondere gilt das für die Bedeutung wesentlicher Eigenschaften der POP3-Komponente und für den Einsatz der Klasse TIdMessage.

12.4.1. Aufgabenstellung

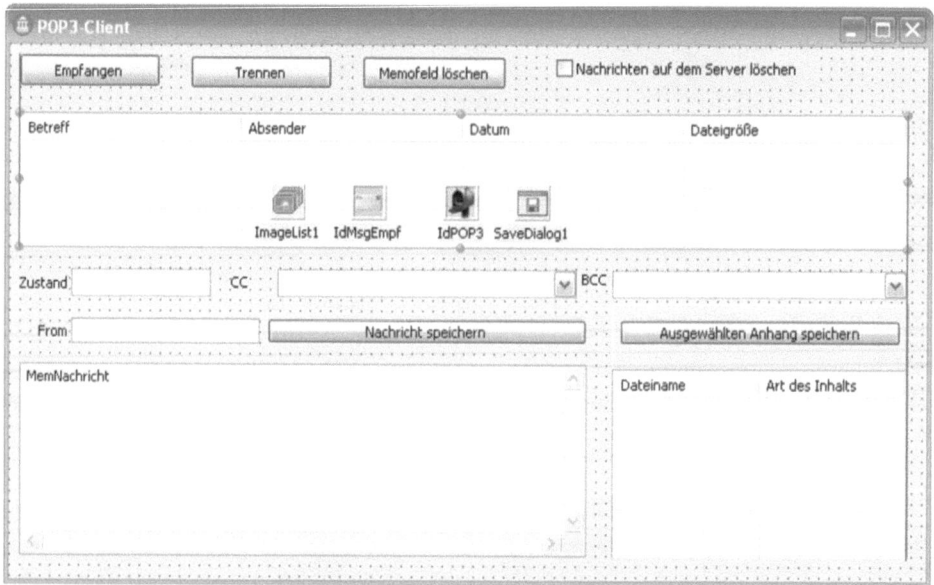

Abbildung 12.3: Bedienoberfläche des PostempfangsClient (POP3-Client). Ansicht zur Entwurfszeit

In einer praktisch beliebigen Anwendung soll eine E-Mail empfangen werden. Diese Aufgabenstellung kann zum Beispiel im Rahmen einer automatischen Kundeninformation oder im Rahmen unterschiedlichster Telematikanwendungen (z. B. bei der Fernwartung) auftreten. Die Daten des Mailservers können in diesem Fall vorab im

Programm gespeichert werden. Das Empfangen erfolgt programmgesteuert. Dabei ergibt sich der Empfangszeitpunkt aus dem Verlauf des Rechenprozesses. Die Programmsteuerung wird durch Betätigung einer Schaltfläche simuliert. Das Programm muss auch dann funktionieren, wenn momentan keine zu empfangende Nachricht verfügbar ist.

TIdPOP3	
Eigenschaft	**Bedeutung**
bool AutoLogin	True:Authentifizierung erfolgt gemeinsam mit dem Verbinden zum Server
String Host	IP-Adresse oder Hostname für den POP3-Server
String Password	Authentifizierungsinformation für den POP3-Server (Passwort)
TIdPort Port	Port-Nummer für die Verbindung zum POP3-Server
String Username	In der Regel E-Mail-Adesse des Empfängers
Methode	**Bedeutung**
long int CheckMessages ()	Ermittelt die Anzahl der auf dem Server liegenden Nachrichten
void Connect ()	Stellt Verbindung zum Server her.
bool Connected ()	true, wenn Client und Server miteinander verbunden sind
bool Delete (const int MsgNum)	Markieren einer Nachricht, die beim nächsten Trennen der Serververbindung gelöscht wird. MsgNum ist die Nummer der Nachricht
void Disconnect ()	Trennt Verbindung zum Server
bool Reset();	Rücknahme aller Markierungen für das Löschen von Nachrichten. In etwa Umkehrung von Delete.
bool Retrieves (const int MsgNum, TIMessage AMsg);	Abholen eine Nachricht vom POP3-Server. MsgNum ist die Nummer der Nachricht, Amsg die Nachricht selbst. Bei Erfolg ist der Funktionswert true.
bool RetrieveHeader (const int MsgNum, TIMessage AMsg);	Abholen eines Nachrichtenheaders vom POP3-Server. MsgNum ist die Nummer der Nachricht, AMsg die Nachrichteninstanz zur Aufnahme des Headers. Bei Erfolg ist der Funktionswert true.
int RetrieveMailBoxSize ()	Ermittlung der Gesamtgröße der im Postfach befindlichen Nachrichten.
int RetrieveMailBoxSize (const int MsgNum)	Ermittlung der Größe der Nachricht mit der Nummer MsgNum.

Tabelle 12.13: Wichtige Eigenschaften und Methoden der Klasse TIdPOP3 für den Empfang der E-Mail-Nachrichten.

Die empfangenen Nachrichten sollen in einer Liste dargestellt werden (Betreff, Absender, Datum und Größe im Postfach).

Durch doppeltes Anklicken einer Zeile (= einer Nachricht) in der o. g. Liste wird die Nachricht in einem Memofeld und die Dateinamen enemtueller Anhänge in einer weiteren Liste angezeigt.

Durch Klicken auf die Dateinamen der Anhänge können diese angewählt und nach Betätigen einer Schaltfläche (in Abbildung 12.3 mit *Ausgewählten Anhang speichern* beschriftet) abgespeichert werden.

12.4.2. Lösungsweg

Zu Ihrer Unterstützung stellt das Indy-Rahmenwerk die Komponenten `TIdPOP3` und `TIdMessage` (bereits in 12.3 vorgestellt) zur Verfügung. `TIdPOP3` implementiert den POP3-Mail Client (Post-Empfangsfunktion) und `TIdMessage` (Abbildung 12.3) die übertragene Nachricht einschließlich der erforderlichen Zusatzinformationen. Die Belegung der wichtigsten Eigenschaften und Methoden dieser Klassen finden Sie in den Tabellen 12.7 (Seite 181) , 12.8 (Seite 182 und 12.13 (Seite 191).

Legen Sie ein Projekt *ProPOP3Client* an und bezeichnen Sie das Hauptformular mit *FrmMainPOP3Client*. Gestalten Sie dann das Hauptformular nach Abbildung 12.3 Dazu ziehen Sie zunächst je eine Komponente vom Typ `TIdPOP3`, `TIdMessage` und `TSaveDialog` auf die Clientfläche des Hauptformulars. Anschließend folgen fünf Schaltflächen, zwei Listenansichstfelder (*TListView*), ein Memofeld, zwei beschriftete Textfelder und zwei Kombinationsfelder.

Machen Sie zu den Komponenten `TIdPOP3` und `TIdMessage` die in den Tabellen 12.14 und 12.15 dargestellten Einträge im Objektinspektor .

Außerdem legen Sie zunächst „auf Vorrat" sämtliche in der Klasse `TIdPOP3` vorgesehenen Ereignisroutinen (zunächst) leer an.

IdPOP3	
Eigenschaft	**Wert**
AuthType	satNone
Host	Den Wert erhalten Sie bei Ihrem E-Mail-Provider. Bei gmx-Kunden z. B. pop.gmx.de
Password	Ihr Passwort
Username	Die E-Mail-Adresse, deren Post Sie auslesen möchten, z. B. irgendjemand@myprovider.de

Tabelle 12.14: Objektinspektoreinträge für IdPOP3 vom Typ TIdPOP3

Drei der fünf Schaltflächen sind für folgende Aufgaben vorgesehen:

• Empfangen

• Trennen

• Memofeld löschen

Hierfür müssen Sie die geeigneten Methoden implementieren.

Die beiden letztgenannten Methoden bekommen Sie bereits fertig geliefert. Die entscheidende Methode ist die Methode *BtnPOP3EmpfangenClick* mittels derer der Empfangsvorgang durchgeführt wird.

12.4.2.1. Empfangsmethode BtnPOP3EmpfangenClick

Die Methode *BtnPOP3EmpfangenClick* besteht aus drei Abschnitten.

• Verbinden.

• Übertragen und ggf. Filtern der verfügbaren Nachrichten.

• Trennen der Verbindung.

Verbinden

Zunächst müssen Sie sicherstellen, dass keine unerwartete und unerwünschte Verbindung zum Server existiert. Das erreichen Sie, mit der bedingten Trennanweisung

```
if (IdPOP3->Connected())
  IdPOP3->Disconnect();
```

Wenn eine Verbindung besteht, wird diese zur Erzeugung eines definierten Zustandes vorsichtshalber getrennt. Andernfalls geschieht nichts.

Danach wird die Herstellung der Verbindung mit

```
IdPOP3->Connect();
```

vorgenommen.

IdMsgEmpf	
Eigenschaft	**Wert**
Encoding	meDefault (Codierung wird von Indy ermittelt)
ConvertPreamble	true: Versuch fehlplatzierte Nachrichtenrümpfe anzupassen.

Tabelle 12.15: Objektinspektoreinträge im POP3-Client für IdMsgEmpf vom Typ TIdMessage

12.4.2.2. Auflistung der eingegangenen Nachrichten

Listenelemente (Klasse TListItem)

TListItem ist eine Klasse zur Darstellung aufwendiger Datenelemente. Sie besteht aus einer Grafik, einem Titel und einer beliebig langen Liste von Unterelementen (*SubItems* vom Typ TSubItem)

Listenansichtsfelder (Klasse TListView)

Die Klasse *TListView* ist zur tabellarischen Darstellung von Listen aus Listenelementen (TListItem) vorgesehen. Im aktuellen Programm treten zwei Elemente dieses Typs auf. *LiVEmpfang* dient zum Anzeigen der empfangenen Nachrichten. *LiVAnhaenge* dient zum Anzeigen der Dateinamen eventueller Anhänge einer in *LiVEmpfang* angewählten Nachricht.

Die Zahl der Spalten ist beliebig. Sie wird mit dem Spalteneditor (Abbildung 12.4, S. 194) vorgegeben, den Sie mittels eines Doppelklicks mit der rechten Maustaste auf das Listenansichtsfeld erreichen. Beim erstmaligen Aufruf ist keine Spalte definiert (Arbeitsfläche ist leer). Das Hinzufügen von Spalten erfolgt mittels der Schaltfläche ⬚, das Löschen mittels der Schaltfläche ⬚ und das Ändern der Reihenfolge innerhalb der Spalten mit den Pfeil-Schaltflächen

Abbildung 12.4: Spalteneditor für die Klasse TListView. Im Objektinspektor wird gleichzeitig der Eingabebereich für die markierte Zeile angezeigt.

TListItem	
Eigenschaft	**Bedeutung**
String Caption	Texteintrag zur Beschreibung des Listenelements
bool Selected	true: Listeneintrag ist angewählt
TStrings* SubItems	Liste von Untereinträgen für das Listenelement

Tabelle 12.16: Wichtige Eigenschaften der Klasse TListItem für die Realisierung eines Listenelements z. B. innerhalb von TListView.

⇦ ⇧. Der Text für die Spaltenüberschrift wird mittels des Objektinspektors in der Eigenschaft *Caption* festgelegt. Der Defaultwertwert lautet *TListColumn*.

In der ersten Spalte (Index 0) werden die Grundinformationen eines Elements vom Typ *TListItem* dargestellt und zwar als Grafiksymbol und/oder als Text. In den anderen Spalten werden die Unterlemente (*SubItems*) dargestellt und zwar in der Reihenfolge wie sie in der Liste der Unterelemente auftreten.

TListView	
Eigenschaft	**Bedeutung**
TListItems * Items	Elemente des Listenansichtsfeldes
TImageList* LargeImages	Bilderliste, die verwendet wird, falls ViewStyle den Wert vcIcon besitzt
TListItem* Selected	Erste gewählte Zeile bzw. erstes Element (NULL ohne Anwahl)
int SelCount	Anzahl der angewählten Zeilen / Elemente
bool ShowColumnHeaders	True zeigt Spaltenüberschrift bei ViewStyle = vsReport
TImageList* SmallImages	Bilderliste, die verwendet wird, falls ViewStyle den Wert vcSmallIcon, vsList oder vsReport besitzt.
TViewStyle ViewStyle	Art der Darstellung der Elemente von TListView

Tabelle 12.18: Wichtige Eigenschaften und Methoden der Klasse TListView, die für die Auflistung der eingegangenen Nachrichten und der Anhänge einer Nachricht verwendet wird.

TListItems	
Eigenschaft	**Bedeutung**
int Count	Anzahl der Elemente in der Liste
TListItem* Item[int Index]	Einzelnes Listenelement
Methode	**Bedeutung**
TListItem* __fastcall Add ()	Fügt ein Listenelement an die bestehende Liste an (nicht initialisiert).

Tabelle 12.17: Wichtige Eigenschaften und Methoden der Klasse TListItems für die Realisierung einer Liste von Listenelementen z. B. innerhalb von TListView.

TListColumns	
Eigenschaft	**Bedeutung**
TListColumn * Items[int Index]	Einzelnes Listenelement
Methode	**Bedeutung**
TListItem* __fastcall Add()	Fügt ein Listenelement an die bestehende Liste an (nicht initialisiert).

Tabelle 12.19: Wichtige Eigenschaften und Methoden der Klasse TListColumns für die Realisierung der Spalten in einem Listenansichtsfeld

TListColumn	
Eigenschaft	**Bedeutung**
TAlignment Alignment	Ausrichtung
Bool AutoSize	True: Optimale Spaltenbreite wird unter Berücksichtigung von MaxWidth automatisch eingestellt.
String Caption	Spaltenüberschrift
int ImageIndex	Index eines Bildes aus der Bilderliste SmallImages des übergeordneten Listenansichtsfeldes (-1 = kein Bild)
int MaxWidth	Maximale Spaltenbreite
int Width	Aktuelle Spaltenbreite

Tabelle 12.20: Wichtige Eigenschaften der Klasse TListColumn für die Realisierung einer Spalte in einem Listenansichtsfeld

Grafiksymbole in TListView

In TListView treten an verschiedenen Stellen Grafiksymbole auf. Diese werden über eine Bilderliste vom Typ TImageList zugeliefert. Zwei Eigenschaften von TListView nämlich SmallImages und LargeImages befassen sich mit der Bilddarstellung. In unserem Fall ist – da wir nur mit der Berichtsansicht von TListView (wg. *ViewStyle = vsReport*) arbeiten – nur die Eigenschaft *SmallImages* von Bedeutung.

Zur Aufnahme der Bilder fügen Sie die Komponente *ImageList* (Typ TImage-List) hinzu. Wenn Sie auf das zugehörige Symbol 🖼 doppelklicken, öffnet sich das in Abbildung 12.5 dargestellte Dialogformular. Mit den Schaltflächen Löschen und Alle löschen können Sie bestehende Symbole aus der Bilderliste löschen. Mit

Abbildung 12.5: ImageList1 – Dialog zum Anzeigen und Hinzufügen von Bildern

Hinzufügen können Sie Symbole, die in vielen verbreiteten Grafikformaten vorliegen dürfen, in die Bilderliste aufnehmen.

Fast beliebige Grafikformate können in die Bilderliste übernommen werden

Nachricht entgegennehmen und ggf. filtern

Die Aufbereitung der Nachricht erfolgt für unsere Minimalversion eines POP3-Clients in folgenden Schritten:

* Zahl der anstehenden Nachrichten ermitteln.

* Anstehende Nachrichten auflisten

Zahl der anstehenden Nachrichten ermitteln

Die Zahl der auf dem Server anstehenden Nachrichten ermitteln Sie mittels der Methode *CheckMessages*.

```
int VorhNachr = IdPOP3->CheckMessages();
```

Anschließend holen Sie in einer Schleife, die n mal durchlaufen wird mittels der Methode *RetrieveHeader* die Nachrichtenköpfe ab.

```
for (int i = 1; i <= VorhNachr; i++)
{
  IdMsgEmpf->Clear();
  IdPOP3->RetrieveHeader(i,IdMsgEmpf);
  ...
}
```

In der Parameterliste von *RetrieveHeader* bezeichnet *i* die laufende Nummer der Nachricht (*i* wird ab 1 gezählt!). *IdMsgEmpf* ist eine Referenz auf die Nachrichten-

!!Ausnahme!! Zählung der Nachrichten ab 1, nicht ab 0

instanz (das Nachrichtenobjekt), in der die empfangenen Nachricht i angeliefert wird.

Wenn die Verbindung hergestellt ist, werden die Kopfdaten der auf dem Server anstehenden Nachrichten empfangen. Anschließend wird die Verbindung getrennt.

Anstehende Nachrichten übernehmen

Die Nachricht wird üblicherweise in mehreren Teilen angeliefert und kann aus Textabschnitten und Anhängen bestehen.

12.4.2.3. Anzeige der Textnachrichten und Auflistung der Anhänge

Bei Doppelklicken auf eine Zeile in *LiVEmpfang*, die einer E-Mail-Nachricht entspricht, wird die Methode LiVEmpfgangDblClick aufgerufen. Durch Ausführen dieser Methode werden die Nachrichtenteile, die Text enthalten, in *MemoNachricht* angezeigt. Die Namen der Dateianhänge werden in *LiVAnhaenge* aufgelistet. Die Anweisung

```
IdPOP3->Retrieve(LiVEmpfang->Selected->Index+1, IdMsgEmpf);
```

übernimmt die angewählte Nachricht in die Nachrichteninstanz *IdMsgEmpf*. Dabei ist der Index um 1 zu korrigieren weil die Zeilen in *TListView* ab 0 zählen (die Überschrift wird nicht mitgezählt), die in Einträge im Empfangspuffer des POP3-Servers hingegen ab 1.

Zeilenzählung korrigieren!

Dann wird über alle Nachrichtenteile iteriert (von *0* bis *Count-1*).

```
for (int j = 0; j < IdMsgEmpf->MessageParts->Count; j++)
```

Wenn der Typ eines Nachrichtenteils TIdAttachmentFile ist, werden die Daten des Anhangs in *LiVAnhaenge* eingetragen. Dazu wird zunächst mit der Methode *Add()* dem Listenansichtsfeld ein Element hinzugefügt. Ansachließend wird über den Bildindex (*ImageIndex*), der sich auf die maßgebliche Bilderliste (hier *SmallImages* bzw. *ImageList1*) bezieht, das Grafiksymbol für die erste Spalte

LiVEmpfang	
Eigenschaft	**Wert**
LargeImages	ImageList1 // in der speziellen Anwendung ohne Bedeutung
ShowCaption	true
SmallImages	ImageList1
ViewStyle	vsReport

Tabelle 12.21: Objektinspektoreinträge für LiVEmpfang vom Typ TListView

enum TViewStyle	
Wert	**Bedeutung**
vsIcon	Darstellung als großes Grafiksymbol, frei auf der Clientfläche von TListView verschiebbar
vsList	Darstellung als kleines Grafiksymbol mit kurzer rechtsseitiger Erläuterung. In Spalten angeordnet, nicht frei auf der Clientfläche von TListView verschiebbar
vsReport	Darstellung als Tabelle, in der ersten Spalte zusätzlich ein grafisches Symbol
vsSmallIcon	Darstellung als kleines Grafiksymbol, frei auf der Clientfläche von TListView verschiebbar

Tabelle 12.22: Wertebereich für Variable vom Typ TViewStyle

definiert. Schließlich wird mittels der Methode `SubItems->Add` die Typenangabe (`af-> ContentType`) für den Inhalt als Unterelement hinzugefügt.

```
if (IdMsgEmpf->MessageParts->Items[j]
                              ->ClassNameIs("TIdAttachmentFile"))
{
  //Allgemeiner Anhang
  PnlAnhaenge->Visible = true;
  li = LiVAnhaenge->Items->Add();
  li->ImageIndex = 8;
  TIdAttachmentFile* af =
          (TidAttachmentFile*) (IdMsgEmpf->MessageParts->Items[j]);
  li->Caption = af->FileName;
  li->SubItems->Add(af->ContentType);
}
```

Wenn es sich bei dem Nachrichtenteil um einen Textabschnitt handelt wird der Nachrichtenrumpf mittels der Methode *AddStrings* in das Feld *MemNachricht* eingetragen.

```
else
{
  if (IdMsgEmpf->MessageParts->Items[j]->ClassNameIs("TIdText"))
  {
    //Textnachricht
    MemNachricht->Lines->Clear();
    MemNachricht->Lines->AddStrings
            (((TIdText*)(IdMsgEmpf->MessageParts->Items[j]))->Body);
  }
}
```

12.4.2.4. Abspeichern der Nachrichten und Anhänge

Nachricht abspeichern

Durch Betätigen der Schaltfläche *BtnNachrSpeichern* rufen Sie die Methode *BtnNachrSpeichernClick* auf. In dieser Methode wird ein Datei-Speichern-Dialog ausgeführt und die Nachricht in einer ausgewählten Datei abgespeichert.

```
if (SaveDialog1->Execute())
{
   MemNachricht->Lines->SaveToFile(SaveDialog1->FileName);
}
```

Anhänge abspeichern

Anhänge vor dem Abspeichern markieren! Wesentlich aufwändiger als das Speichern von Nachrichten ist das Speichern von Dateianhängen. Abgespeichert werden die Dateianhänge, die den in *LiVAnhaenge* durch Anklicken ausgewählten Zeilen entsprechen. Ausgewählte Zeilen sind blau unterlegt.

Die Methode *BtnAnhSpeichernClick* iteriert über alle Zeilen von *LiVAnhaenge*. Dabei

- emittelt sie für die ausgewählten Anhänge deren Position innerhalb der Nachricht (Aufruf der Methode *FindAttachment*),
- stellt sie den Dateipfad zum Abspeichern des jeweiligen Anhangs zusammen,
- öffnet sie einen Datei-Speichern-Dialog biete den Standarddateipfad zum Abspeichern an und speichert den Anhang ab.

Standardpfad für die Anhänge festlegen

Der Standardpfad für die Anhänge wird bereits im Konstruktor festgelegt.

```
FAttachPath = ExtractFilePath Application->ExeName);
```

liefert den Dateipfad des ausgeführten Programms einschließlich des angehängten Begrenzers (\\).

```
FAttachPath = FAttachPath + "Attach\\";
```

Mit der Anweisung

```
if (!DirectoryExists(FAttachPath))
    ForceDirectories(FAttachPath);
```

werden ggf. alle im Pfad noch nicht existierenden Verzeichnisse angelegt.

UnicodeString ExeName ist eine Eigenschaft von *TApplication*. Die erforderliche Schnittstellendatei ist **Forms.hpp**. *ExeName* liefert den kompletten Dateipfad der Anwendung einschließlich Name und Endung der ausführbaren Datei.

`UnicodeString ExtractFilePath (const UnicodeString Pfad)` kürzt den Gesamtpfad so um den Dateinamen, dass der Pfadname bis einschließlich des Trennzeichens vor dem Dateinamen erhalten bleibt. Schnittstellendatei ist **SysUtils.hpp**

`bool DirectoryExists (const UnicodeString Pfad)` nimmt den Wert true an, wenn der angegebene Dateipfad existiert. Schnittstellendatei ist **IdSysVCL.hpp**

`void ForceDirectories (const UnicodeString Pfad)` erstellt alle noch fehlenden und für den angegebenen Pfad erforderlichen Verzeichnisse. Schnittstellendatei ist **FileCtrl.hpp**.

Dateinhang ermitteln

Dia Dateianhänge werden in der Methode *FindeAnhang* ermittelt. Dabei wird über alle Teile der Nachricht iteriert, bis ein Element vom Typ *TIdAttachmentFile* gefunden wurde, dessen Dateiname mit dem Namen aus der LiVAnhaenge übereinstimmt. Der maßgebliche Code hierfür lautet:

```
FileName = UpperCase(FileName);
do
{
  intIndex++;
  if (IdMsgEmpf->MessageParts->Items[intIndex] //Klasse
                    ->ClassNameIs("TIdAttachmentFile"))
  {
    if (FileName == UpperCase(((TIdAttachmentFile*) //Name des Anhangs
              (IdMsgEmpf->MessageParts->Items[intIndex])) ->FileName))
          found = true;
  }
}
while (!found && !(intIndex > IdMsgEmpf->MessageParts->Count-1));
```

12.4.2.5. Löschen von Nachrichten

Markieren Sie in der Listenansicht *LiVEmpfang* eine Zeile per Doppelklick. Die Eigenschaft *Selected->Index* von *LiVEmpfang* ergibt dann prinzipiell den Index der zu löschenden Nachricht. Wegen der unterschiedlichen Zählweise (Nachrichten zählen ab 1) muss dieser um 1 korrigiert werden.

Mittels der Methode *Delete* von IdPOP3 wird die angewählte Nachricht zur Löschung vorgemerkt. Durch Trennen und anschließendes erneutes Verbinden wird die Anzeige aktualisiert.

```
if (LiVEmpfang->Selected != NULL) {
  IdPOP3->Delete (LiVEmpfang->Selected->Index+1);
  LiVEmpfang->Selected->ImageIndex = 3;
  IdPOP3->Disconnect();
  EmpfangenExecute();
}
```

12.4.2.6. Trennen der Verbindung

Das Trennen der Verbindung erfolgt mit der Anweisung

```
IdPOP3->Disconnect();
```

12.4.3. Programmcode: Empfangen von E-Mail-Nachrichten (POP3-Client)

12.4.3.1. Hauptprogramm ProPOP3Client

Das Hauptprogramm *ProPOP3Client* ist eine C++Builder-VCL-Anwendung ohne irgendwelche Besonderheiten. Sie wird in bekannter Weise ausschließlich durch Funktionen der Integrierten Entwicklungsumgebung erstellt. Eine individuelle Codierung erfolgt nicht.

12.4.3.2. Formularunit UFrmMainPOP3Client

Der gesamte individuell programmierte Teil der Anwendung ist in der Hauptformularunit *UFrmMainPOP3Client* konzentriert.

Schnittstellendatei UFrmMainPOP3Client.h

```
//---------------------------------------------------------------------
#ifndef UFrmMainPOP3ClientH
#define UFrmMainPOP3ClientH
//---------------------------------------------------------------------
#include <Classes.hpp>
#include <Controls.hpp>
#include <StdCtrls.hpp>
#include <Forms.hpp>
#include "IdExplicitTLSClientServerBase.hpp"
#include "IdSMTPBase.hpp"
#include <IdBaseComponent.hpp>
#include <IdComponent.hpp>
#include <IdMessageClient.hpp>
#include <IdMessageParts.hpp>
#include <IdPOP3.hpp>
#include <IdSMTP.hpp>
#include <IdTCPClient.hpp>
#include <IdTCPConnection.hpp>
#include <IdMessage.hpp>
#include <IdMailBox.hpp>
#include <ComCtrls.hpp>
#include <ImgList.hpp>
#include <ExtCtrls.hpp>
#include <Dialogs.hpp>
//---------------------------------------------------------------------
class TForm1 : public TForm
{
__published:    // IDE-verwaltete Komponenten
  TIdPOP3 *IdPOP3;
  TButton *BtnPOP3Empfangen;
  TIdMessage *IdMessageEmpf;
```

```
  TButton *BtnDisconn;
  TMemo *MemNachricht;
  TButton *BtnMemoLoeschen;
  TListView *LiVEmpfang;
  TImageList *ImageList1;
  TLabeledEdit *LEdZustand;
  TPanel *PnlAnhaenge;
  TListView *LiVAnhaenge;
  TSaveDialog *SaveDialog1;
  TLabeledEdit *LEdFrom;
  TComboBox *CBxCC;
  TComboBox *CBxEmpfaenger;
  TLabel *LblCC;
  TLabel *LblEmpfaenger;
  TButton *BtnAnhSpei;
  TButton *BtnLoeschen;
  void __fastcall BtnPOP3EmpfangenClick(TObject *Sender);
  void __fastcall IdPOP3Status(TObject *ASender, const TIdStatus AStatus,
          const AnsiString AStatusText);
  void __fastcall IdPOP31Work(TObject *ASender, TWorkMode AWorkMode,
          __int64 AWorkCount);
  void __fastcall IdPOP3WorkBegin(TObject *ASender, TWorkMode AWorkMode,
          __int64 AWorkCountMax);
  void __fastcall IdPOP3WorkEnd(TObject *ASender, TWorkMode AWorkMode);
  void __fastcall IdPOP3Disconnected(TObject *Sender);
  void __fastcall BtnDisconnClick(TObject *Sender);
  void __fastcall BtnMemoLoeschenClick(TObject *Sender);
  void __fastcall IdPOP3Connected(TObject *Sender);
  void __fastcall LiVEmpfangDblClick(TObject *Sender);
  void __fastcall LiVEmpfangSelectItem(TObject *Sender, TListItem *Item,
                                       bool Selected);
  void __fastcall IdPOP3Work(TObject *ASender, TWorkMode AWorkMode,
                                       __int64 AWorkCount);
  void __fastcall BtnAnhSpeiClick(TObject *Sender);
  void __fastcall BtnLoeschenClick(TObject *Sender);
private:         // Benutzer Deklarationen
  int VorhNachr;
  int FindAttachment (String FileName);
  bool isTIdAttachmentMemory (TIdMessagePart * mp);
  void EmpfangenExecute();
public:          // Benutzer Deklarationen
  __fastcall TForm1(TComponent* Owner);
};
//---------------------------------------------------------------------------
extern PACKAGE TForm1 *Form1;
//---------------------------------------------------------------------------
#endif
```

Implementationsdatei UFrmMainPOP3Client.cpp

```
//---------------------------------------------------------------------------
#include <vcl.h>
#pragma hdrstop

#include "UFrmMainPOP3Client.h"
#include "IdAttachmentFile.hpp"
```

```cpp
#include "IdText.hpp"
//---------------------------------------------------------------------------
#pragma package(smart_init)
#pragma link "IdExplicitTLSClientServerBase"
#pragma link "IdSMTPBase"
#pragma resource "*.dfm"
TForm1 *Form1;
//---------------------------------------------------------------------------
__fastcall TForm1::TForm1(TComponent* Owner)
        : TForm(Owner)
{
}
//---------------------------------------------------------------------------
void  TForm1::EmpfangenExecute()
{
  TListItem * itm;
  if (IdPOP3->Connected())
  {
    IdPOP3->Disconnect();
  }
  IdPOP3->Connect();
  LiVEmpfang->Items->Clear();
  VorhNachr = IdPOP3->CheckMessages();
  for (int i = 1; i <= VorhNachr; i++)
  {
    IdMessageEmpf->Clear();
    IdPOP3->RetrieveHeader(i,IdMessageEmpf);
    itm = LiVEmpfang->Items->Add();
    itm->ImageIndex = 5;
    itm->Caption = IdMessageEmpf->Subject;
    itm->SubItems->Add(IdMessageEmpf->From->Text);
    itm->SubItems->Add(DateToStr(IdMessageEmpf->Date));
    itm->SubItems->Add(IntToStr(IdPOP3->RetrieveMsgSize(i)));
  }
}


void __fastcall TForm1::BtnPOP3EmpfangenClick(TObject *Sender)
{
   EmpfangenExecute();
}
//---------------------------------------------------------------------------
void __fastcall TForm1::IdPOP3Status(TObject *ASender,
               const TIdStatus AStatus, const AnsiString AStatusText)
{
  LEdZustand->Text = AStatusText;
}
//---------------------------------------------------------------------------
void __fastcall TForm1::IdPOP31Work(TObject *ASender, TWorkMode AWorkMode,
      __int64 AWorkCount)
{
  //
}
//---------------------------------------------------------------------------
void __fastcall TForm1::IdPOP3WorkBegin(TObject *ASender,
      TWorkMode AWorkMode, __int64 AWorkCountMax)
{
```

```
//
}
//-------------------------------------------------------------------------
void __fastcall TForm1::IdPOP3WorkEnd(TObject *ASender,
                                                 TWorkMode AWorkMode)
{
//
}
//-------------------------------------------------------------------------
void __fastcall TForm1::IdPOP3Disconnected(TObject *Sender)
{
  LEdZustand->Text = "POP3-Verbindung getrennt";
}
//-------------------------------------------------------------------------
void __fastcall TForm1::BtnDisconnClick(TObject *Sender)
{
  IdPOP3->Disconnect( );
}
//-------------------------------------------------------------------------
void __fastcall TForm1::BtnMemoLoeschenClick(TObject *Sender)
{
  MemNachricht->Lines->Clear();
}
//-------------------------------------------------------------------------

void __fastcall TForm1::IdPOP3Connected(TObject *Sender)
{
  LEdZustand->Text = "POP3 verbunden";
}
//-------------------------------------------------------------------------

void __fastcall TForm1::LiVEmpfangDblClick(TObject *Sender)
{
  TListItem * li;
//Memory-Feld für die Nachricht löschen
  MemNachricht->Clear();
  LEdFrom->Text = IdMessageEmpf->From->Address;
  CBxCC->Items->Clear();
  for (int i = 0; i < IdMessageEmpf->CCList->Count; i++) {
    CBxCC->Items->Add(IdMessageEmpf->CCList->Items[i]->Address);
  }
  CBxEmpfaenger->Items->Clear();
  for (int i = 0; i < IdMessageEmpf->Recipients->Count; i++) {
    CbxEmpfaenger->Items->Add(IdMessageEmpf->
                         Recipients->Items[i]->Address);
  }
  //Angeklickte Nachricht vom Server laden
  IdPOP3->Retrieve(LiVEmpfang->Selected->Index+1, IdMessageEmpf);
  for (int j = 0; j < IdMessageEmpf->MessageParts->Count; j++)
  {
    if (IdMessageEmpf->MessageParts->Items[j]->
                              ClassNameIs("TIdAttachmentFile"))
    {
//Allgemeinder Anhang
      PnlAnhaenge->Visible = true;
```

```
        li = LiVAnhaenge->Items->Add();
        li->ImageIndex = 8;
        TIdAttachmentFile* aa =  (TIdAttachmentFile*)
                      (IdMessageEmpf->MessageParts->Items[j]);
        li->Caption = aa->FileName;
        li->SubItems->Add(aa->ContentType);
      }
      else
      {
        if (IdMessageEmpf->MessageParts->Items[j]->ClassNameIs("TIdText"))
        {
//Textnachricht
          TIdText* ii =  (TIdText*)(IdMessageEmpf->MessageParts->Items[j]);
          MemNachricht->Lines->AddStrings (ii->Body);
        }
      }
    }

}
//-------------------------------------------------------------------

void __fastcall TForm1::LiVEmpfangSelectItem
                       (TObject *Sender, TListItem *Item, bool Selected)
{
//
}


//-------------------------------------------------------------------

void __fastcall TForm1::IdPOP3Work(TObject *ASender,
                                   TWorkMode AWorkMode, __int64 AWorkCount)

{
  LEdZustand->Text =
                IntToStr((int)AWorkMode)+"  "+IntToStr((int)AWorkCount);
  Application->ProcessMessages();
}
//-------------------------------------------------------------------

int TForm1::FindAttachment (String FileName)
{
  bool found = false;
  int intIndex = -1;
  int Result = -1;
  if (IdMessageEmpf->MessageParts->Count<1 )
    return Result; //Keine Anhänge vorhanden
  found = false;
  FileName = UpperCase(FileName);
  do
  {
    intIndex++;
    TIdMessagePart* bb = IdMessageEmpf->MessageParts->Items[intIndex];
    if (bb->ClassNameIs("TIdAttachmentFile"))
    {
      if (FileName ==
              UpperCase(((TIdAttachmentFile*)bb)->FileName))
```

```
                    found = true;
      }
   }
   while (!found && !(intIndex > IdMessageEmpf->MessageParts->Count-1));
   if (found)
     return intIndex;
   else
     return -1;
}

//------------------------------------------------------------------------

void __fastcall TForm1::BtnAnhSpeiClick(TObject *Sender)
{
//
    int MsgIndex;
  String fname;
  for (int ZeilIndex = 0; ZeilIndex < LiVAnhaenge->Items->Count;
                                                  ZeilIndex++)
    if(LiVAnhaenge->Items->Item[ZeilIndex]->Selected)
    {
      MsgIndex = FindAttachment
                        (LiVAnhaenge->Items->Item[ZeilIndex]->Caption);
      if (MsgIndex > 0)
      {
        SaveDialog1->FileName = fname;
        if (SaveDialog1->Execute ())
        {
          TIdAttachmentFile* aa = (TIdAttachmentFile*)
              (IdMessageEmpf->MessageParts->Items[MsgIndex]);
          aa->SaveToFile (SaveDialog1->FileName);
        }
      }
    }
}

//------------------------------------------------------------------------

void __fastcall TForm1::BtnLoeschenClick(TObject *Sender)
{
  if (LiVEmpfang->Selected != NULL) {
    IdPOP3->Delete (LiVEmpfang->Selected->Index+1);
    LiVEmpfang->Selected->ImageIndex = 3;
    IdPOP3->Disconnect();
    EmpfangenExecute();
  }
}
//------------------------------------------------------------------------
```

12.5. Dateiverkehr mit dem Internet (Erstellung eines FTP-Clients)

12.5.1. Was ist FTP?

Das **File Transfer Protocol** (engl. für „Dateiübertragungsverfahren", kurz FTP), ist ein im RFC 959 von 1985 spezifiziertes Netzwerkprotokoll zur Übertragung von Dateien über IP-Netzwerke. FTP ist in der Anwendungsschicht (Schicht 7) des OSI-Schichtenmodells angesiedelt. Es wird benutzt, um Dateien vom Server zum Client (Herunterladen), vom Client zum Server (Hochladen) oder clientgesteuert zwischen zwei Endgeräten zu übertragen. Außerdem können mit FTP Verzeichnisse angelegt und ausgelesen sowie Verzeichnisse und Dateien umbenannt oder gelöscht werden.

Das FTP verwendet für die Steuerung und Datenübertragung jeweils separate Verbindungen: Eine FTP-Sitzung beginnt, indem vom Client zum Control Port des Servers (der Standard-Port dafür ist Port 21) eine TCP-Verbindung aufgebaut wird. Über diese Verbindung werden Befehle zum Server gesendet. Der Server antwortet auf jeden Befehl mit einem Statuscode, oft mit einem angehängten, erklärenden Text. Die meisten Befehle sind allerdings erst nach einer erfolgreichen Authentifizierung zulässig.

12.5.2. Aufgabenstellung

Erstellen Sie einen FTP-Client, der Dateien von einem FTP-Server übernimmt bzw. auf diesen transferiert. Es soll die Möglichkeit eines automatischen und eines manuellen Login bestehen. Ebenso soll die FTP-Sitzung manuell geschlossen werden können.

Quelle und Senke der übertragenen Dateien sollen in geeigneter Weise per Mausdialog eingegeben werden. Da der Transfer einer Datei längere Zeit beanspruchen kann, muss eine Fortschrittsanzeige realisiert werden.

Auf der Basis dieser Aufgabenstellung könnten Sie z. B. ein Programm erstellen, das eine DLL dynamisch aktualisiert. Dazu muss lediglich die bestehende DLL während eines Zeitraums, wo sie in kein Programm eingebunden ist, durch eine neu vom Server heruntergeladene Version überschrieben werden.

12.5.3. Installation eines Testservers

Vollständige Kontrolle über den Server begünstigt den Test

Natürlich können Sie Ihren FTP-Client an einem beliebigen FTP-Server im Internet testen. Hierbei hat man diesen Server als Testpartner jedoch häufig nicht in der Weise unter Kontrolle, wie es für ein rationelles Arbeiten wünschenswert ist.

Für die erste Testphase empfiehlt es sich deshalb, einen lokalen FTP-Server einzurichten, den man 100%-ig unter Kontrolle hat. Der Autor hat zu diesem Zweck mit den folgenden Programmen erfolgreich experimentiert:

- Filezilla

- FreeFTPd

- ftpsrv110

12.5.3.1. Installation von Filezilla

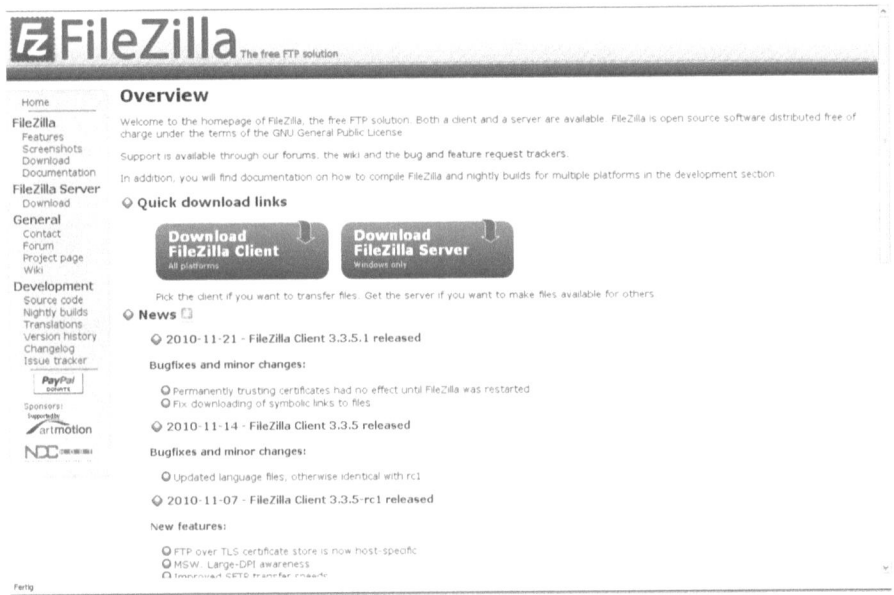

Abbildung 12.6: Internetseite des Filezilla-Projekts mit einschlägigen Down-
  loadmöglichkeiten

Sie finden dieses Programm unter http://www.filezilla-project.org (Abbildung 12.6)

Laden Sie das Programm (**FileZilla_Server-0_9_37.exe**, Stand 12/2010) herunter
und installieren Sie es durch Ausführen dieser selbstentpackenden Datei.

Während der Installation werden Sie gefragt, wie Sie das Programm betreiben möchten. Für die Art des Starts wählen Sie Install as service, started manually und für die
Portdresse der Administratorschnittstelle des Filezilla Servers belassen Sie in der Regel den Default-Wert 14147 (Abbildung 12.7). Auf dem folgenden Formular (sieht
aus wie , nur das Kombinationsfeld fragt jetzt bezüglich des Server Interfaces) stellen
Sie ein, dass der Filezilla Server manuell gestartet wird (start manually). Für das
Filezilla-Server-Interface wählen Sie Start interface after setup completes.

Nach der Installation müssen Sie mindestens einen Benutzer definieren. Hierzu starten Sie zunächst den Filezilla-Server und direkt anschließend das Programm *File-*
zilla Server Interface (Abbildung 12.10). Über Edit|Users im Hauptformu-

lar erreichen Sie das Formular zur Eingabe der Benutzerdaten und zwar zunächst in der Version General (Abbildung 12.8). Auf dieser Seite bestimmen Sie Gruppenzugehörigkeit, Benutzernamen und Passwort.

Wenn Sie unter Page auf Shared Folders klicken ändert sich die Seitenansicht (Abbildung 12.9) und Sie haben die Möglichkeit, festzulegen, auf welche Verzeichnisse die einzelnen Benutzer zugreifen können. Dabei muss für jeden Benutzer ein Home-Verzeichnis definiert werden. Bitte vergessen Sie nicht, für die von Ihnen vorgesehene Verzeichnisse angemessene Zugriffsrechte zu vergeben. Vielfach treten

Bei der Vergabe der Zugriffsrechte für die Dateien sollten Sie besondere Sorgfalt walten lassen!

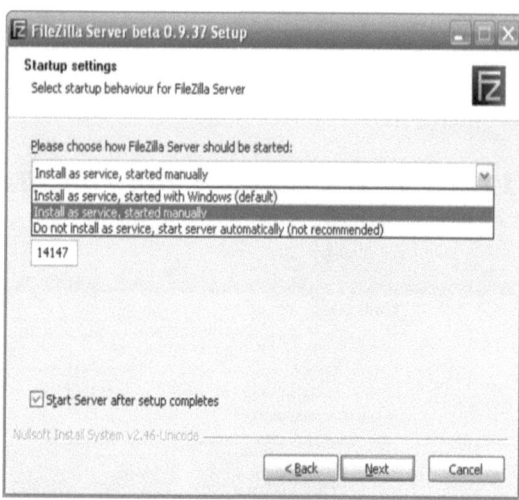

Abbildung 12.7: Filezilla-Setup, Bestimmung des Startmodus

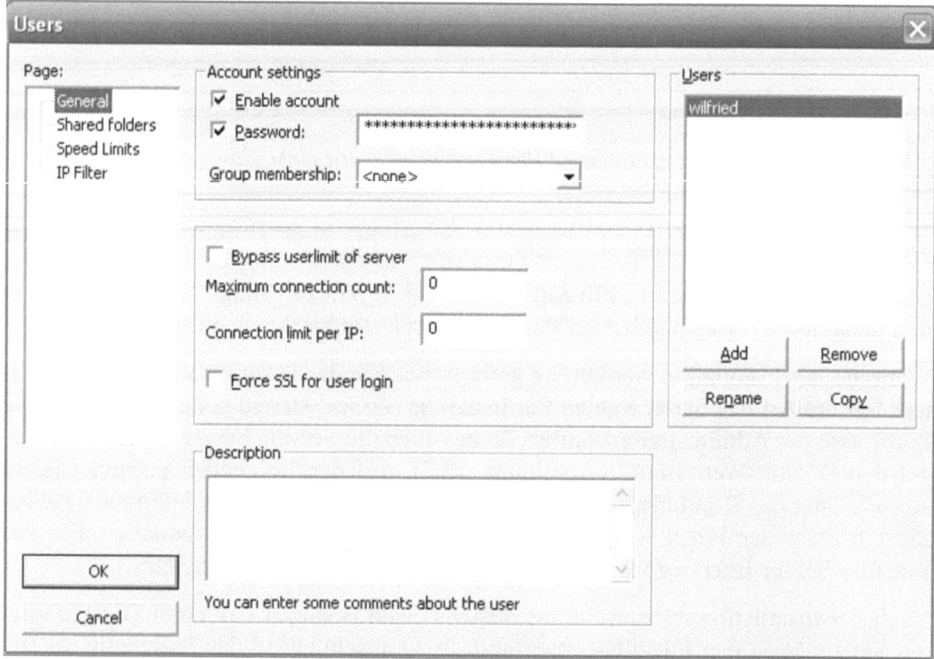

Abbildung 12.8: Filezilla Server Interface, Seite zur Definition neuer Benutzer

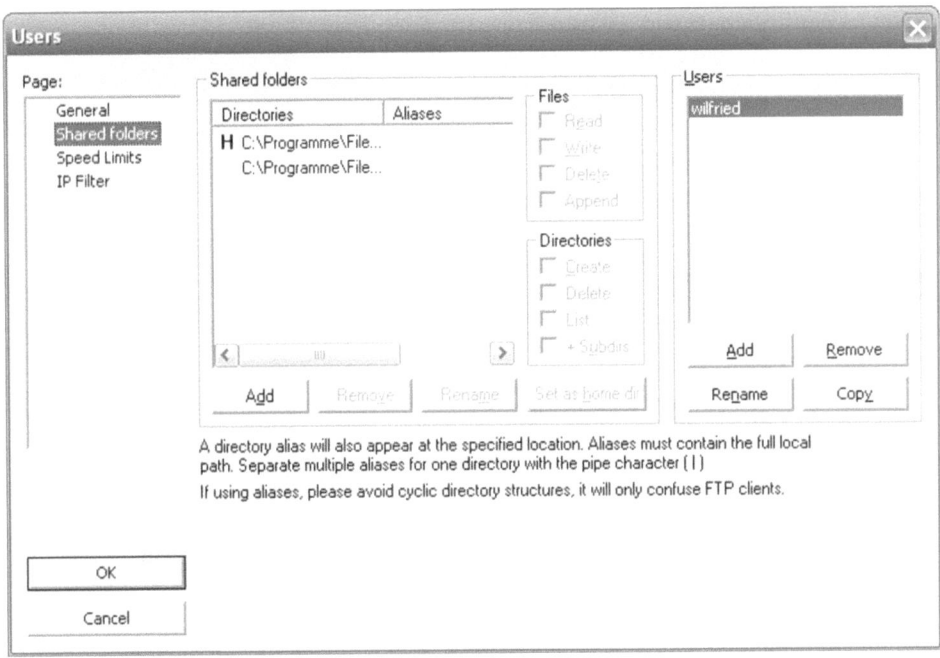

Abbildung 12.9: Filezilla Server Interface, Seite zum Einstellen der Verzeichnisse

Programmfehler dadurch auf, dass keine oder falsche Zugriffsrechte vergeben wurden.

In Verbindung mit dem unten beschriebenen FTP-Client muss der Sever vor dem Client starten, damit Verbindung und Login erfolgen können.

12.5.3.2. Installation von FreeFTPd

Den Open Source FTP-Server FreeFTPd können Sie unter der Adresse http://www.freesshd.com/?ctt=download aus dem Internet herunterladen. Die Instal-

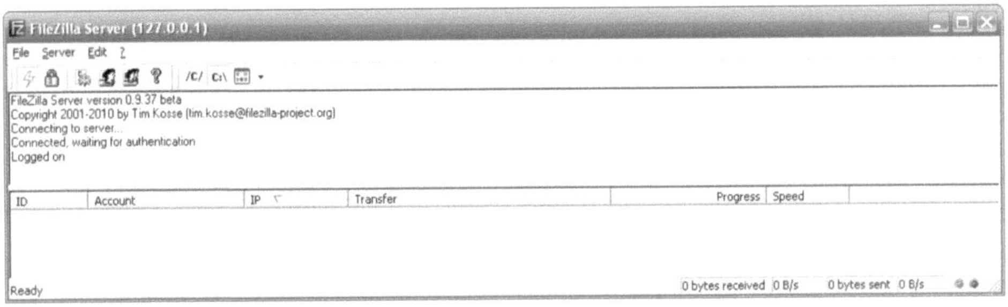

Abbildung 12.10: Filezilla Server-Interface (Hauptformular)

lation verläuft weitgehend selbsterklärend Die Fragen, die Ihnen im Zuge
der Installation gestellt werden (Abbildung 12.13 und Abbildung 12.14) sollten Sie in beiden Fällen verneinen .

Vergabe der Zugriffsrech-te: Server ge-startet, aber nicht verbun-den.

Nach dem Start von FreeFTPd sehen
Sie zunächst die Statusseite (Abbildung 12.11) auf der in diesem Fall angezeigt wird, dass der FTP-Server
nicht aktiv ist.

Das Einschalten des FTP-Servers erfolgt auf der Seite FTP mittels der
Wechselschaltfläche Start/ Stop (Abbildung 12.12). Auf dieser Seite erfolgt
auch die Einstellung von

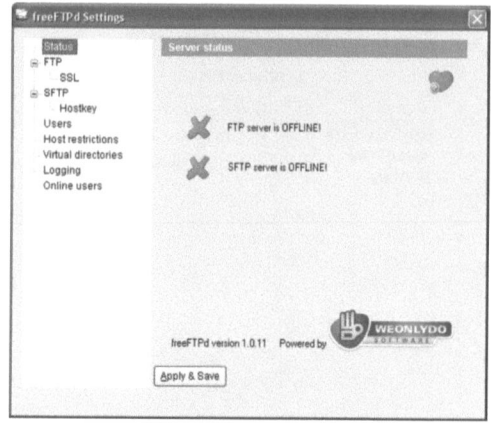

*Abbildung 12.11: Statusanzeige nach dem
Start des Progranmmes FreeFTPd*

- IP-Adresse

- Port

- Begrüßungstexten

- Wurzelverzeichnis.

Die Einstellung der Benutzer erfolgt
auf der Seite Users und die Definition
der Verzeichnisse, die den einzelnen
Benutzern zugeordnet sind auf der Seite Virtual directories. Die erforderlichen Eingaben ähneln sehr stark den
bei Filezilla erforderlichen (12.5.3.1).

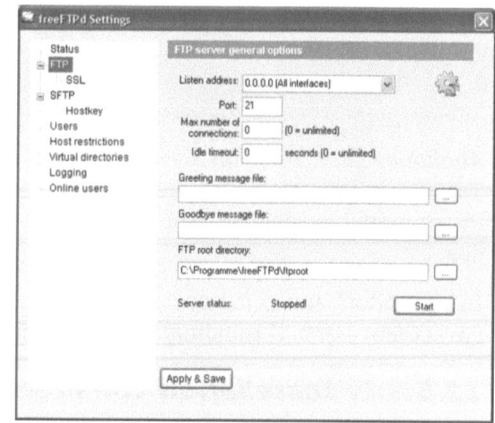

*Abbildung 12.12: FreeFTPd: Eingabe de-
Kerndaten für den Server*

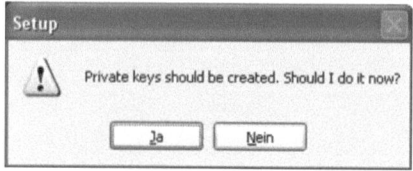

*Abbildung 12.13: FreeFTPd: Sollen
private Schlüssel für den sicheren
Datentransfer generiert werden?*

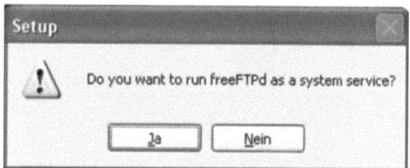

*Abbildung 12.14: Soll FreeFTP als
Systemdienst laufen? In der Testphase eher nicht*

12.5.3.3. Installation von ftpsrv110

Den Open Source FTP-Server ftpsrv100 finden Sie im Internet unter der Adresse http://de.sourceforge.jp/projects/sfnet_ftpserv/downloads/ftpserv/1.10/ftpsrv110.zip/ . Die Datei ftpsrv110.zip muss entpackt und in ein frei wählbares Verzeichnis kopiert werden, wo die Anwendung **ftpserv.exe** ohne weitere Installation ausgeführt werden kann. Der Dialog (Abbildung 12.15) zeigt starke Ähnlichkeit mit dem von Filezilla.

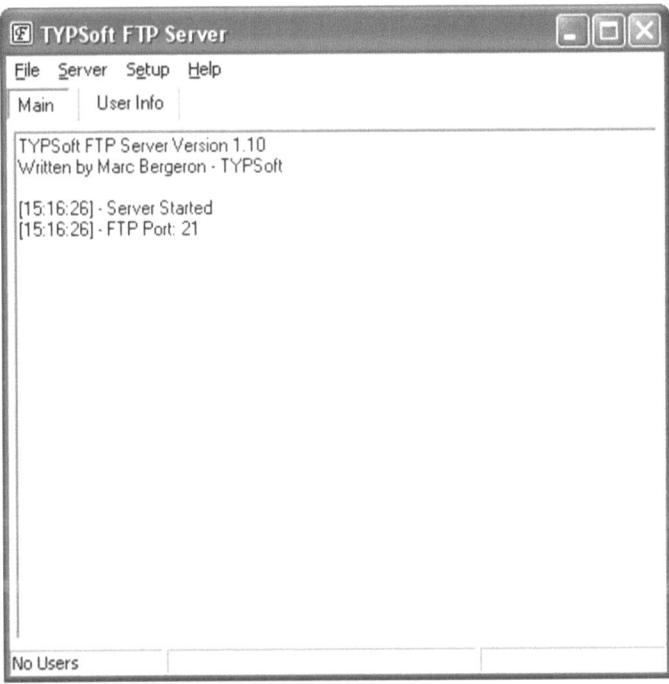

Abbildung 12.15: Bedienoberfläche von ftpsrv110

12.5.4. Vorgehen bei der Lösung

Im folgenden wird die Lösung der in 12.5.2geschilderten Aufgabe in vier Stufen schrittweise erarbeitet.

1. Grundsätzlicher Verkehr mit dem FTP-Server (Verbinden, anmelden trennen)

2. Anzeige des Server-Verzeichnisses

3. Navigation im Server-Verzeichnis

4. Transfer zwischen Client- und Server-Verzeichnis mit Fortschrittsanzeige

Basis für die Lösung ist auch hier das Indy (Internet Direct)-Framework. Indy stellt eine äußerst komplexe Klasse `TIdFTP` zur Realisierung von FTP-Clients zur Verfügung.

In diesem Beispiel wird lediglich eine Basislösung vorgestellt. Wenn Sie tiefer in die Details eines FTP-Clients eindringen möchten, sollten Sie unbedingt die Indy-Dokumentation [INDY1] und weiterführende Literatur zu Rate ziehen.

12.5.5. Entwicklungsstufe 1

12.5.5.1. Bedienoberfläche

Auf dem Hauptformular platzieren Sie die folgende Bedienelemente:

- Eine Komponente *IdFTP* vom Typ `TIdFTP`. Sie finden sie im Fach IndyClients-der Werkzeugpalette.

- Drei Schaltflächen*BtnAnmelden*, *BtnTrennen* und *BtnVerbinden* vom Typ `TButton`

- Ein Beschriftungsfeld *LblStatus* vom Typ `TLabel`.

12.5.5.2. Verbinden

Damit die Verbindung zum FTP-Server erfolgen kann müssen Sie der Eigenschaft *host* der FTP-Client-Komponente *IdFTP* den Namen des FTP-Servers zuweisen. Aufgrund des verwendeten FileZilla-Servers lautet der Server-Name *localhost*.

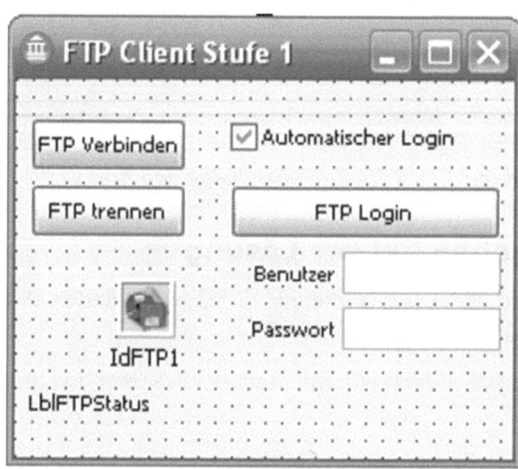

Abbildung 12.16: Bedienoberfläche des FTP-Clients, Entwicklungsstufe 1 (Ansicht zur Entwicklungszeit)

TIdFTP	
Eigenschaft	**Bedeutung**
bool AutoLogin	true: Beim Verbinden erfolgt auch die Anmeldung.
TIdString Host	IP-Adresse oder URL
TIdFTPListItems * DirectoryListing	Container für ein Directory-Listing
String Password	Passwort für das Anmelden.
String Username	Benutzername
Methode	**Bedeutung**
void ChangeDir (const UnicodeString ADirName)	Serververzeichnis umschalten.
void ChangeDirUp()	Auf übergeordnetes Serververzeichnis umschalten.
void Connect()	Server verbinden.
bool Connected()	Ermittlung ob eine Verbindung zum Server besteht (true bei Verbindung)
void Disconnect()	Server trennen.
void __fastcall Get (const UnicodeString ASourceFile, const UnicodeString ADestFile, const bool ACanOverwrite = false, bool AResume = false)	Datei vom Server übernehmen.

void __fastcall List (UnicodeString ASpecifier, bool ADetails);	ASpecifier: Dateimaske ADetails: Liste enthält Details	Listet im aktuellen Server-Verzeichnis enthaltene Dateien und Verzeichnisse
void __fastcall List()	Listet alle Einträge des aktuellen Verzeichnisses mit DEtails	

void __fastcall Login()	Auf dem Server anmelden.
void __fastcall Put (const UnicodeString AsourceFile, const UnicodeString ADestFile = L"", const bool AAppend = false)	Datei auf den Server übertragen.
UnicodeString __fastcall RetrieveCurrentDir (void);	Aktuelles Serververzeichnis erfragen.
__int64 __fastcall Size (String AFileName)	Größe einer Datei auf dem FTP-Server. -1 falls unbekannt.

Tabelle 12.23: Die im Beispiel verwendeten Eigenschaften und Methoden von TIdFTP

IdFTP	
Eigenschaft	**Wert**
AuthType	satNone
Host	mail.gmx.de
Password	MeinPasswortBeiMeinemProvider
Username	MeinAccount@gmx.de

Tabelle 12.24: Objektinspektoreinträge für IdFTP vom Typ TIdFTP (Die Einträge entsprechen einem fiktiven Konto beim Internet-Provider gmx.)

Bei Betätigung der Schaltfläche `BtnVerbinden` wird dann die Methode `BtnVerbindenClick` ausgeführt, die wiederum die Methode `Connect` der FTP-Client-Komponente aufruft. Das darf allerdings nur geschehen, wenn noch keine Verbindung existiert, was Sie mittels der Eigenschaft `Connected` überprüfen können.

```
if (!IdFTP->Connected())
{
   IdFTP->Connect();
}
```

12.5.5.3. Anmelden (LogIn)

Zum erfolgreichen Anmelden müssen Sie den Eigenschaften `Username` und `Password` von `IdFTP` eine gültige Wertekombination zuweisen. Dies kann wie in unserem Beispiel zur Entwurfszeit oder auch zur Laufzeit geschehen. In unserem Fall wird als Passwort wird `a1b2c3` und als Benutzername `wilfried` verwendet.

Automatisches Anmelden (LogIn)

Wenn beim Ausführen der Methode `Connect` die Eigenschaft `AutoLogin` von `IdFTP` auf `true` gesetzt ist, erfolgt die Anmeldung automatisch.

Manuelles Anmelden (LogIn)

Wenn beim Ausführen der Methode `Connect` die Eigenschaft `AutoLogin` von `IdFTP` auf `false` gesetzt ist erfolgt die Anmeldung manuell durch Betätigen der Schaltfläche `BtnAnmelden`. In diesem Fall wird in der Methode `BtnAnmeldenClick` des Hauptformulars die Methode `Login` des FTP-Clients aufgerufen.

12.5.5.4. Trennen

Durch Betätigen der Schaltfläche `BtnTrennen` wird die Methode `BtnTrennenClick` und damit mittelbar auch die Methode `IdFTP->Disconnect` aufgerufen, die zum Abmelden und Trennen der Verbindung führt.

12.5.5.5. Ereignismethoden zur Verfolgung des Betriebszustandes des FTP-Clients

Das genaue Geschehen beim Verbinden, Anmelden und Trennen kann mittels zahlreicher Ereignisse, die in TIdFTP standardmäßig vorgesehen sind, verfolgt werden.

OnConnected

Diese Ereignis wird ausgelöst, wenn die Verbindung hergestellt wurde.

OnBannerBeforeLogin

{ "220 FileZilla Server version 0.9.33 beta written by Tim Kosse (Tim.Kosse@gmx.de) Please visit http://sourceforge.\r\n" }

OnBannerAfterLogin

{ "Logged on" }

OnAfterClientLogin

{ "Logged on" }

TIdFTP	
Ereignis	**Bedeutung**
OnBannerAfterLogin	Loginvorgang am FTP-Server ist abgeschlossen
OnBannerBeforeLogin	Begrüßung durch den FTP-Server ist erfolgt.
OnDisconnected	Client wird vom Server getrennt.
OnDirParseEnd	Parsing eines Verzeichnissses ist abgeschlossen.
OnRetrievedDir	Verzeichnisliste wurde vom Server übernommen.
OnStatus	Verbindungsstatus hat sich geändert.
OnNeedAccount	Account Information des Servers wird während des Login-Vorganges benötigt.
OnWork	Transfer hat begonnen (Get -oder Put-Methode wird ausgeführt)

Tabelle 12.25: Die im Beispiel verwendeten Ereignisse von TIdFTP

12.5.6. Entwicklungsstufe 2

In der zweiten Stufe kommt die Anzeige des aktuellen Serververzeichnisses hinzu. Zum einen wird der Name zum anderen in tabellarischer Form der Inhalt des Verzeichnisses angezeigt

12.5.6.1. Bedienoberfläche

Gegenüber Stufe 1 müssen Sie folgende Erweiterungen an der Bedienoberfläche vornehmen:

Zur Anzeige des Namens des aktuellen Serververzeichnisses wird ein beschriftetes Textfeld *LEdServerVerzeichnis* eingeführt. Der Inhalt dieses Verzeichnisses wird im neu angelegten Datengitter *StGrVerzeichnis* vom Typ TStringGrid dargestellt.

Abbildung 12.17: Bedienoberfläche des
FTP-Clients, Entwicklungsstufe 2
(Ansicht zur Entwicklungszeit)

12.5.6.2. Darstellung der Verzeichnisliste

In *StGrVerzeichnis* erfolgt die Darstellung des aktuellen Serververzeichnisses mittels der privaten Methode *GridListDirectory*.

12.5.7. Entwicklungsstufe 3

Zur einfachen Anzeige der Verzeichnisse werden in der dritten Entwicklungsstufe die Navigationsmöglichkeiten für das Server-Verzeichnis implementiert. Durch das Anklicken eines Verzeichniseintrags wird das entsprechende Verzeichnis angezeigt (Umschaltung auf ein Unterverzeichnis). Durch Anklicken einer entsprechend bezeichneten Schaltfläche wird auf das darüber liegende Verzeichnis umgeschaltet.

Das optische Erscheinungsbild des Programms ändert sich geringfügig gegenüber Stufe 2. Die Änderungen betreffen die Titelzeile und die Schaltfläche für die Umschaltung auf das nächsthöhere Verzeichnis.

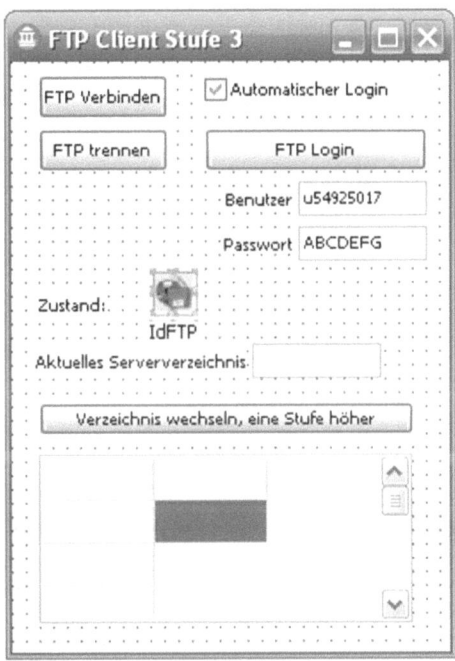

Abbildung 12.18: Bedienoberfläche des
FTP-Clients, Entwicklungsstufe 3
(Ansicht zur Entwicklungszeit)

12.5.7.1. Navigation im Server-Verzeichnis

Für die Navigation im Serververzeichnis werden die beiden Methoden
StGVerzeichnisSelectCell und *StGVerzeichnisDblClick* eingeführt.

StGVerzeichnisSelectCell wird bei jedem Betätigen der linken Maustaste
über einem Datei- oder Verzeichnisnamen in *StGVerzeichnis* ausgeführt. Das gilt
für langes Niederhalten als auch für Einzel- und Doppelklicks. Dabei wird in den Variablen *MyStGCol* und *MyStGRow* festgehalten, welche Zelle angewählt wurde.

Bei einem Doppelklick wird die Methode *StGVerzeichnisDblClick* ausgeführt. Steht die angewählte Zeile für ein Verzeichnis, dann wird auf dieses Verzeichnis umgeschaltet.

```
void __fastcall TFrmMainFTPClient4::StGVerzeichnisDblClick(TObject *Sender)
{
    int GewaehlteZeile = StGVerzeichnis->TopRow +
                                    StGVerzeichnis->Selection.Top;
// Zur Vermeidung von Fehlbedienungen für weiterer DoppelKlick sperren
        StGVerzeichnis->OnDblClick = NULL;
// Zeile = "Verzeichnis", dann dieses Verzeichnis aufschalten
        if (StGVerzeichnis->Cells[0]
                [GewaehlteZeile] == "Verzeichnis")
                // Angeklickte Zeile muss ein Verzeichnis sein
            {
// Verzeichnis umschalten mit Methode des FTP-Clients
                IdFTP->ChangeDir(StGVerzeichnis->Cells[1]
[GewaehlteZeile]);
                GridListDirectory();
            }
// Für weiteren DoppelKlick wieder freigeben.
        StGVerzeichnis->OnDblClick = StGVerzeichnisDblClick;
}
```

12.5.7.2. Wechsel auf das übergeordnete Verzeichnis

Der Wechsel auf das übergeordnete Verzeichnis erfolgt nach Betätigen der Schaltfläche *BtnHoch* wodurch die Methode *BtnHochClick* aufgerufen wird. Hierin wird
durch Aufruf der Methode *ChangeDirUp* von IdFTP der eigentliche Verzeichnis-
wechsel vorgenommen.

12.5.8. Entwicklungsstufe 4

12.5.8.1. Bedienoberfläche

Gegenüber Stufe 3 sind die folgenden Erweiterungen an der Bedienoberfläche vorzunehmen:

- Schaffung von Anzeige- und Auswahlmöglichkeiten für die Clientdatei.

- Schaffung von Anzeige- und Auswahlmöglichkeiten für die Serverdatei.

- Visualisierung des Arbeitsfortschritts.

Anzeige- und Auswahlmöglichkeiten für die Clientdatei

Zur grafischen Darstellung und Auswahl des Clientverzeichnisses innerhalb des jeweiligen Verzeichnisbaums wird ein Element *DirOutLine* vom Typ *TDirectoryOutLine*. Die Textausgabe erfolgt in *LEdClientPfad* (Typ *TLabeledEdit*).

Die Auflistung der Dateien des angewählten Verzeichnisses erfolgt in *FLBClientDatei* vom Typ *TFileListBox*. Die angewählte Datei wird auch in *LEdClientDatei* (Typ *TLabeledEdit*) angezeigt

Für das Hochladen können Quelldateien direkt durch Anklicken in *DirOutLine* und *FLBClientDatei* ausgewählt werden.

Für das Herunterladen vom Server ist es empfehlenswert, das Zielverzeichnis durch Anklicken auszuwählen. Der Namen einer neu anzulegenden Zieldatei kann dann durch Texteingabe in *LEdClientDatei* eingegeben werden. Soll eine bestehende

Empfehlung: Wählen Sie eine bestehende Zieldatei durch Anklicken aus.

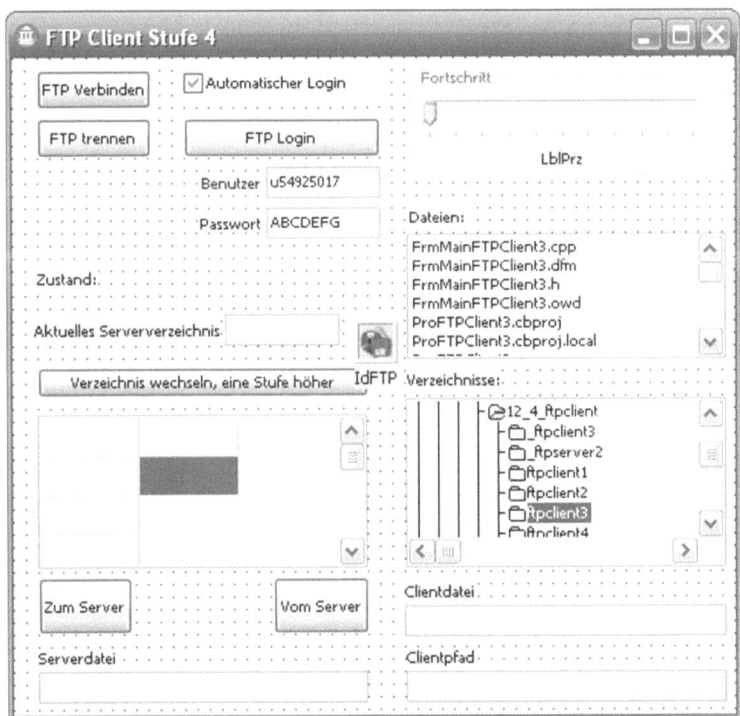

Abbildung 12.19: Bedienoberfläche des FTP-Clients, Entwicklungsstufe 4 (Ansicht zur Entwicklungszeit)

Zieldatei überschrieben werden, so ist die Auswahl durch Anklicken in *FLBClientDatei* einfacher.

Anzeige- und Auswahlmöglichkeiten für die Serverdatei

Neben den bereits in früheren Versionen eingeführten Elementen wie *StGVerzeichnis* wird das beschriftete Textfeld *LEdServerVerzeichnis* eingeführt. In diesem Feld wird der volle Pfadbezeichner für eine im o.g. Gitterelement angewählte Datei bzw. ein Verzeichnis dargestellt. Ohne weitere Änderung können Sie eine Dateiangabe in *LEdServerVerzeichnis* als Definition einer Quelldateidatei beim Herunterladen vom Server verwenden. Durch Änderung (Datei) bzw. Ergänzung (Verzeichnis) der Angabe kann eine Zieldatei für das Hochladen zum Server definiert werden. Für Fehlerbehandlung wie Sicherung gegen Überschreiben bestehender Dateien ist dabei durch geeignete Programmierung Sorge zu tragen.

Visualisierung des Arbeitsfortschritts

Die Visualisierung des Arbeitsfortschritts beim Hoch- und Runterladen von Dateien erfolgt parallel sowohl grafisch als auch in Zahlenform. Für die grafische Anzeige wurde *TrBFortschritt* vom Typ `TTrackBar` eingeführt. Wegen des Ereignisses OnChange fiel die Wahl auf diese Klasse. Alternativen, die ggf. kleinere Umstrukturierungen des Programms verlangen, wären z. B. `TScrollBar`, `TGauge` oder `TProgressBar`.

12.5.8.2. Download

Zum Starten des Downloads wird die Schaltfläche *BtnVomServer* eingeführt. In der Methode *BtnVomServerClick* wird dann die Methode *Get* der FTP-Server-Komponente *IdFTP* aufgerufen.

Das Herunterladen einer Datei vom Server erfolgt mit der Methode *Get*.

Die Parameter von *Get* haben (in der Reihenfolge des Auftretens) die folgende Bedeutung:

- Name der Quelldatei auf dem FTP-Server.

- Name der lokalen Datenstroms, in dem die heruntergeladenen Daten abgespeichert werden.

- Overwriteflag: *true* = Bestehende Datei mit selbem Namen kann überschrieben werden.

- Resumeflag: *true* = Wiederaufnahme eine Downloads ohne Neubeginn ist möglich

Beispiel:

```
IdFTP->Get(LEdServerDatei->Text, ZielPfad, true, true);
```

12.5.8.3. Upload

Das Hochladen einer Datei auf den Server erfolgt nach Betätigung der Schaltfläche *BtnZumServer* mit der Methode *Put* der FTP-Server-Komponente *IdFTP*.

Die Parameter von *Put* haben (in der Reihenfolge des Auftretens) die folgende Bedeutung:

- Name des lokalen Quelldatenstroms.

- Name der Zieldatei auf dem FTP-Server.

- Appendflag: true = Anhängen der Daten an eine bestehende Zieldatei.

Beispiel:

```
IdFTP->Put(QuellPfad, ZielPfad , false);
```

12.5.9. Programmcode: Realisierung eines FTP-Clients

Um Platz zu sparen wird hier nur der Programmcode des kompletten FTP-Clients (Stufe 4) abgedruckt. Auf der Programm-CD[27] sind alle 4 Entwicklungsstufen enthalten.

12.5.9.1. Hauptformular FrmMainFTPClient4

Schnittstellendatei UFrmMainFTPClient4.h

```
//---------------------------------------------------------------------

#ifndef UFrmMainFTPClient4H
#define UFrmMainFTPClient4H
//---------------------------------------------------------------------
#include <Classes.hpp>
#include <Controls.hpp>
#include <StdCtrls.hpp>
#include <Forms.hpp>
#include <IdBaseComponent.hpp>
#include <IdComponent.hpp>
#include <IdExplicitTLSClientServerBase.hpp>
#include <IdFTPListParseWindowsNT.hpp>
#include <IdAllFTPListParsers.hpp> //reicht allein nicht
#include <IdFTP.hpp>
#include <IdTCPClient.hpp>
#include <IdTCPConnection.hpp>
#include <ExtCtrls.hpp>
#include "cdiroutl.h"
#include <Grids.hpp>
#include <Outline.hpp>
```

27 Die CD zum Buch kann unter www.informatik-ganz-einfach.de bestellt werden.

```cpp
#include "DirOutln.hpp"
#include <ComCtrls.hpp>
#include <FileCtrl.hpp>

//---------------------------------------------------------------------------
class TFrmMainFTPClient4 : public TForm {
  __published: // IDE-verwaltete Komponenten
    TButton *BtnFTPVerbinden;
    TButton *BtnFTPTrennen;
    TButton *BtnFTPLogIn;
    TLabeledEdit *LEdBenutzer;
    TLabeledEdit *LEdPasswort;
    TLabel *LblZustand;
    TCheckBox *ChBAutoLogin;
    TDirectoryOutline *DirectoryOutline1;
    TLabeledEdit *LEdServerVerzeichnis;
    TStringGrid *StGVerzeichnis;
    TIdFTP *IdFTP;
    TGroupBox *GroupBox1;
    TLabeledEdit *LEdServerDatei;
    TLabeledEdit *LEdClientDatei;
    TLabeledEdit *LEdClientPfad;
    TButton *BtnZumServer;
    TButton *BtnVomServer;
    TFileListBox *FileListBox1;
    TButton *BtnHoch;
    TLabel *LblPrz;
    TTrackBar *TrBFortschritt;
    TLabel *LblVerz;
    TLabel *LblDateien;

    void __fastcall IdFTPConnected(TObject *Sender);
    void __fastcall IdFTPBannerBeforeLogin(TObject *ASender,
                                      const UnicodeString AMsg);
    void __fastcall IdFTPAfterClientLogin(TObject *Sender);
    void __fastcall BtnFTPVerbindenClick(TObject *Sender);
    void __fastcall BtnFTPTrennenClick(TObject *Sender);
    void __fastcall IdFTPDisconnected(TObject *Sender);
    void __fastcall Button4Click(TObject *Sender);
    void __fastcall ChBAutoLoginClick(TObject *Sender);
    void __fastcall StGVerzeichnisDblClick(TObject *Sender);
    void __fastcall StGVerzeichnisSelectCell(TObject *Sender, int ACol,
                                      int ARow, bool &CanSelect);
    void __fastcall BtnFTPLogInClick(TObject *Sender);
    void __fastcall IdFTPBannerAfterLogin(TObject *ASender,
                                      const UnicodeString AMsg);
    void __fastcall IdFTPDirParseEnd(TObject *Sender);
    void __fastcall IdFTPRetrievedDir(TObject *Sender);
    void __fastcall IdFTPStatus(TObject *ASender,
              const TIdStatus AStatus, const UnicodeString AStatusText);
    void __fastcall BtnVomServerClick(TObject *Sender);
    void __fastcall DirectoryOutline1Change(TObject *Sender);
    void __fastcall BtnZumServerClick(TObject *Sender);
    void __fastcall FileListBox1Change(TObject *Sender);
    void __fastcall IdFTPNeedAccount(TObject *ASender,
                                      UnicodeString &VAcct);
```

```
   void __fastcall BtnHochClick(TObject *Sender);
   void __fastcall IdFTPWork(TObject *Asender,
                              TWorkMode AworkMode, __int64 AWorkCount);
   void __fastcall TrBFortschrittChange(TObject *Sender);
 private: // Benutzer Deklarationen
   bool bStart;
   void GridListDirectory();
   int MyStGRow;
   int MyStGCol;

 public: // Benutzer Deklarationen

   __fastcall TFrmMainFTPClient4(TComponent* Owner);
};

//extern PACKAGE TFrmMainFTPClient4 *FrmMainFTPClient4;
//---------------------------------------------------------------------------
#endif
```

Implementationsdatei UFrmMainFTPClient4.cpp

```
//---------------------------------------------------------------------------

#include <vcl.h>
#pragma hdrstop
#include "UFrmMainFTPClient4.h"
//---------------------------------------------------------------------------
#pragma package(smart_init)
#pragma link "cdiroutl"
#pragma link "DirOutln"
#pragma link "IdCmdTCPServer"
#pragma link "IdContext"
#pragma link "IdCustomTCPServer"
#pragma link "IdFTPServer"
#pragma link "IdTCPServer"
#pragma link "IdAllFTPListParsers"//Eingefügt lt. Angaben im Internet-Forum
#pragma resource "*.dfm"
TFrmMainFTPClient4 *FrmMainFTPClient4;

String TxtDateiTyp[8] = {
             "Verzeichnis", "Datei", "Symb. Verb.", "Symb. Verb. Verz",
             "Block Gerät",  "Zeichen Gerät", "FIFO", "UNIX-Socket"};

//---------------------------------------------------------------------------
__fastcall TFrmMainFTPClient4::TFrmMainFTPClient4(TComponent* Owner) :
                                                    TForm(Owner)
{
  bStart = false;
  LEdClientPfad->Text = DirectoryOutline1->Directory;
  FileListBox1->Directory = DirectoryOutline1->Directory;
  LEdClientDatei->Text = ExtractFileName(FileListBox1->FileName);
}

//---------------------------------------------------------------------------
void __fastcall TFrmMainFTPClient4::IdFTPConnected(TObject *Sender) {
//     LblZustand->Caption = "Zustand: FTP-Verbindung wurde hergestellt.";
```

```
}
//------------------------------------------------------------------------

void __fastcall TfrmMainFTPClient4::IdFTPBannerBeforeLogin
                               (TObject *Asender, const UnicodeString AMsg)
{
  LblZustand->Caption = "Zustand: Login beginnt.";
}
//------------------------------------------------------------------------

void __fastcall TFrmMainFTPClient4::IdFTPBannerAfterLogin(TObject *ASender,
      const UnicodeString AMsg)
      // Wird nach jedem erfolgreichen Login angesprungen
{
  LblZustand->Caption = "Zustand: Login erfolgreich.";
  GridListDirectory();
}
//------------------------------------------------------------------------

void __fastcall TFrmMainFTPClient4::IdFTPAfterClientLogin(TObject *Sender)
// Wird nur erreicht, wenn Connect() mit AutoLogin ausgeführt wurde.
// Schnelllogin nur hier Directors übernommen
{
//
}
//------------------------------------------------------------------------

void __fastcall TFrmMainFTPClient4::BtnFTPVerbindenClick(TObject *Sender)
{
  if (IdFTP->Connected())
    IdFTP->Disconnect();
  IdFTP->Connect();
}
//------------------------------------------------------------------------

void __fastcall TFrmMainFTPClient4::BtnFTPTrennenClick(TObject *Sender)
{
  IdFTP->Disconnect();
}
//------------------------------------------------------------------------

void __fastcall TFrmMainFTPClient4::IdFTPDisconnected(TObject *Sender)
{
  LblZustand->Caption = "Zustand: FTP-Verbindung wurde getrennt.";
}
//------------------------------------------------------------------------

void __fastcall TFrmMainFTPClient4::ChBAutoLoginClick(TObject *Sender)
{
  IdFTP->AutoLogin = ChBAutoLogin->Checked;
}
//------------------------------------------------------------------------

void __fastcall TFrmMainFTPClient4::StGVerzeichnisDblClick(TObject *Sender)
{
   int GewaehlteZeile = StGVerzeichnis->TopRow +
```

```
                                        StGVerzeichnis->Selection.Top;
// Zur Vermeidung von Fehlbedienungen für weiteren DoppelKlick sperren
        StGVerzeichnis->OnDblClick = NULL;
// Zeile = "Verzeichnis", dann dieses Verzeichnis aufschalten
        if (StGVerzeichnis->Cells[0]
                [GewaehlteZeile] == "Verzeichnis")
                // Angeklickte Zeile muss ein Verzeichnis sein
        {
// Verzeichnis umschalten mit Methode des FTP-Clients
                IdFTP->ChangeDir(StGVerzeichnis->Cells[1]
[GewaehlteZeile]);
                GridListDirectory();
        }
// Für weiteren DoppelKlick wieder freigeben.
        StGVerzeichnis->OnDblClick = StGVerzeichnisDblClick;
}
//-----------------------------------------------------------------------


void __fastcall TFrmMainFTPClient4::StGVerzeichnisSelectCell
            (TObject *Sender, int ACol, int ARow, bool &CanSelect) {
        MyStGCol = ACol;
        MyStGRow = ARow;
        if (StGVerzeichnis->Cells[0][MyStGRow] == "Datei") {
                LEdServerDatei->Text = LEdServerVerzeichnis->Text + "/" +
                        StGVerzeichnis->Cells[1][MyStGRow];
        }
}
//-----------------------------------------------------------------------


void TFrmMainFTPClient4::GridListDirectory() {
 IdFTP->List("*.*", true);
        LEdServerVerzeichnis->Text = IdFTP->RetrieveCurrentDir();
        // Spaltenüberschrift erzeugen
        StGVerzeichnis->FixedRows = 1;
        StGVerzeichnis->Cells[0][0] = "Typ";
        StGVerzeichnis->Cells[1][0] = "Dateiname";
        StGVerzeichnis->RowCount = IdFTP->DirectoryListing->Count + 1;
        for (int iz = 1; iz < StGVerzeichnis->RowCount; iz++) {
                // Erste Spalte Eintragstyp
                StGVerzeichnis->Cells[0][iz] =
                        TxtDateiTyp[IdFTP->DirectoryListing->Items[iz - 1]-
>ItemType];
                // Zweite Spalte Eintragsbezeichner
                StGVerzeichnis->Cells[1][iz] =
                        IdFTP->DirectoryListing->Items[iz - 1]->FileName;
        }
}
//-----------------------------------------------------------------------


void __fastcall TFrmMainFTPClient4::BtnFTPLogInClick(TObject *Sender)
{
  IdFTP->Username = LEdBenutzer->Text;
  IdFTP->Password = LEdPasswort->Text;
  IdFTP->Login();
}
//-----------------------------------------------------------------------
```

```cpp
void __fastcall TFrmMainFTPClient4::IdFTPDirParseEnd(TObject *Sender)
{
     //
}
//-----------------------------------------------------------------------------
void __fastcall TFrmMainFTPClient4::IdFTPRetrievedDir(TObject *Sender)
{
     //
}
//-----------------------------------------------------------------------------
void __fastcall TFrmMainFTPClient4::IdFTPStatus(TObject *ASender,
                     const TIdStatus Astatus,
                     const UnicodeString AStatusText)
{
     //
}
//-----------------------------------------------------------------------------
void __fastcall TFrmMainFTPClient4::BtnVomServerClick(TObject *Sender)
{
  AnsiString ZielPfad = LEdClientPfad->Text +"\\" + LEdClientDatei->Text;
  TrBFortschritt->Max = StrToInt(IdFTP->Size(LEdServerDatei->Text));
  TrBFortschritt->Position = 0;
  bStart = true;
  IdFTP->Get(LEdServerDatei->Text, ZielPfad, true, true);
  FileListBox1->Invalidate();
  FileListBox1->Refresh();
  Application->ProcessMessages();
  bStart = false;
}
//-----------------------------------------------------------------------------
void __fastcall TFrmMainFTPClient4::DirectoryOutline1Change
                                            (TObject   *Sender)
{
  LEdClientPfad->Text = DirectoryOutline1->Directory;
  FileListBox1->Directory = DirectoryOutline1->Directory;
}
//-----------------------------------------------------------------------------
void __fastcall TFrmMainFTPClient4::BtnZumServerClick(TObject *Sender)
{
  AnsiString QuellPfad;
  AnsiString ZielPfad;
  QuellPfad = LEdClientPfad->Text + "\\" + LEdClientDatei->Text;
  ZielPfad = LEdClientDatei->Text;
  IdFTP->Put(QuellPfad, ZielPfad , false);
}
//-----------------------------------------------------------------------------
void __fastcall TFrmMainFTPClient4::FileListBox1Change(TObject *Sender)
{
  LEdClientDatei->Text = ExtractFileName(FileListBox1->FileName);
}
//-----------------------------------------------------------------------------
void __fastcall TFrmMainFTPClient4::IdFTPNeedAccount
                            (TObject *ASender, UnicodeString &VAcct)
{
//
}
```

```
//-------------------------------------------------------------------
void __fastcall TFrmMainFTPClient4::BtnHochClick(TObject *Sender)
{
  IdFTP->ChangeDirUp();
  GridListDirectory();
}
//-------------------------------------------------------------------
void __fastcall TFrmMainFTPClient4::IdFTPWork(TObject *ASender,
                                   TWorkMode AWorkMode, __int64 AWorkCount)
{
  if (bStart)
    TrBFortschritt->Position = AWorkCount;
}
//-------------------------------------------------------------------
void __fastcall TFrmMainFTPClient4::TrBFortschrittChange(TObject *Sender)
{
  LblPrz->Caption =
            IntToStr(100*TrBFortschritt->Position/TrBFortschritt->Max);
  Application->ProcessMessages();
}
//-------------------------------------------------------------------
```

Literaturverzeichnis

VCLCO: Component Library for Programming Languages, http://www.vclcomponents.com/ , 2009-07-30;15.40 MESZ

BCBBUI5: , Inprise Corporation, 100 Enterprise Way, Scotts Valley, USA,, Borland C++Builder 5 Developer's Guide, 2000

DELPHI2: -, Borland GmbH, Langen, Handbuch Entwicklung von Datenbankanwendungen, 1995

ESBRAV: ESBRaveViewer, http://www.shareup.com/ESBRaveViewer-download-7978.html , 2010-08-11 09:30 MEZ

FIDLL: DLL - Dynamic Link Library, http://www.fachinformatiker-ihk.de/download/extras/DLL.pdf , 2011-02-21, 10:08 MEZ

IMPLIB: IMPLIB.EXE: Das Hilfsprogramm für Importbibliotheken, http://docs.embarcadero.com/products/rad_studio/radstudio2007/RS2007_helpupdates/HUpdate4/DE/html/devwin32/implib_xml.html , 2011-02-28 10:54

INDY: The Indy Project, http://www.indyproject.org/About.DE.aspx , 2011-02-25 13:19 MEZ

INDY1: , Chad Z. Hower (aka Kudzu) and the Indy Pit Crew, Internet Direct (Indy)An Open Source suite of Internet components, 2006

CODEP: Codepedia - The Developer's Enzyklopedia, , 2009-07-30; 15.50 MESZ

EMDIS1: Thread: TTreeView Savetostream bug? , https://forums.codegear.com/thread.jspa?threadID=12533&tstart=90 , 2009-23-04, 7:59 MESZ

DOBGE: , Doberenz, W.; Gewinnus, Th.;, Borland Delphi 7 - Grundlagen, Profiwissen, Kochbuch, Carl-Hanser-Verlag München, 2007

CGDOWN: CodeGear Download Center - Free Trial and Update Downloads, www.codegear.com/downloads , 2009-03-07, 09:15 MEZ

ISERN: , Isernhagen, R., Helmke, H.,, Softwaretechnik in C und C++, Carl Hanser, München, Wien, 2004

REISD: , Reisdorph, K., Borland C++-Builder 3 in 14 Tagen, SAMS.net, Haar b. München, 1998

BDESUP: BDE Developer Support - Available Engine functions by type, http://info.borland.com/devsupport/bde/bdeapiex/ , 2011-02-25 13:21 MEZ

DELPHIRO: Datenbankentwicklung unter Delphi, http://wwwswt.informatik.uni-rostock.de/deutsch/Mitarbeiter/michael/lehre/Delphi_1999/Vortrag07 , 2011-02-28 10:25

DELTRE: Delphi-Treff - Der Treffpunkt für Delphi-Entwickler,   , 2011-02-28
            09:48 MEZ
KAISER: , Kaiser, R., C++ mit dem Borland C++ Builder , Springer Verlag,
            Berlin, Heidelberg, New York, 2002
WIIndy: Internet Direct, http://en.wikipedia.org/wiki/Internet_Direct , 2011-02-
            25 13:16 MEZ
MIANO: , Miano, J., Cabanski, Th., Howe, H., Borland C++ Builder: the
            Definitive C++ Builder Problem Solver , The Waite Group Press, 1997
WIPOP3:   Post Office Protocol, http://de.wikipedia.org/wiki/Pop3 , 2011-02-25
            13:57 MEZ
WIFTP: File Transfer Protocol, http://de.wikipedia.org/wiki/FTP , 2011-02-28
            10:05
WISMTP: Simple Mail Transfer Protocol,   , 2011-02-28 09:55

Stichwortverzeichnis

In der selben Reihe sind erschienen:

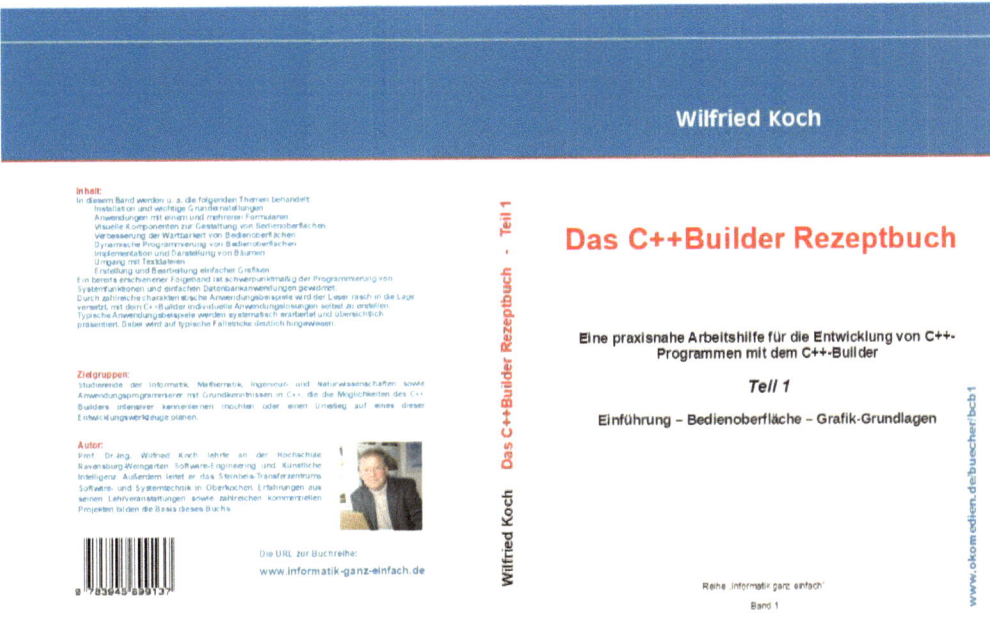

ISBN: 978-3-837-03592-6 **Preis (D): 14,90€.** Restexemplare sind noch beim Verlag (www.okomedien.de) erhältlich.

CD zum Buch:ISBN 978-3-945899-09-0

Unveränderte Neuauflage ist geplant:

mit CD: ISBN 978-3-945899-14-4

ohne CD: ISBN 978-3-945899-13-7

Die Bücher und CDs aus der Reihe *informatik-ganz-einfach* erhalten Sie unter   www.okomedien.de im Internet oder im Buchhandel.

Änderungen aller Art vorbehalten!

In der selben Reihe sind erschienen:

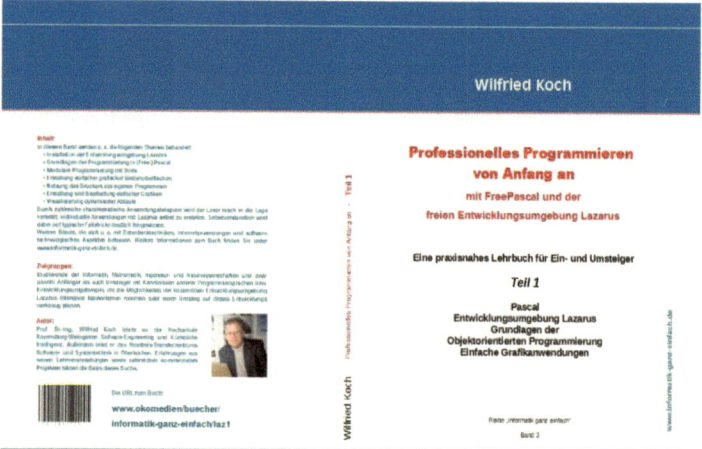

Professionelles Programmieren von Anfang an - mit Fee Pascal und der freien Entwicklungsumgebung Lazarus, Teil 1. 978-3-945899-01-4 26,99 €, 978-3-945899-08-3 (mit CD) 32,99 €

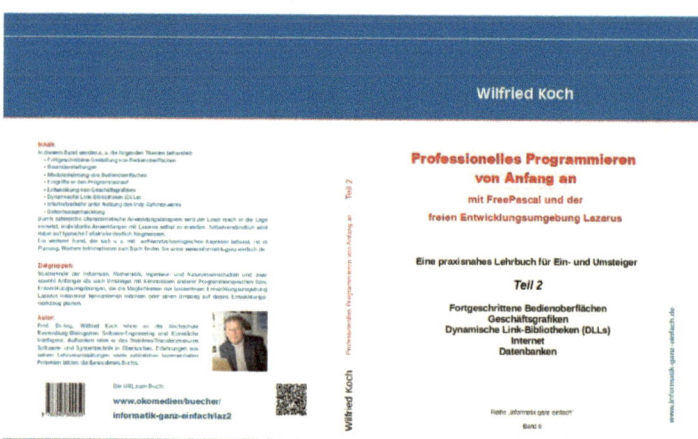

Professionelles Programmieren von Anfang an - mit Fee Pascal und der freien Entwicklungsumgebung Lazarus, Teil 2. 978-3-945899-25-9 (ohne CD) 29,99 €, 978-3-945899-08-3 (mit CD) 38,99 €

Änderungen aller Art vorbehalten!